또 다른
530GP 사건과
긍정적인 삶이 주는 행복

또 다른 530GP 사건과
긍정적인 삶이 주는 행복

초판 1쇄 인쇄　2025년 03월 04일
초판 1쇄 발행　2025년 03월 20일

신고번호　제313-2010-376호
등록번호　105-91-58839

지은이　최현규, 최민정

발행처　보민출판사
발행인　김국환
기획　김선회
편집　조예슬
디자인　김민정

ISBN　979-11-6957-300-9　　03810

주소　경기도 파주시 해올로 11, 우미린더퍼스트@ 상가 2동 109호
전화　070-8615-7449
사이트　www.bominbook.com

・ 가격은 뒤표지에 있으며, 파본은 구입하신 서점에서 교환해드립니다.
・ 이 책은 저작권법에 의하여 보호를 받는 저작물이므로 무단 전재와 복사를 금합니다.

또 다른
530GP 사건과
긍정적인 삶이 주는 행복

최헌규, 최민정 지음

가족을 사랑하며 살아가는 삶이
얼마나 소중한 것인지를 느낄 수 있을 것이다.

추천사

 삶에서 맞닥뜨린 절망을 어떻게 극복할 수 있을까? 많은 이들이 고통 속에서 좌절하거나 포기하기를 선택할 것이다. 하지만 이 책은 그런 순간에도 포기하지 않고 긍정을 선택한 저자의 이야기를 통해 깊은 울림을 준다.

 저자는 이 책을 통해 어려움 속에서도 희망과 꿈을 잃지 않았던 자신의 삶을 담담히 풀어놓는다. 녹내장과 트라우마라는 무거운 짐을 안고도 자신을 포기하지 않았던 이야기는 우리에게 깊은 공감을 준다. 특히 저자는 자신이 겪었던 '530GP 사건'이라는 인생의 큰 시련을 이야기하면서 개인적 고통 속에서도 긍정적인 태도를 유지하며 살아온 자신만의 철학을 들려준다. 그는 고통의 순간을 단순히 견뎌낸 것이 아니라, 그 순간을 자신의 내면을 단단히 만드는 계기로 삼았다.
 이 책에서 특히 돋보이는 점은 가족에 대한 헌신이다. 저자는 사랑하는 아내와 딸을 위해 헌신하며, 가족의 행복을 위해 최선을 다한다. 녹내장으로 인해 지독한 두통과 불면증 속에서도 그는 포기하지 않았다. 아내와 딸을 위한 마음이 삶을 지탱하는 힘이 되었고, 그 힘은 자신을 더욱 단단하게 만들었다. 때문에 가족에 대한 사랑 이상으로 자신의 인생을 위해 더욱더 노력할 수 있었다. 그는 가족을 단순히 책임져야 할 대상으로 여기지 않고, 함께 성장하고 행복을 나눌 소중한 존재로 여겼다.

지난 군 복무 시절의 고난과 좌절 속에서도 그는 자신의 핸디캡을 이겨내고, 가능성을 믿으며, 펜글씨 연습을 통해 작은 변화들을 이뤄냈다. 그 변화는 단순히 글씨체의 변화가 아니었다. 그는 그 변화를 통해 자기 자신에 대한 믿음을 회복했고, 삶에 대한 긍정적인 태도를 배워나갔다. 가족에 대한 사랑과 헌신이 그 모든 변화의 중심에 있었다.

"세상에서 제일 높은 에베레스트 정상에 오른다면 건강한 사람과 그렇지 못한 사람 중 누구에게 박수를 칠까?"

이 질문은 단순히 승리의 의미가 아니라, 그 과정 속에서 이루어진 자기 극복과 노력을 이야기하고 있다. 그리고 저자는 말한다. 인생에서 어려움은 누구에게나 찾아온다고. 하지만 그것을 어떻게 받아들이고 극복해 나가는지가 중요하다고. 그는 자신의 경험을 통해 긍정적인 마음가짐이 어떤 기적을 만들어낼 수 있는지를 보여준다. 가족을 위해 끊임없이 노력하고, 그 과정에서 자신의 삶 또한 긍정적으로 변화시킨 그의 이야기는 독자들에게 큰 감동을 준다.

  이 책은 단순히 긍정을 이야기하는 책이 아니다. 가족의 소중함을 알고, 그들을 위해 살아온 한 인간의 진솔한 기록이다. 가족을 위해 자신을 희생하고, 그 속에서 진정한 행복을 발견한 저자의 이야기는 모든 이들에게 따뜻한 위로와 용기를 준다. 긍정적인 태도가 인생을 어떻게 변화시키는지, 가족을 사랑하며 살아가는 삶이 얼마나 소중한 것인지를 이 책을 통해 느낄 수 있을 것이다.

2025년 2월
편집장 **김선희**

프롤로그

　홈페이지가 2000년부터 16년 넘게 네이버, 다음 등에서 '좋은아빠'였다. 그래서 '좋은아빠'를 검색하면 내 홈페이지가 제일 먼저 소개되었다. 그 덕에 신문, 잡지에 소개됨은 물론 아내와 자녀 사랑에 대한 글을 20번 넘게 썼다. 특히 촬영 나온 TV 방송국에서는 홈페이지에 있는 독특한 아이디어의 자녀 사랑을 보고 경악할 정도로 감탄하였다. 그렇게 가족을 아끼고 사랑한다는 내가 6월을 바로 눈앞에 둔 2013년 5월 29일, 국방부 홈페이지에 강력하게 항의 민원을 올렸다.

1985년 6월 13일, 530GP에서 일어난 사건을 소개하며 아무 잘못도 없는 내가 왜 그와 같은 행동을 해야 했는지 항의한 것이다. 만약 그런 일이 일어날 줄 알았다면 절대로 군대에 가지 않았거나 그전에 의병제대했다고 했다. 하지만 내 행동에 대해서는 결코 후회하지 않는다고 하였다. 민원을 올리자 나에게 전화를 한 28사단 중령은 어떻게 그런 민원을 올릴 수 있는지 용기가 대단하다며 놀랐다. 사실 사랑하는 가족을 생각하는 가장이라면 그런 민원을 올리기란 쉽지 않은 일이다.

　2005년 6월 19일, 530GP에서 한 병사가 내무반에 수류탄을 던지고 총기를 난사하여 8명이 사망하고, 4명이 부상을 당하는 사건이 발생하였다. 이는 내가 530GP에서 그런 행동을 한 지 20년 후에 발생한 참극이라 더 큰 충격을 주었다. 두 사건은 2025년, 올해로부터 정확히 40년 그리고 20년 전에 벌어진 사건이다.

　어쩌면 의문사될 뻔한 530GP 사건은 내 인생에 있어 가장 큰 충격과 좌절을 주었다. 말로는 형언하기 어려울 만큼 심각한 자포자기 상태로 빠뜨렸다. 하지만 결코 포기할 수 없는 인생이라며 펜글씨 연습을 하여 초등학교 2학년 같던 글씨가 제법 잘 쓴다는 소리를 들을 정도로 변한 글씨는 이 순간도 나에게 꿈과 희망을 주고 있다.

전체를 선택하지 말고 본을 앞서 택할 것
변하기 위해 하늘색 굵기 방향 지정

오등은 자에아 조선의 독립국임과 조선인의 자주민임을 선언하노라 차로써 세계만방에 고하야 인류평등의 대의를 극명하며 차로써 민족자존의 정권을 영유케 하노라 반만년 역사의 권위를 장하야

　비록 자기만족에 불과한 글씨의 변화였으나 그런 기쁨이 없었다면 제대 후 저세상 사람이 되었거나 신세한탄이나 하며 살았음이 분명하다. 그 정도로 글씨의 변화는 단순히 글씨의 변화가 아닌 오늘의 나를 있게 한 인생의 자신감이었다. 이 책은 건설현장에서 일용직 잡부생활을 하며 쓰기 시작했다.

　원래는 강남 내일신문에 연재하고 싶다며 글을 의뢰하였다. 다행히 좋다는 허락을 받았지만 경기도 안산에 살기에 실릴 수 없어

책으로 쓰게 되었다.

　세계에서 제일 높은 에베레스트 정상을 몸이 성한 사람과 그렇지 못한 사람이 올랐을 경우 누구에게 더 박수를 칠까? 녹내장과 트라우마를 극복할 경우 분명 성공한 인생이라 여기며 오히려 인생의 기회로 생각했다. 그렇다고 이를 핑계로 동정을 구하거나 이용하려는 것은 아니다.

　세상이 아무리 아름다워도 그런 나에게 동정은 할 수 있지만 인생을 대신할 수 없다는 것을 너무나 잘 알고 있기 때문이다. 결국 그런 생각과 행동으로 오랜 세월을 병마와 싸우며 오늘의 내가 존재할 수 있었다. 처한 현실을 원망하며 실의에 빠지기보다는 보다 긍정적인 생각과 행동으로 더 나은 내일을 위해 꿈과 희망을 버리지 않고 열심히 노력한 결과라 믿는다.

　내가 이런 이야기를 하는 이유는 인생을 살다 보면 누구나 뜻하지 않게 어려움에 빠지는 경우가 있다. 그때 한탄만 하며 자포자기해야 할까? 문득 화가 복이 되고, 복이 화가 된다는 새옹지마(塞翁之馬)가 생각난다. 이 말은 내가 가장 좋아하는 고사성어로 하루에도 수없이 자포자기하고 싶을 때 내일의 나는 오늘보다 더 행복하리라는 믿음을 주었던 일종의 좌우명이다.

　나의 경험이 지금 이 시간에도 트라우마로 정신적 고통을 당하거나 불치병 등으로 병마와 투병하는 분, 무력감에 빠져 있거나 인생의 좌절을 느끼는 분, 극복해야 할 상황임에도 그 생활에 만족하며 안주하는 분들에게 더한 꿈과 희망 그리고 믿음과 자신감을 주는 사연이 되었으면 좋겠다. 물론 군 입대를 앞둔 젊은이들에게는 신병 시절부터 의미 있게 보낸 나의 군 생활을 통하여 제대 후 보다 나은 인생을 위한 길잡이가 되었으면 한다.

촬영 나온 TV 방송국에서 경악할 정도로 감탄한 독특한 아이디어의 자녀 사랑이 정말로 좋다면 사랑하는 자녀 또는 조카와 손자 손녀들에게 꼭 흉내 내기를 권한다. 특히 이 글을 읽는 부부 또는 결혼을 앞둔 예비부부의 경우 배우자를 위한 사랑의 팁이 조금이나마 도움이 되기를 바란다. 그러면 배우자의 마음까지 헤아리는 가족 사랑을 통하여 더욱 건강하고, 행복한 가정이 되기를 기원한다.

마지막으로 잠을 짧게 자며 가족 사랑과 더불어 나 자신에 대한 노력을 도저히 믿을 수 없다고 하여 이를 확인하고자 TV에 출연할 수 있었듯이 방송국조차 믿기 어려운 이야기들을 최대한 증명하고자 사진을 넣었으니 더한 재미를 느꼈으면 좋겠다. 사진들은 거의 대부분 홈페이지에 올렸던 사진이다.

좋은 아빠 좋은 남편
최헌규 올림

목차

추천사 • 4
프롤로그 • 7

제1장. 두통 때문에 훈련소에서 찍힌 빨간 도장 • 16

제2장. 아내의 마음까지 헤아려 주고자 노력하는 남편 • 30
01. 육체뿐 아니라 마음까지 편했으면 하는 아내 사랑 • 34
02. 능력의 차이로 생길 수 있는 부부 갈등 • 43
03. 아내를 사랑한다면 이 정도쯤이야 • 47

제3장. 오히려 내 인생의 기회가 된 심각한 불면증 • 54
(하루에 2~3시간 자며 어떤 일을 했는지 사진으로 증명)

제4장. 기적 같은 건강을 찾을 수 있었던 방법 • 102

제5장. 직업과 관계 없이 최선을 다해야 하는 이유? • 140

제6장. 촬영 나온 방송국에서 감탄한 독특한
  아이디어의 자녀 사랑 • 162
01. 독특한 방법으로 200번도 넘게 본 아동극 • 165
02. 발렌타인데이에 이런 사랑을? • 175
03. 아빠는 왜 항상 똑같은 선물만 해? • 178
04. TV 방송국에서 최고로 놀란 산타 편지 • 184

제7장. 공감할 수도 있는 이야기 • 207

01. 배우자의 인격은 물론 인상까지 아름답게 만드는 방법 • 208
02. 착한 배우자인지 미리 확인하는 방법 • 213
03. 보다 아름다운 시선으로 세상을 바라볼 수 있는 방법 • 217
04. 세상에서 가장 큰 행운을 잡은 나 • 223

제8장. 극복할 수 있었던 긍정적인 생각과 행동 • 238

제9장. 또 다른 530GP 사건 • 254

제10장. 내가 변할 수 있는 마지막 기회 • 296

에필로그 • 309

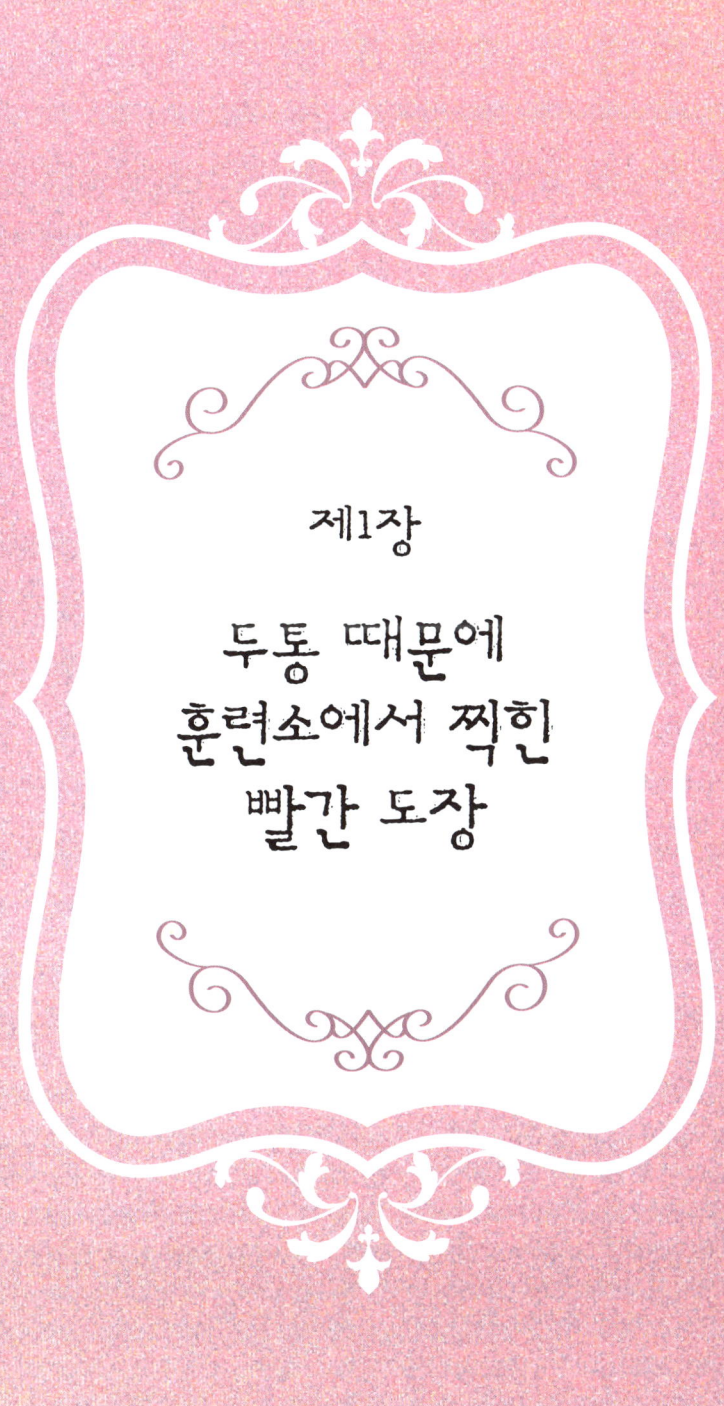

제1장

두통 때문에
훈련소에서 찍힌
빨간 도장

　내가 군 생활을 한 육군 28사단은 2000년 들어 두 번의 비극적인 사건이 일어났다. 하나는 2005년 6월 19일, 경기도 연천에 있는 비무장지대(DMZ) 530GP에서 일어난 수류탄 투척과 총기난사 사건이다. 이 사건은 북한군의 소행이라고 하여 아직까지 논란이 되고 있는 사상 최대의 군 의문사이기도 하다.

　또 다른 하나는 2014년 4월 7일, 포병대대 의무대에서 선임들의 폭행으로 의무병 윤 일병이 사망했다. 윤 일병 사건은 전 국민을 분노케 하여 나름대로 병역 문화를 개선하는 계기가 되었다. 지금 군대에서 핸드폰을 사용할 수 있게 된 결정적인 사건이기도 하다. 세상에 묻힐 뻔한 사건이 7월 31일, 군인권센터를 통하여 세상에 공개되었을 때 영원히 잊고 싶었던 군 생활의 악몽이 다시금 떠올랐다.

　비록 윤 일병 정도는 아니지만 내가 복무한 81연대 의무중대는 논산훈련소에서 자대에 오기 전에 고참 한 명이 극단적인 선택을 하려다 정신질환으로 제대했을 정도로 군기가 센 부대다. 28사단에서 세 손가락에 끼는 부대라고 하는데 의무병이 군기가 세서 자살하려 했다면 지나가는 개가 배꼽을 잡고 웃을 일이다. 하지만 윤일병 사건에서 드러났듯이 의무병이라고 하여 생각처럼 모두 편한 군 생활은 아니다.

제대한 지 27년이 지난 2013년 5월 29일, 내가 겪은 530GP 사건에 대해 국방부 홈페이지에 민원을 올리자 28사단 중령으로부터 전화가 왔다. 하극상 폭력이 일어난 것에 대해 사과하며 민원을 올린 것에 대해 놀랬다. 다시는 나와 같은 일이 일어나지 않도록 간곡한 부탁을 했지만 곧이어 발생한 윤 일병 폭행 사건은 분노와 함께 혼란 속으로 빠트렸다.

자칫 실명된다는 불치병 녹내장의 경우 두통이 오기도 하는데 의학적으로 다섯 손가락에 끼는 두통이라고 한다. 내가 겪은 두통은 도끼로 뒤통수를 내려치고, 온몸의 피가 머리로 역류하는 듯한 두통으로 당해보지 않은 사람은 결코 상상조차 할 수 없을 정도로 죽을 만큼 지독한 두통이다.
그런 몸으로 군대를 간 나는 논산훈련소에 입대하여 받은 신체검사에서 정신적으로 문제가 있다 하여 병적기록카드에 커다란 빨간 글씨로 '신경증'이란 도장이 찍혔다. 지금이야 신경증이 감기처럼 숨길 병이 아니지만 당시는 신경정신과에서 진료를 받았다는 것만으로도 또라이 또는 정신병자로 취급하던 시절이었다. 그러니 지금처럼 내놓고 말할 수 있을 정도는 아니다. 그리고 군대를 갔다는 것은 당연히 건강한 몸이기에 녹내장에 걸린 것이 거짓일 수도 있다. 그럴 경우 병역기피를 위한 꼼수로 그것에 대한 판단은 이 글을 읽는 독자에게 맡긴다.

　10대 시절부터 반평생 넘게 병마와 싸워온 탓에 형식적으로 툭 내뱉는 꿈과 희망을 거부하는 인생이다. 녹내장으로 인한 시력장애와 죽고 싶을 만큼의 지독한 두통과 불면증 앞에서도 마음속 깊이 절규하듯 우러나오는 애절한 꿈과 희망을 붙잡고자 열심히 살아온 인생이다.
　당시 가장 걱정되는 것은 녹내장이 아니라 불확실한 미래였다. 건강을 찾았을 때 단지 건강하다는 것만으로 행복해하며 만족한 인생을 살 것인가? 녹내장을 극복하리라 믿었던 나는 아무리 건강을 찾아도 내 나이를 책임질 수 있는 능력이 없다면 절대로 행복하지 않을 거라 생각했다.
　다행히 지금은 치료가 되었지만 두통의 후유증은 기억력, 이해력, 집중력, 계산력 등이 현저히 떨어져 금세 한 행동도 돌아서는 순간 까먹기 일쑤다. 그렇다 보니 10분 전에 복용한 약을 또 복용하는 경우가 종종 있다. 간단한 더하기 빼기도 암산이 불가능하다. 말을 하면서도 내가 한 말조차 기억을 못하여 횡설수설하였다. 심지어 한글 철자까지 까먹어 신문, 잡지에 글을 쓸 때는 인터넷에서 철자를 확인하며 써야 했다. 비록 딸의 도움을 받긴 했지만 이렇게 책을 쓸 정도이니 자신과의 투쟁에서 결코 굴복하지 않은 인생이라 말할 수 있다.

　1981년 고등학교 3학년, 최초로 녹내장 진단을 받았다. 10분만 책을 보면 두 눈은 초점을 잃은 것처럼 멍해지고, 지독한 두통이 역습했다. 훗날 두통이 사라졌을 때 아내에게 말했다. 또다시 그런 두통이 온다면 그전에 극단적인 선택을 하겠다고 했다. 실제로 그럴 리야 없겠지만 어느 정도의 두통이었으면 그런 말을 했을까? 당시 내가 겪은 두통은 자살 충동을 느낄 정도의 두통이었다.

　지독한 두통은 심각한 불면증에 빠지게 했다. 하지만 괴로워하기보다는 남들이 자는 시간에 책을 볼 수 있기에 오히려 인생의 기회라 생각했다. 책을 펼치면 어김없이 두 눈은 초점을 잃었고, 두통이 찾아왔지만 밤을 새며 책을 보았다. 건강은 좋지 않았으나 그것은 문제가 되지 않았다. 오히려 더 큰 꿈을 가지고 다가올 미래의 행복을 위해 멈출 수 없었다. 다음의 사진은 KBS TV에 소개한 장면으로 다음과 같은 자막이 넣어졌다.

　'녹내장을 이겨내고 세상에서 가장 행복한 가정을 이루겠다는'

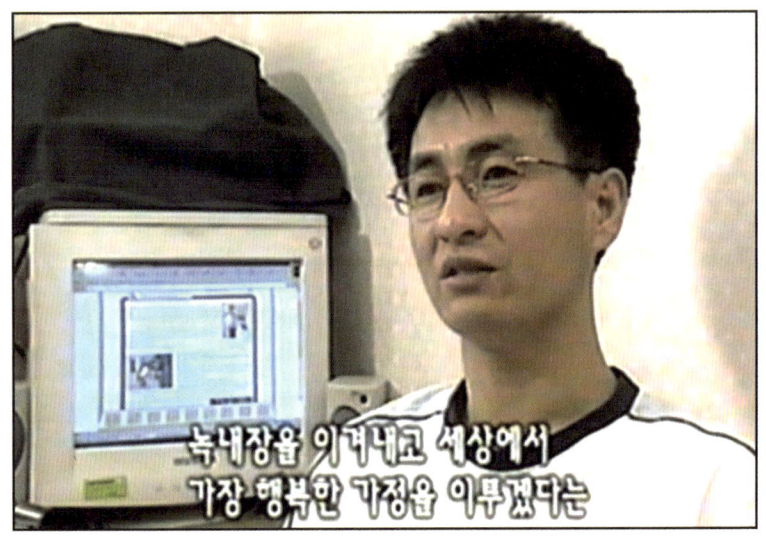
<©KBS>

　　대학 1학년(82학번), 대학병원에서도 녹내장 진단을 받았을 뿐아니라 간이 악화되어 또다시 입원을 했다. 그러나 두통으로 인한 불면증을 만끽하며 책과 씨름하였다. 결국 건강 때문에 2학년 1학기를 마치고 휴학했다. 휴학을 하니 얼마 후 신체검사를 받아 현역 판정을 받았다. 그리고 1983년 12월 5일, 논산훈련소에 입대하였다.

　　그런데 그렇게 아팠다면서 어떻게 군대를 갔을까? 참! 군대 이야기를 하는 이유는 녹내장에 걸려 군대를 갔다면 그것만으로도 대단한 일이다. 하지만 나는 그런 몸으로 군대를 간 것보다도 그런 몸으로 군대에서 내 인생을 위해 어떠한 노력을 했는가가 훨씬 더 중요하다. 비록 530GP에서 일어난 불미스런 사건으로 군대에 온 것을 후회했지만 무의미하게 제대할 수 없다며 펜글씨 연습을 했다. 금세 초점을 잃는 두 눈과 이내 찾아오는 두통을 감당하며 연습한 펜글씨 덕분에 지금은 제법 잘 쓴다는 소리를 듣는다. 자칭 초등학교 2학년 같던 글씨가 완전히 변하였다.

글씨의 변화는 단순히 글씨를 잘 쓴다는 것만을 의미하지 않았다. 이는 애당초 글씨를 잘 쓰는 사람들은 절대로 느낄 수 없는 인생의 자신감이다. 어쩌면 나처럼 못 쓰는 사람만이 느낄 수 있는 부러움 또는 일종의 콤플렉스이기 때문이다. 비록 군기가 센 부대였지만 신병 때부터 나만의 방법으로 숨어서 영어책을 보았다. 소총수에 비해 야외 훈련이 적은 의무병이기에 가능했다. 그런 점에서는 군기는 셌지만 의무병인 것이 천만다행이다.

만약 녹내장에 걸린 것이 진짜라면 군대에 간 것은 100% 잘못이다. 그러나 지금은 기적적으로 치료가 되는 바람에 설득력이 없다. 아니 녹내장은 치료가 안 되는 병이기에 치료되었다는 말 자체가 거짓이다. 하지만 병원에서도 포기한 죽음을 앞둔 말기암 환자가 감쪽같이 완치되는 경우가 있듯이 녹내장 또한 치료가 된 분이 있을 거라 믿는다. 그렇지만 불면증으로 오랜 세월을 그렇게 적게 자며 치료된 사람은 전 세계를 통틀어 없다고 확신한다. 그래도 군대 이야기를 하면 할수록 병역기피에 불과한 꾀병에 불과하다. 녹내장은 결코 치료가 되지 않는 불치병이기 때문이다.

군대를 갔다는 사실만으로도 녹내장에 걸린 것이 거짓일 수도 있겠지만 마음만 먹으면 얼마든지 의병제대가 가능했다. 참고로 녹내장은 시력은 정상이나 시야가 점점 좁아져 자칫 실명되는 병이다. 자각증상을 느껴 병원을 찾았을 때는 치료 시기를 놓쳐 실명되는 병이다. 그러니 진단서를 제출하지 않고 단순히 한쪽 눈을 가리고 시력검사표를 보던 당시 신체검사로는 당연히 정상이다.

만약 녹내장이 병역기피를 위한 꾀병이라면 오히려 빨간 도장 덕분에 아주 쉽게 의병제대할 수 있었다. 아버지, 어머니 집안이 의사와 의대 교수가 제법 많아 얼마든지 가능한 일이다. 첫 면회를 왔을 때 그런 몸으로 군대에 갔다는 사실만으로도 어머니께서 의병제대시켜 주겠다는 것을 단연코 거절했다. 그러니 빨간 도장 찍힌 것을 알았다면 수단과 방법을 가리지 않고 제대시켜 주고자 힘쓰지 않았을까?

빨간 도장이 찍힌 나는 그런 자신을 결코 인정할 수 없었고, 용서할 수 없었다. 어떤 일이 있어도 악으로, 깡으로, 오기로 끝까지 군 생활을 하기로 각오했다. 더욱이 내가 복무한 의무중대는 고참 한 명이 극단적인 선택을 하려다 정신질환으로 제대한 부대라 하지 않았던가? 군기가 28사단에서 세 손가락에 끼는 부대로 지옥이 존재한다면 바로 여기 81연대 의무중대임이 틀림없다. 그러나 가족 앞에서는 아주 편한 부대이니 의병제대는 생각하지 말라며 여유를 부렸다.

앞에서 대학 1학년 때 간이 악화되어 또다시 입원했다고 했는데 간 때문에 처음 입원한 것은 1978년 여름이다. 그러니깐 1978년부터 고등학생 시절 3년과 다시 입원한 대학 1학년인 1982년까지는 적어도 간이 좋지 않았음을 의미한다. 그리고 녹내장은 시력이 정상인 탓에 눈에 문제가 있음을 알고 병원에 갔을 때는 이미 진행된 상태다. 그래서 녹내장을 소리 없는 시력 도둑이라고 한다. 그렇다면 나도 최초로 진단이 나온 고등학교 3학년 이전에 이미 녹내장에 걸리지 않았을까?

간에 문제가 생겨 처음 입원한 1978년은 고등학교 재수 시절이다. 그런데 고등학교 재수도 군대처럼 나 자신이 스스로 선택한 재수였다. 스스로 선택한 재수라고 하는 이유는? 아무리 공부를 못해도 고등학생이 될 수 있는 방법이 얼마든지 있었다. 가령 외할아버지께서 사립학교 이사장이라 절대로 불가능한 이야기는 아니다. 1919년 삼일운동이 일어나자 일본 놈들이 외가가 있는 여러 마을의 가옥을 180여 채 불사르는 만행을 저질렀다. 외증조할아버지(홍헌, 독립유공자)께서는 개인 산에 있는 나무로 집을 짓게 하셨고, 외할아버지께서는 한국전이 끝나자 학교를 세우셨다. 이에 대해서는 수원일보에서 소개되었는데 네이버에서 '이수원 기자 홍헌'을 검색하면 볼 수가 있다.

이런 이야기를 하는 이유는 자랑하기 위해서가 아니다. 만약 자랑으로만 생각하고 이야기했다면 재수는 하지 않았고, 군대를 갔어도 분명 의병제대했다. 무엇보다도 내가 의사와 같은 직업이 아닌데 무슨 자랑이 되겠는가? 하지만 그런 혜택을 거부했지만 이런 것들이 없었다면 고등학교 재수와 군대 간 것이 나의 의지라고 한

들 누가 믿어주겠는가? 재수까지는 몰라도 그런 몸으로는 절대로 군대를 가지 않았다. 결국 그런 이유로 자랑 같지 않은 자랑을 할 수밖에 없다. 100% 나의 의지라는 일종의 신뢰성이라고 할까? 군대에서 당연히 받아야 하는 혜택, 의병제대까지 거절하였으나 오늘의 내가 존재할 수 있도록 정신적으로 아주 큰 힘이 되어준 윗분들께 진심으로 감사를 드린다.

TV에서 유명한 학자의 아들이 대학교수로 출연하였다. 순간 아버지 빽으로 교수가 되었다며 쌍욕을 했다. 당시는 빽이면 못할 것이 없다고 생각하던 시대이기도 하다. 그런데 고등학교 시험을 앞두고 부모가 교수면 자녀도 교수, 부모가 의사면 자녀도 의사가 될 확률이 그렇지 않은 집보다 확률적으로 높다는 것을 깨달았다. 이는 지금까지 살아온 나의 생각과 생활 그리고 성격까지 반성하게 하는 인생의 터닝포인트가 되었다. 인생을 생각하니 갑자기 공부가 하고 싶어졌다. 공부를 못했던 나는 고등학교 입시를 앞두고 재수를 하기로 결심했다.

재수를 생각한 이유는 이러하다. 그런 실력으로 무작정 고등학생이 되는 것보다 늦더라도 기초를 완전히 익혀 상급학교에 진학하는 것이 인생을 위해서는 더 현명한 일이라 확신했다. 모든 것을 나 혼자 생각하고 결정하여 실행하였다. 시험을 앞두고 알게 된 가족은 재수를 극구 반대하였다. 가족 입장에서 대학교 재수라면 그런대로 이해할 수 있겠지만 고등학교 재수이니 남들이 볼 때 얼마나 창피한 일인가? 그 마음은 내 자식이 고등학교 재수를 한다고 생각하면 어느 정도 느낄 수 있지 않을까? 그러나 나는 남의 시선 따위는 문제가 되지 않았다. 내게 있어서는 내 인생이 더 중요했다.

  가족은 나의 의지와 상관없이 근교에 있는 후기 고등학교에 1학년 1학기만 다니다 내가 사는 곳으로 전학 오도록 어느 정도 손을 써놓았다. 하지만 나의 고집을 꺾을 수는 없었다. 그렇다고 공부를 못한다는 열등감에 빠져 어처구니없는 짓을 했다고는 생각하지 않는다. 내겐 공부로 성공할 자신이 있었다. 그 증거가 실력을 키우기 위해 스스로 선택한 고등학교 재수다. 비록 공부를 못해 재수를 하였지만 지금도 어떻게 그 상황에서 그런 현명한 생각을 했는지 기특하다 못해 신기할 정도다.

  바로 그런 고집으로 인하여 그렇게 아팠지만 진단서 없이 군대를 갈 수 있었다. 고등학교를 재수할 정도로 공부를 못했던 나는 공부를 못한 이유가 건강 때문이라고 변명하고 싶지 않았다. 가족은 물론 친척들 앞에서도 절대로 아픈 내색을 하지 않았다. 그래서 그 정도로 아팠는지 전혀 눈치를 채지 못했다. 만약 나의 건강 상태를 어느 정도 알았다면 당연히 신체검사 때 진단서를 제출하여 절대로 입대하지 못하도록 막았다.

  재수를 하면서 공부 재미에 푹 빠진 나는 밤을 지새우며 책을 보는 바람에 간에 문제가 생겨 입원을 했다. 그리고 대학 1학년 때도 입원했으니 얼마나 책 속에 빠졌으면 입원까지 했을까? 더욱이 고등학생 3학년이 되어서는 치명적인 녹내장까지 걸리고 말았다.

나는 어렸을 때 무척 똑똑했다고 한다. 말도 제대로 못할 나이에 이런 일이 있었다고 한다. 집 옆 가게에서 사탕이나 과자를 5원 또는 10원어치 사면 그 자리에서 먹지 않고 집으로 가지고 왔다. 가령 사탕이 1원에 4개라면 방바닥에 모두 펼쳐 놓은 뒤 4개씩 묶음을 만들어 5개 또는 10개를 만들었다. 그리고선 부족한 개수만큼 손가락을 펴 보이고 "으으으~" 하며 집이 떠나갈 정도로 울었다고 한다. 가게 주인이 어린 것이 신기하여 종종 덜 주는 바람에 한바탕 그런 난리가 일어나게 만들었다.

아주아주 특출난 머리는 아니지만 만 2~3살 때 한글은 물론 더하기 빼기를 하고, 구구단을 외었다고 한다. 초등학교 옆에 살았던 탓에 만 5살이 되어서는 학교에 가겠다고 떼를 쓰는 바람에 학교에 사정을 이야기하여 청강생으로 1학년이 될 수 있었다. 나보다 2살 많은 형, 누나들과 수업을 받았지만 제일 똑똑했다고 한다. 선생님이 칠판에 문제를 적으면 "저요! 저요!"라며 제일 먼저 손든 사람이 나였으니깐. 이듬해 만 6살이 되어서 정식 초등학생이 되었다.

그런데 그렇게 똑똑했음에도 책만 펼치면 무척이나 산만한 아이였다. 세상에서 제일 싫은 것이 책 읽기다. 초등학교 생활통지표를 받아보면 머리는 좋으나 꾀가 많다는 말이 거의 항상 써져 있을 정도로 책 보는 것이 너무너무 싫었다. 그래도 머리는 좋았는지 같은 학년에서 아이큐가 제일 높다는 말을 아버지께 들었다. 선생님이 체구도 작은 애가 그렇게 똑똑하냐며 놀랐다고 한다.

4~5학년 겨울방학 때의 일이다. 아버지께서 공부는 하지 않고

놀기만 하는 아들이 답답했던 모양이다. 국어 교과서 10장을 외우면 원하는 선물을 사주겠다는 약속을 했다. 얼마 뒤 한 글자도 틀리지 않고 모두 암기하였다. 하지만 거기까지였다. 다시 놀기 바빴으니깐. 지금 생각해 보아도 공부는 나의 체질과는 전혀 맞지 않았던 모양이다.

대학생 때는 이런 일도 있었다. 대학 교재를 한두 번 집중하여 읽은 뒤 한 페이지를 거의 똑같이 말하였다. 그 모습을 본 친구가 똑똑하다는 것은 알지만 이 정도인지는 몰랐다며 놀라운 표정을 지었다. 반면 고등학교 1학년 때 받은 아이큐 검사에서는 두 자리였다. 출석부에 학생들의 아이큐가 적혀 있어 이를 본 한 친구는 두 자리 아이큐도 있다며 놀리듯 은근히 무시하였다. 그때는 재수를 하며 간으로 입원을 하는 등 건강이 좋지 않은 탓에 아이큐 따위엔 관심이 없어 대충 찍은 검사였다. 초등학생 때 받은 아이큐 검사도 더 집중하며 제대로 받았다면 적어도 20~30은 더 나오지 않았을까?

초등학생 때부터 공부에 흥미를 느끼지 못했지만 가장 재미있던 학창 시절이다. 졸업식 때 담임선생님을 뵙고 온 외삼촌께서 "선생님이 그러는데 너 이다음에 코미디언 된다고 하더라"며 빙그레 웃었다. 장기자랑 시간이 되면 언제나 앞에 나가 친구들과 선생님을 웃게 만드는 등 노래를 부르며 춤까지 추는 밝고 명랑한 개구쟁이였다. 하지만 중학생이 되자 공부만 강요하는 학교생활에 심한 염증을 느껴 성격까지 움츠러들기 시작했다. 그 이유는 애당초 나는 공부에 흥미를 느끼지 못하는 학생이었다.

　초등학생 시절, 책만 보면 마치 안개가 낀 것처럼 멍해져 집중할 수가 없었다. 짧은 이야기로 구성된 동화책, 이솝 이야기조차 끝까지 읽지를 못했다. 재수할 때는 간에 문제가 생겨 입원까지 했다. 혹시 이런 것들이 눈 건강과도 어느 정도 관계가 있지 않을까? 아무튼 이 정도라면 녹내장에 걸린 것이 꾀병은 아닐 듯싶다.
　고등학교 재수와 빨간 도장이 찍힌 군대는 내 인생에 있어 결코 아름다운 추억은 아니다. 하지만 다시 그 시절로 돌아가 또다시 그와 같은 상황이라면 변함없이 똑같은 길을 걸었다. 고등학교 재수와 군 입대는 지금의 나를 만든 내 인생에서 가장 현명한 선택이기 때문이다. 그래서 똑똑했던 어린 시절에 비하면 지금은 두통의 후유증까지 있어 아주 맹한 편에 속한다. 그러나 좌절하지 않고 끊임없이 노력한 인내력과 여기에 오기까지 수없이 겪어야 했던 선택의 갈림길에서 후회가 없을 정도로 올바른 길을 택할 수 있었던 현명함이 똑똑함보다 더 고맙고 중하게 여기는 인생이다.

　계속 연결되는 군대 이야기로 제9장 '또 다른 530GP 사건'은 254쪽에 있다.

제2장

아내의 마음까지 헤아려 주고자 노력하는 남편

    사랑하는 딸에게 올바른 부부의 모습을 이야기한 적이 있다. 남자와 여자가 처음에는 좋아하고 사랑해서 결혼을 하지만 얼마나 많은 부부들이 이혼을 할까? 다 그런 것은 아니지만 부부간의 사랑은 단순히 좋아하고 사랑하는 감정만으로는 한계가 있다고 생각한다. 이혼하는 부부들이 처음부터 사이가 나빠서 그랬을까? 아빠는 엄마를 사랑도 하지만 그보다는 진심으로 존중하고 존경하기에 가급적 존댓말을 쓰고, 청소 빨래도 해주는 거야. 그러니 사랑받는 아내가 되기보다는 존중받는 아내가 되어야 해. 그렇게 되면 세월이 흘러도 변함없이 사랑받을 수 있다고 했다. 이다음에 남편이 딸을 진심으로 존중할 수 있도록 매사 현명하게 행동했으면 좋겠어. 그 방법은 아주 쉽고 간단한데 엄마 반만 따라가면 된다고 했다.

    그리고 이런 이야기도 해주었다. 아무리 품종이 우수하고 비싼 개라도 주인으로부터 미움을 받으면 이웃 사람도 그 개를 업신여기는 등 잡종개보다 못한 개로 취급한다고 했다. 반면 잡종개라도 주인으로부터 무한한 사랑을 받으면 이웃 또한 함부로 대할 수 없을 정도로 예쁘게 봐준다고 했다. 그래서 남의 시선을 의식해서가 아니라 남편은 아내를, 아내는 남편을 그리고 자녀를 진심으로 아끼고 사랑해 줘야만 이웃 역시 아름다운 인격체로 대해 준다고 하였다. 반려동물을 키우는 인구가 1,500만 명이 넘는 시대에 반려동물보다 더한 사랑까지는 아니더라도 반려동물만큼 배우자를 아끼고 사랑하는지 한 번쯤 생각해 보았으면 좋겠다.

사회생활을 하며 가장 많이 듣는 말이 무엇인지 생각해 본 적이 있는가? 정확한 것은 아니지만 가장 많이 듣는 말 중의 하나가 사회생활을 시작할 때의 마음과 행동인 초심을 잃지 말자는 말이다. 그런데 그 말은 사회가 아닌 가정에서 부부 사이에 더욱 필요한 말이다.

사랑하는 아내를 만나고, 사랑하는 남편을 만나 결혼할 때 당신은 누구보다 소중하며, 영원토록 변함없이 사랑하겠다던 약속이 세월이 흐르며 서서히 잊혀지기 때문이다. 심지어 그 약속이 무색할 정도로 갈라서기까지 한다. 사회생활을 시작할 때 들었던 말, 초심을 잃지 말라는 말이 정작 필요한 것은 우리의 가정이 아닐까?

부부 사이에서의 약속은 형식이 아닌 평생토록 지속될 수 있는 행동으로 보여줘야 한다. 그것은 마음만으로는 부족하다. 몸으로 행동하여 사랑하는 아내가, 사랑하는 남편이 느낄 수 있어야 한다. 이를 행하기 위해서는 사회생활에서의 초심처럼 결혼하기 전 서로에 대한 존중과 배려 그리고 예의 등 열렬히 아끼고 사랑하던 마음까지 절대로 잊지 말아야 한다. 행여 부부간에 다툼이 일어나고, 권태기가 오더라도 세상에서 가장 소중하고 행복했던 순간을 잊지 않고 기억하게 된다면 완전히는 아니어도 조금이나마 회복될 수 있지 않을까? 그럴 경우 멀어져 가는 아내를 바라보는 시선 또는 남편을 바라보는 시선이 달리 보일 수 있다.

그렇다면 세상에서 가장 좋은 남편이 되는 방법은 무엇일까? 아내를 처음 만나 사랑을 하고, 결혼할 때 맹세한 약속을 변함없이 행동으로 실천한다면 이보다 더 좋은 남편은 없다. 아내 또한 그런 마음을 잊지 말고 남편을 더욱 사랑하고 존중한다면 세상에서 가장 좋은 아내. 다시 말해 세상에서 가장 행복한 아내, 가장 행복한 남편으로 만들어 주겠다던 마음의 약속이 변치 않도록 행동으로 보여주면 된다.

이는 사회생활에서 초심을 잃지 말자는 것처럼 쉬운 것 같으면서도 어렵다. 하지만 서로를 존중하며 조금만 노력할 경우 누구든지 좋은 남편 또는 좋은 아내가 될 수 있다. 우리 모두 사회생활에서 초심을 잃지 않듯 가정에서도 초심을 잃지 말고 더욱더 사랑이 넘치는 행복한 가정이 되도록 노력했으면 좋겠다.

특별한 선물은 함부로 다루지 않는다. 애지중지하며 어떻게든 잘 지키고자 노력한다. 그런데 내 인생에서 가장 특별한 선물 중의 하나가 바로 사랑하는 아내다. 평생을 나와 같은 길을 갈 아내는 인생 최고의 선물이다. 그렇기에 아내를 지키고 아껴주는 일에 목숨을 다할 것이다. 이는 특별한 선물을 받은 내가 할 수 있는 당연한 일이다. 나는 아내가 더욱 행복할 수 있도록 열심히 노력하며, 더욱 소중히 여기기 위해 인격적으로 더욱 존중하는 남편이 되고자 최선을 다할 것을 다시금 다짐해 본다.

01

육체뿐 아니라 마음까지 편했으면 하는 아내 사랑

일주일 중 가장 기쁘고 행복한 날은 오늘처럼 아내가 출근을 하지 않는 날이다. 그런 날은 아내가 세상 모르게 늦잠을 잘 수 있다. 평소 같으면 사무실에 있을 시간이지만 해가 중천에 뜰 때까지 잠에 빠져 있는 아내, 그런 아내는 보통 10시 넘어 일어난다. 그리고 남편이 준비한 아침 겸 점심을 먹는다.

아내는 출근하는 평일에는 아침을 먹지 않는다. 대신 출근하는 자가용 안에서 먹는데 아침이라고 하기보다는 아침 대용으로 간단히 먹는다. 삶은 계란 1개와 사과, 바나나, 키위, 아보카드, 방울토마토, 브로콜리, 파프리카, 오이, 당근, 참외, 딸기, 포도, 단호박 등을 조금씩 5~6가지를 먹는다. 나는 사랑하는 아내를 위해 먹기 좋게 썰어 플라스틱 반찬통에 넣는다.

　아내가 아침을 먹지 않는 이유는 밥 먹을 시간에 조금이라도 더 자기 위해서다. 그래서 우리는 아내가 쉬는 날이 되어야만 오붓하게 늦은 아침을 먹는다.

　아내와 결혼한 지 30년이 넘었다. 결코 짧지 않은 시간으로, 만약 결혼 전으로 돌아갈 수만 있다면 절대로 결혼하지 않았다. 그리고 내가 아내라면 오래전에 이혼했다. 비록 거의 모든 집안일을 도와주지만 금전적으로 너무 무능한 남편이다. 지금 와서 보니 결혼은 내 인생에 있어 가장 무책임한 행동이었다. 나 같은 사람은 원래 계획대로 영원히 혼자 사는 편이 좋았다는 생각이 든다.
　무엇보다 결혼 후 안산의 반월공단과 시흥의 시화공단 등에서 20년 넘게 일용직 근로자 생활을 하는 등 직업적으로 매우 무능한 편에 속한다.

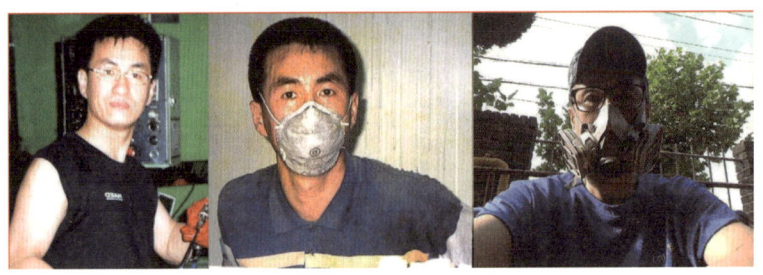

　어쩔 수 없이 다시 맞벌이 부부가 된 아내는 민정이가 만 한 살 하고 159일 되는 날부터 직장을 다녀야 했다. 아내가 출근하기 전 노란 원복을 입고 처음으로 어린이집에 가고자 유모차에 탄 딸의 모습을 사진으로 남겨놓았다. 당시에는 기념이라며 찍어준 사진이 지금은 아내와 딸에게 최고로 미안한 사진이 되고 말았다. 잠시라고 생각했던 아내가 30년이 되도록 아직까지 직장을 다니고 있다.

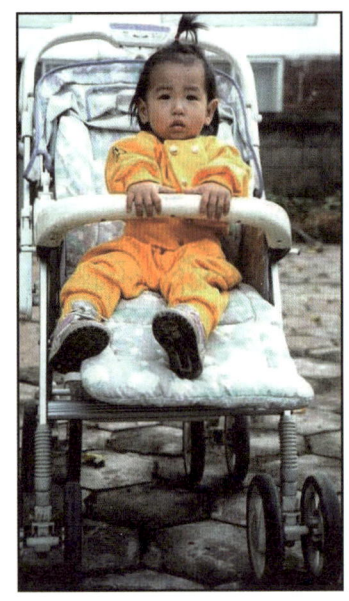

나는 야간작업을 많이 했기에 월요일은 아침이 아닌 저녁에 출근할 때가 많았다. 그러다 보니 월요일에 민정이가 어린이집에 갈 때는 꼬마 자동차와 자전거에 줄넘기 줄을 묶어 태워서 갔다. 어느 날 그 모습을 본 선생님이 이제야 알았다는 듯 웃었다. 혼자서 들어오는 딸에게 어떻게 왔냐고 물으니 아빠가 차를 태워줬다고 하여 자가용으로 생각했다며 미소를 지었다. 검은색 화살표가 어린이집 가방이며, 빨간색 화살표는 당기는 줄넘기 줄이다.

야간작업을 하고 와서 어린이집 끝날 시간에 앞에서 기다릴 때는 꼬마 자동차나 자전거를 가지고 갔다. 보통은 놀이터로 향하는데 오른쪽 사진은 지금의 선부역 광장에서 농악공연이 있어 아이스크림을 먹으며 구경하는 중이다.

아내는 30년 가까이 직장을 다니거나 장사를 했다. 반면 나는 2018년 4월, 왼쪽 무릎 수술을 시작으로 목과 허리는 협착증과 퇴행성 디스크가 왔다. 양쪽 어깨는 오십견이 왔고, 오른쪽 손목은 설거지 등 집안일을 많이 하는 주부에게 생긴다는 손목터널증후군 진단을 받아 한동안 치료를 받았다. 오른쪽 무릎과 왼쪽 발목에도 이상이 생겨 주사를 맞았는데 2023년 발목까지 수술하였다.

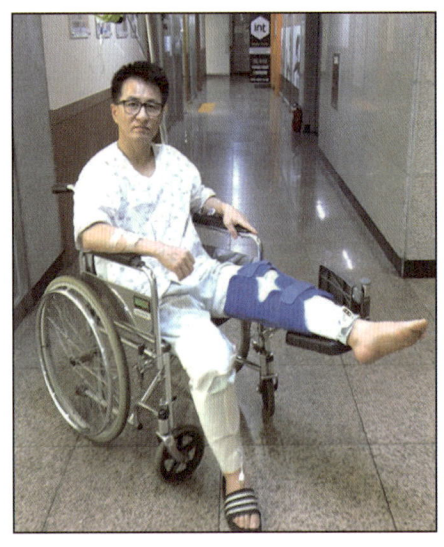

온몸의 뼈마디가 그렇게 된 것은 힘든 일용직 생활 때문이다. 무릎 수술을 한 이후로는 어쩔 수 없이 거의 쉬고 있는 백수다. 무능한 남편으로 인하여 양 어깨가 더욱 무거워진 아내가 오늘처럼 늦잠이라도 잘 수 있다면 다행이다. 간혹 심하게 코를 고는 아내를 볼 때면 더욱 미안함을 느낀다. 나의 소원은 남편 대신 아내가 쉬는 것으로 평일 아침에도 오늘처럼 마음껏 늦잠을 잤으면 좋겠다.

아내가 쉬기 전날은 집안일로 무척 바쁘다. 빨래의 경우 세탁기에 넣고 돌려 건조기로 바짝 말려 놓는다. 아내가 퇴근하여 왔을 때는 예쁘게 개어 정리까지 끝난 상태다. 물론 손빨래해야 되는 옷들은 손빨래를 해놓았다. 빨래 담당인 내가 힘차게 작동하는 통돌이 세탁기만을 고집하는 탓에 구겨지기 쉬운 옷들은 직접 손빨래 한다. 지금은 일주일에 한 번씩 하지만 사랑하는 딸이 결혼하기 전에는 수시로 해야만 했다. 다음의 빨간색 화살표는 운동화로, 걸레(파란색 화살표)는 물론 욕실 매트 할 것 없이 모두가 나의 몫이다.

빨래 건조기가 생기기 전에는 세탁기에서 꺼낸 빨래를 빨래 건조대에 널었다. 다음은 일용직 생활을 할 때 홈페이지에 올린 사진들이다. 빨간색 화살표와 검은색 화살표인 양쪽 옆에도 이렇게 수건을 한 장씩 더 널 수가 있는데 사진을 보고 예술이라며 감탄의 댓글을 남기기도 했다. 오른쪽 사진은 속옷을 포함 더 깨끗이 빨아야 하는 것들은 세탁기에 넣기 전에 애벌빨래하는 모습이다.

뜨거운 물이 들어 있는 통에 빨래와 세제 그리고 과탄산소다를 넣고 10분 정도 힘차게 뒤척인 다음 다른 빨래와 함께 세탁기에 넣고 작동시킨다. 그러면 훨씬 더 깨끗한 세탁을 할 수 있다. 그런데 저렇게 애벌빨래를 할 때는 환기를 시켜야 한다. 통에서 나오는 따스한 김이 건강에 무척 해롭기 때문이다.

그리고 통돌이 세탁기는 세탁을 하다 보면 빨래가 서로 엉킨다. 나는 보다 깨끗한 세탁을 위해 탈수가 끝나고 헹구기 위한 급수가 시작할 때 일시정지시킨 후 엉킨 빨래를 최대한 풀어준다. 보통 세탁이 완전히 끝나기까지 2~3번 풀어주기에 세탁기 빨래라고 하여 마냥 편하지는 않다. 이 모두가 사랑하는 아내를 위한 것으로, 3번째 헹굴 때는 식초를 넣어 더더욱 세제 잔유물이 남지 않도록 한다. 그렇게 모든 세탁이 끝나면 마지막으로 헹구기 1번을 더 한다. 과일을 닦을 때도 아주 유별스럽다.

포도의 경우 가위(검은색 화살표)로 포도알에 꼭지(노란색 화살표)를 남긴 채 모두 자른다. 그다음 과일채소 전용세제(보라색 화살표)로 씻은 뒤 식초(연두색 화살표)를 희석한 물에 10분 정도 담근 뒤 마지막으로 깨끗한 물로 헹군다. 사과, 복숭아, 자두처럼 홈이 파진 과일은 칫솔(파란색 화살표)로 양쪽 홈을 칫솔질한다. 껍질이 있는 아보카도, 오렌지, 귤 등도 항상 씻어 먹는다.

　브로콜리는 20분 정도 무거운 그릇(오렌지색 화살표)으로 눌러 물에 완전히 잠기도록 한 다음에 전용세제로 씻는다. 20분간 잠기게 하면 브로콜리 안에 들어간 먼지와 벌레 등이 나온다고 한다. 이외도 햄과 소시지는 항상 끓는 물에 푹 삶은 뒤 헹궈서 요리를 한다. 몸에 해로운 기름과 식품첨가물 등을 최대한 제거하기 위해서다. 아내는 맛이 없다는 불평(?)을 하지만 그래도 사랑하는 아내의 건강을 위하여 계속 고수하고 있다.

　아무튼 건조대에 빨래를 사진처럼 널면 많이 널 수 있을 뿐 아니라 비가 내려 습한 날 선풍기를 틀어 놓으면 빨리 말라서 좋다. 대신 빨래를 너는 데 몇 배의 시간과 정성이 소요되는데 과일, 채소 등을 씻을 때도 그렇다.

**　아내가 퇴근하여 왔을 때 빨래가 쌓여 있고, 집 안이 어지럽혀 있다면 아내의 마음이 얼마나 피곤할까? 어쩌면 육체적 피곤보다 더 피곤할지도 모른다. 하지만 아내가 쉬는 날에는 손빨래와 세탁기 빨래 등을 하지 않는다. 비록 아내가 도와주지 않더라도 빨래하**

는 남편 모습에 미안한 마음을 가질 수 있기 때문이다.

나는 아내가 쉴 때는 육체뿐 아니라 마음까지 편하게 쉬었으면 한다. 그래서 아내가 쉬는 날은 청소조차 하지 않는다. 대신 잠시 밖에 나갔을 때 재빨리 해놓았다. 하지만 청소를 못하고 하루 건너 뛴 적도 많다. 그런 이유로 아내가 쉬기 전날은 다른 날보다 구석구석 먼지를 닦고, 빨래를 하고, 과일을 씻는 등 더욱 바쁘고 힘들지만 행복한 남편이다.

앞에서 소개한 빨래 건조기는 형부 편하라고 처제가 사준 선물이다. 그리고 세탁기를 새로 장만하게 된다면 이번에는 드럼세탁기로 사고자 한다. 손빨래가 힘도 들지만 그보다는 소중한 시간이 너무 아깝다. 그리고 30년 가까이 최대한 빨래를 했으니 이제는 손빨래할 시간을 더 의미 있는 시간으로 살고 싶다.

02

능력의 차이로 생길 수 있는 부부 갈등

우리 집은 저녁에 밥을 한다. 퇴근한 아내에게 김이 모락모락 나는 갓 지은 밥을 먹이고 싶어서다. 반면 아내가 쉴 때에는 아침을 한다. 그렇기에 일주일 중 가장 분주한 아침은 아내가 쉬는 날이다.

아내는 늦잠을 자지만 일어날 시간에 맞춰 식사를 준비하는 남편. 쌀은 취사 버튼을 누르기 20~30분 전에 씻는다. 전에는 아침에 씻는 것이 귀찮아 전날 밤에 미리 씻어 냉장고에 넣었다. 더욱이 우리는 항상 딱딱한 검정콩을 넣고 먹기에 콩이 충분히 불을 수 있도록 쌀과 함께 씻었다. 그리고 다음날, 아내가 일어날 시간에 맞춰 취사 버튼을 누르면 되기에 아주 편하다.

그런데 어느 날 TV에서 미리 쌀을 씻으면 쌀에 있는 수용성 비타민 등이 녹아 영양분 손실이 있다고 한다. 그 후로는 귀찮아도 취사 버튼 누르기 20~30분 전에 씻는데 그 시간에 씻은 쌀이 가장 밥맛이 좋다고 한다. 대신 콩은 전날 밤에 미리 씻어 놓았다.

아내가 일어나기 전에 국이나 찌개도 만들고, 간단한 반찬도 만든다. 그러니 다른 날보다 더욱 바쁜 아침이다. 그래도 사랑하는 아내가 늦잠을 잘 수 있기에 언제나 기다려지는 날이다.

연애 시절부터 종종 듣는 말이 있다. 나는 여자 덕으로 산다고 한다. 결혼 후에도 아내 덕으로 사니 평생 잘하라는 충고를 듣곤 했다. 그런데 결혼한 지 30년이 지났건만 앞으로도 아내 덕으로 살게 될 남편임이 확실하다. 그렇다고 아내가 돈이 많거나 직업이 아주 좋아 아내 덕으로 산다는 말은 아니다. 아내는 평범한 집안에, 평범한 직업을 가지고 있는 평범한 여자다. 그럼에도 우리에 대해 전혀 모르는 사람들조차 그런 말을 하는 이유는 아내의 얼굴에는 복이 넘친다고 한다. 하지만 나는 아내와 결혼한 것을 종종 후회한다. 무능한 남편으로 인하여 고생하는 아내를 보면 미안한 마음에 한숨이 나오곤 한다. 비록 녹내장과 530GP 사건으로 인한 트라우마 때문이라지만 이 정도로 무능하리라고는 생각조차 못했다. 결혼하기 전, 어느 정도 짐작이라도 했다면 영원히 혼자 살았다.

힘든 일용직 생활은 몸에 무리가 와서 수술을 해야만 했다. 그러니 남편을 바라보는 아내의 마음이 어떠했을까? 답답하고 속이 상하겠지만 언제나 긍정적인 아내는 불평을 한 적이 없다. 오히려 집안일을 하는 남편에게 종종 미안한 표정을 지었다.
"자기도 힘든데 너무 고마워."
"고맙긴, 감히 여왕 폐하 손에 물을 묻힐 수 있겠어? 이런 일은 무수리인 내가 해야지."
당연하다는 남편은 고생하는 아내가 미안하여 하나라도 더 도와주고 싶다. 아내는 남편을 잘 만나 집안일은 신경을 쓰지 않아서 좋다며 행복한 미소를 짓는다. 행복한 아내의 모습을 볼 때면 무능한 남편이지만 아내 덕으로 사는 남편임이 분명하다.

배우자의 능력은 부부의 행복조건에서 절대로 빼놓을 수 없을 정도로 중요한 부분을 차지한다. 그리고 세상의 모든 남편과 아내의 능력이 배우자를 만족할 만큼 충족한 것도 아니다. 부부 사이에는 능력의 차이로 인하여 언제나 불만과 불평이 생길 수 있다. 하지만 배우자의 능력이 부족할지라도 미흡한 부분을 포용할 수 있는 넓은 마음과 사랑이 있다면 충분히 극복하리라 믿는다. 물론 노력하는 모습이 상응할 경우다.

무능함과 더불어 성격적으로 못난 부분이 많은 남편이지만 내가 변할 수 있었던 것은 고마운 아내 덕이다. 아내는 내가 아무리 화를 내도 같이 화내는 법이 없다. 미안한 마음에 화가 수그러질 때 잘못한 부분을 조목조목 지적한다. 그리고 다시는 그러지 말라는 충고와 함께 모든 것을 용서해 주었다. 나에게 그런 아내는 특별하면서 고마운 존재이기에 더욱 잘하고자 노력한다.

나의 소원은 고마운 아내에게 평생 보답하며 살아갔으면 한다. 그래서 백세시대에 살고 있다지만 굳이 백 살까지 살고 싶지도 않다. 그저 고마운 아내보다 하루만 더 산다면 더 이상 바랄 것이 없다. 그러니깐 남은 인생에 대한 소원은 사랑하는 아내 옆에서 건강하게 딱 하루만 살면 된다. 그렇게 마지막 남은 인생을 사랑하는 아내를 위해 살아가길 소원한다.

그렇다고 좌절 속에서 무능함을 비관하며 사는 인생은 아니다. 비록 눈에 보이는 성공은 아니지만 성공과는 비교할 수 없을 정도로 만족스런 인생이다. 이는 마음이 넓고 이해심이 많은 아내 덕분으로 건강은 물론 행복한 가정까지 이룰 수 있었다. 그러니 고마운 아내에게 보답하며 사는 인생이어도 전혀 손해 볼 것이 없는 행복한 인생임이 틀림없다.

03

아내를 사랑한다면
이 정도쯤이야

어버이날이 돌아오면 장모님께 카네이션을 달아드린다. 참! 나는 장모님께 장모님이라고 부른 적이 단 한 번도 없다. 그냥 어머니라고 부른다. 대신 장모님이라고 부르는 경우는 지금처럼 어머니와 구별할 때다.

카네이션을 달아드린 뒤 살짝 볼에 입을 맞춘 뒤 사랑한다며 꼭 안아드린다. 이런 행동은 아내를 아끼고 사랑하기에 자연스럽게 나온다. 사실 아내를 아끼고 사랑한다면 이보다 더한 것도 어려운 일이 아니다. 그런데 장모님께 달아드리는 카네이션은 생화 또는 고급스런 카네이션이 아니다. 초등학교 앞 문방구에서 파는 천 원, 이천 원 하는 조화였다.

한 번은 아내가 그냥 생화를 사서 드리라며 핀잔을 주듯 말했다. 아마도 촌스러웠던 모양이다. 그럼에도 조화만 고집하는 데에는 나름대로 이유가 있었다. 비싼 생화를 그냥 드리는 것과 값싼 조화이지만 직접 달아드리는 것은 내 마음부터가 다르다. 사실 드리는 것은 쉬워도 달아드리는 것은 쉽지 않다. 또한 생화에 비해 조화는 가벼워서 옷이 처지지 않아 훨씬 좋다고 했다. 이야기를 들은 아내가 빙그레 미소를 지었다. 아내 딴에는 그런 남편이 귀여웠던 모양이다.

일용직 생활을 하면서 거의 매번 카네이션을 달아드릴 수 있었던 것은 아침에 퇴근하는 야간작업을 많이 했기에 가능했다. 빨간색 화살표가 가리키는 카네이션은 생화다. 야간작업을 하고 오니 아내가 미리 준비해 놓았다. 만약 그렇지 않았다면 항상 그랬듯이 장모님께 가는 길에 문방구에서 조화를 샀다. 사진은 아내가 출근하며 장모님께 태워다 주는 자가용 안에서 찍었다.

오른쪽 사진은 장모님이 계신 아파트에 도착하여 카네이션 바구니(검은색 화살표)를 들고 셀카를 찍었다. 카네이션 바구니는 처제가 준비한 것으로 처제를 대신하여 내가 드리기 위해서다.

마침 고등학생 조카가 학교에 가지 않았다. 할머니 볼에 뽀뽀하는 모습을 보고 배시시 웃었다. 어쩜 놀랐을 것 같은데 장모님이 너도 아빠에게 그렇게 하라며 활짝 웃으셨다. **나에게 있어 결혼은**

당사자인 아내와 더불어 부모는 물론 형제자매와 조카들까지 사랑할 수 있는 넓은 마음이 필요하다고 생각한다. 남편의 그런 생각에서 나오는 행동은 아내를 더욱 행복하게 만들 뿐 아니라 어머니께도 잘하는 며느리다.

나는 장모님께 용돈을 드린 적이 한 번도 없다. 선물 또한 드린 적이 없다. 그럼에도 서운함을 드러내신 적이 없으시다. 사실 야속하게 생각하실 법도 한데 오히려 맛있는 것 사 먹으라며 용돈을 주실 정도다. 너무나 아팠던 탓에 돈 따위에 관심이 없다는 것을 알기에 이해하시는 모양이다. 그러나 물질적으로 기쁨을 드리지 못해 죄송한 마음을 표현하면 아내를 아끼고 사랑해 주는 것보다 더한 선물이 어디 있냐며 환하게 웃으신다.

무능함의 변명일 수도 있지만 돈 걱정 없이 마음 편하게 사는 남편이다. 대신 모든 금전적인 문제는 아내 혼자 신경 쓰고 해결한다. 이사 가는 것조차 아내가 알아서 결정한다. 어떤 곳인가 구경하러 가자고 해도 괜찮다며 대수롭지 않게 생각한다. 지금까지 살아오면서 많은 부분에서 경험했듯이 현명한 아내가 좋다면 무조건 따라가도 손해 볼 것이 없음을 잘 안다. 그런데 돈이라도 많다면 문제될 것이 없지만 언제나 빠듯하거나 부족하기에 아내 입장에서 얼마나 답답한 남편일까?

아내는 금전적으로 무능한 남편이 오히려 다행이라고 한다. 만약 돈에 욕심을 부리며 살아왔다면 건강이 더 나빠졌을 거라며 웃는다. 두통의 후유증은 기억력까지 떨어뜨려 가지고 있는 돈도 종종 잊어버릴 정도다. 결국 장모님이 주신 용돈은 아내의 지갑으로 들어가고야 만다. 그렇게 다시 무일푼이 되었어도 든든한 아내가 있기에 언제나 마음 편한 남편이다.

우리는 세상에서 많은 관계를 맺으며 산다. 그런데 배우자의 관계는 어떤 관계보다도 특별하다. 일단 혈연이 아님에도 혈연만큼이나 각별하고 끈끈하다. 사실 부모 또는 자녀와의 관계는 혈연에 근거한 만큼 뗄래야 뗄 수 없고, 끊으려 해도 끊을 수 없다. 그래서 어떤 상황에서도 용납이 되고, 이해가 될 수밖에 없는 관계를 유지하게 된다.

가령 친구 사이에서는 이해관계가 틀어지거나 안 맞는 부분이 있으면 멀어지기 쉽다. 반면 부모와 자녀 사이는 그런 격차를 다 초월해 버린다. 즉 다른 관계에서는 허용이 안 되는 것이 혈연으로 맺어진 부모와 자녀 또는 형제와의 관계에서는 충분히 허용이 된다.

그런데 부부 사이는 혈연관계가 아니어서 이해관계가 안 맞으면 틀어질 수 있음에도 다른 인간관계와 달리 끝까지 가게 되는 신기한 관계다. 물론 요즘은 이혼이 과거보다 늘어나는 추세이지만 이혼하지 않고 끝까지 가는 부부들은 그야말로 혈연관계를 초월한 아름다운 사랑이라고 할 수 있다.

그러기에 어떤 관계보다도 아름다운 관계가 부부 사이가 아닐까 싶다. 더 많은 이해가 필요하고, 더 많은 장벽을 극복해 가면서 이

루어 가는 아주 특별한 사랑의 관계가 바로 부부 사이다. 나 역시 부족한 점이 많고, 열심히 노력은 한다지만 아내에게 화를 내는 등 마음의 상처를 주곤 한다. 그러나 아내는 지금까지 모든 것을 이해하고 극복한 채 내 곁에서 지켜주고 있다. 얼마나 고맙고 소중한 존재인가? 때문에 더욱더 최선을 다해 아내를 아끼고 사랑하며 존중하는 남편이 되고자 노력하고 있는 중이다.

나의 카톡 사진은 연애 시절에 찍은 사진으로 한쪽 무릎을 꿇고 사랑하는 아내를 향해 두 팔을 벌린 사진이다. 그리고 다음과 같은 글이 써져 있다.

'♥아내가 마냥 좋다. 다시 태어나도 아내와 살 거다. 그런데 아내가 나랑 살아줄까? 이 악물고 잘해야지♥'

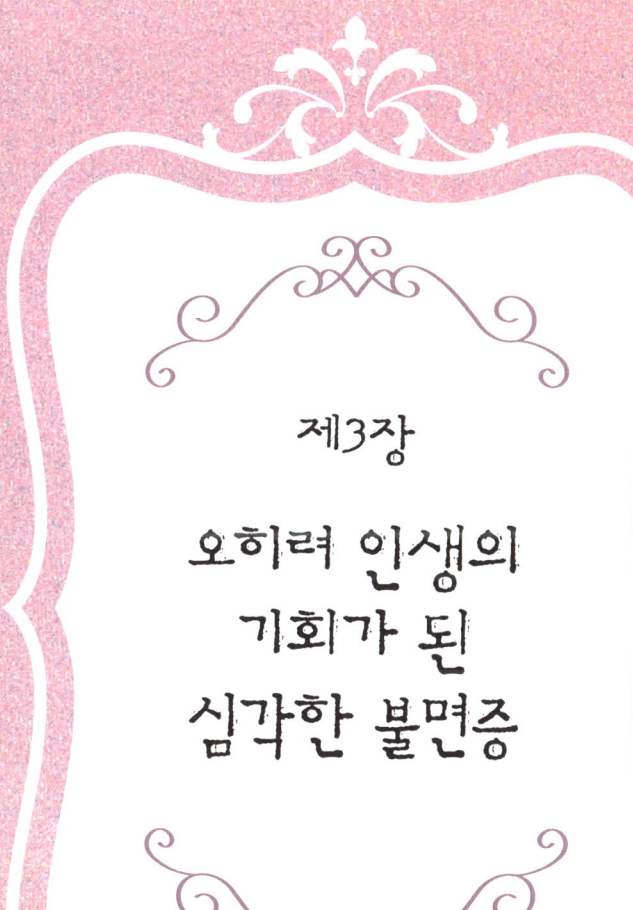

제3장

오히려 인생의
기회가 된
심각한 불면증

(하루에 2~3시간 자며
어떤 일을 했는지 사진으로 증명)

　나에게는 사실임에도 남들이 볼 때 거짓으로 생각할 수 있는 것이 적어도 두 가지 있다. 첫 번째, 심각한 녹내장에 걸렸음에도 군대를 간 것과 두 번째, 하루에 2~3시간 자며 20년 넘게 일용직 생활을 하였다. 다만 1주일에 한 번 정도는 금방이라도 쓰러질 정도로 극도로 졸릴 때가 있으나 아무리 많이 자야 5~6시간이면 자동적으로 눈을 떴다. 그 정도로 잠이 없는 체질이다. 그런데 그렇게 짧은 수면임에도 불치병 녹내장이 치료되었으니 어떻게 믿을 수 있겠는가? 이는 상식적으로나, 의학적으로나 결코 설명할 수 없다.

　충분한 수면은 정신건강은 물론 육체적 건강에 있어 필수라 할 정도로 중요한 부분을 차지하고 있다. 특히 고령화 시대를 맞이하여 가장 큰 문제가 되고 있는 치매의 경우에도 질 좋은 수면으로 예방은 물론 완화까지 할 수 있다고 한다. 그 정도로 잠은 현대를 살아가는 데 있어 매우 중요하다.

나 역시 그 점을 명심하고 충분한 수면을 취하고자 노력하고 있다. 덕분에 전보다는 많이 자는 편이다. 하지만 우리나라 평균 수면 시간에는 훨씬 못 미치고 있다. 어쩌면 습관처럼 굳어진 탓에 불가능할지도 모른다. 실제로 이 책을 쓸 때는 밤을 꼬박 새우며 쓰다시피 했다.

일용직 생활을 하며 잠을 짧게 잔 이유는 단순히 녹내장 두통으로 생긴 불면증 때문만은 아니다. 물론 불면증이 큰 원인이겠지만 나를 컨트롤하는 능력 또한 매우 뛰어났다. 만약 부족한 잠으로 인하여 피로와 스트레스가 쌓였다면 육체적으로 힘든 일용직 생활이기에 그리 자며 생활할 수는 없다. 더욱이 심각한 트라우마까지 가지고 있었기에 녹내장은 결코 치료될 수 없다.

나에게는 아픈 몸으로 군대를 갔어도 무의미하게 제대했다면 의미가 없듯이, 일용직 생활 또한 그리 적게 잤어도 무의미하게 보냈다면 이 또한 의미 없는 인생에 불과하다. 나는 잠을 적게 잔 것보다 그 시간을 내 인생을 위해 어떻게 활용했냐가 더 중요했다.

그래서 이번에는 잠을 적게 자며 어떤 일들을 했는지에 대해 이야기하고자 한다. 만약 공감할 수 없거나 거짓이라 느껴진다면 책에 있는 내용은 모두 거짓이다. 무엇보다 녹내장이 치료되었다는 사실부터가 거짓이다. 그리고 이런 이야기는 일기장에 쓰라며 면박받기 쉬운 글이다. 하지만 극복해야 할 상황임에도 힘들다는 이유 또는 시간이 없다는 핑계로 현실에 만족하는 분들에게는 분명 울림이 되는 이야기다. 그렇다고 여기에 있는 이야기가 인생에 있어 기준이 되거나 정석은 아니다. 다만 짜투리 시간까지 알차게 보냈던 나의 생활이 자극이 된다면 그것만으로도 큰 변화의 시작이다. 더욱이 불치병 녹내장과 두통 그리고 트라우마까지 극복한 이야기다. 분명 내일의 나를 위하여 도전을 망설이는 분들에게도 충고가 되는 이야기라 여겨진다.

홈페이지 '좋은아빠'를 보고 TV 방송국에서 출연 섭외가 왔다. 정말로 하루에 2~3시간 자며 생활하는지 직접 확인하겠다며 의심에 찬 댓글을 남겼다. 홈페이지에 있는 사진과 내용을 보면 거짓은 아닌 것 같은데 도저히 믿을 수 없다고 했다. 그런데 이는 당사자인 나도 믿기 어렵다. 단지 나에게 벌어진 일이라 믿을 뿐 다른 사람이 그랬다면 의심하거나 비웃었다.

녹내장에 걸리면 두 눈에 피로가 쌓이지 않도록 충분한 휴식이라 할 수 있는 잠을 충분히 자야 한다. 그만큼 잠은 눈 건강에 있어 매우 중요하다. 그런데 촬영을 나왔을 때는 이틀에 2~3시간 잘 때라 더욱 놀라게 만들었다. 그러면 불면증을 인생의 기회로 변화시켜 좌절과 고통이 희망이 될 수 있었던 경험을 이야기하겠다.

일용직 생활은 저녁부터 다음날 아침까지 일하는 야간작업을 많이 했다. 다음은 일주일은 주간, 그다음 일주일은 야간에 작업하는 주야 2교대 작업을 했다. 고정으로 주간작업을 하는 경우는 야간 일자리가 없을 때에만 했다. 야간작업만을 선호한 이유는 돈을 더 벌기 위해서가 아니다. 물론 야간작업은 주간작업에 비해 야간수

당이 붙어 급여에서 많은 차이가 난다.

  나는 야간작업을 마치고 아침에 퇴근하면 집에서 잠을 청하기보다는 학원 등을 다니며 배우고 싶은 것을 마음껏 배웠다. 맞벌이 아내를 위하여 청소와 손빨래를 하는 등 최대한 집안일까지 했다. 사랑하는 딸에게는 홈페이지가 '좋은아빠'인 것처럼 낮 시간을 이용하여 많은 추억과 사랑을 남겨주었다. 바로 그런 이유로 힘이 들더라도 야간작업이 훨씬 좋다. 만약 야간작업보다 주간작업이 더 많은 급여를 받는다고 해도 당연히 야간작업을 했다. 야간작업을 긴요하게 활용한 덕에 오늘의 내가 될 수 있었으니깐.

  방송국에서 촬영을 나왔을 때는 고정으로 야간작업을 할 때다. 작업은 저녁 7시 30분에 시작하여 12시간 후인 다음날 아침 7시 30분에 끝났다. 작업 전에 미리 회사에 도착하는 등 출퇴근 시간까지 포함하면 하루 24시간 중 적어도 14시간을 집 밖에서 보낸다. 하루에 6시간 잔다고 할 때 남은 10시간에서 6시간을 빼면 4시간이 내가 사용할 수 있는 시간이다. 그런데 출근 준비를 비롯하여 퇴근 후 샤워를 하거나 식사를 하는 등의 시간을 제하면 실제로는 4시간이 안 된다. 하지만 나는 이틀에 2~3시간 잤기에 많게는 10시간이 나의 시간이다.

  작업 시간 12시간 중에는 식사 시간과 쉬는 시간이 있어 작업자들은 그 시간을 이용하여 잠을 청하곤 한다. 야간작업은 주간작업에 비해 정신적, 육체적으로 매우 피곤하다. 푹 자고 출근해도 금세 피로가 쌓여 졸립다. 근로자 사이에서는 야간작업이 건강에 아주 나쁘다고 한다. 심지어 노화가 빨리 온다는 말까지 한다. 실제로 생체리듬이 깨지는 바람에 몸무게가 쭉 빠진 근로자도 본 적이 있다. 그러니 급여가 많아도 야간작업을 피하는 근로자가 많다. 하지만 나는 야간작업을 하며 낮 시간을 의미 있게 보냈기에 오히려 생동감을 갖는다. 밤새 일하고 아침에 퇴근하면 집으로 가지 않았다. 홈페이지 과정을 배우기 위해 곧장 직업학교로 향했다.

2000년 가을, 한 달 치 급여를 주고 자녀 사랑에 대한 홈페이지를 만들었다. 그런데 사진을 계속해서 올리는 등 수정작업을 하는데 만만치 않은 돈이 나갔다. 무엇보다 내가 원하는 디자인의 홈페이지를 만들고 싶었다.

2001년, 실직자 대상의 웹디자인 교육이 있음을 알게 되었다. IMF로 인한 실직으로 재취업의 기회를 주고자 실직자 대상으로 무료로 교육을 해주는 제도다. 돈도 벌어야 했던 나는 실직자라 속이고 교육을 받았다. 위법이지만 야간에 일하는 일용직 근로자였기에 가능했다.

6개월 과정으로 월요일부터 금요일까지 오전 10시부터 오후 4시까지 교육을 받았다. 교육을 마치고 안산 와동초등학교 근처에 있는 집으로 가는 데 1시간 넘게 걸렸다. 안산에는 홈페이지 교육이 없어 다른 도시에서 교육을 받아야 했기 때문이다. 그러니 집에 도착해도 출근 준비를 해야 했다. 결국 매일 가는 대신 이틀에 한 번씩 가기로 했다. 회사로 직접 출근하는 날은 교육장에서 배운 것을 연습하였다.

촬영을 왔을 때가 넉 달 정도 다닐 때로 PD가 대체 언제 자냐고 물었다. 믿기 어렵겠지만 거의 안 잤다. 대신 시내버스 또는 출퇴근 버스 안에서 잠깐씩 수면을 취했다. 회사에서 쉬는 시간에는 출근할 때 가지고 간 딸의 동화책을 읽었다. 그래서 더욱더 믿을 수 없었던 모양이다.

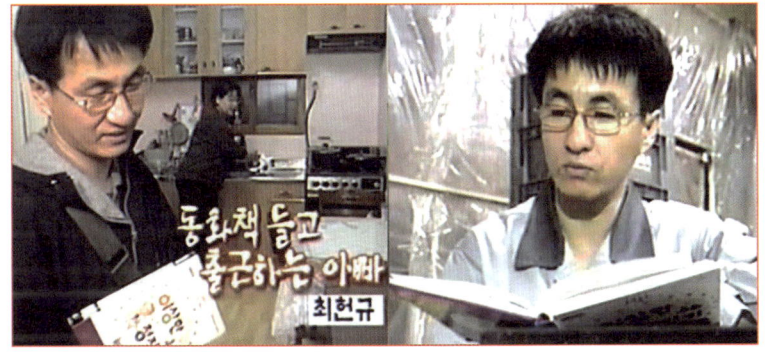
<©KBS>

하루 생활이 홈페이지에 올린 글과 다르지 않았다. 불면증 때문이지만 좀 특이한 체질이라고 할까? 아주 깊게 10분, 20분만 자도 마치 2~3시간 잔 것처럼 피로가 싹 풀렸다. 그러니 불면증에 걸린 것을 괴로워하기보다는 오히려 즐기며 실력을 쌓는 시간으로 활용할 수 있었다.

그럼 하루에 2~3시간 자며 어떠한 일을 했는지 이야기하기 전에 불면증이 시작한 때로 돌아가 보자. 고등학교 재수 시절인 1978년 무더운 여름, 간에 문제가 생겨 입원을 했다. 간이 나빠진 이유는 수면과 깊은 관계가 있다. 잠을 줄이며 책을 봤기 때문이다. 당시는 불면증은 아니고 그냥 공부가 너무 재미있다 보니 밤을 샜다. 그러다 입원까지 하게 되었다.

고등학교 1학년 때는 몇 번 결석했을 정도로 건강이 좋지 않았다. 하지만 자정이 훨씬 지나서 잤다. 이때는 공부가 아닌 재수를 하며 건강까지 나쁘다 보니 인생에 대해 많은 생각을 하며 밤을 지샜다.

고등학교 3학년 때 최초로 녹내장 진단을 받았다. 녹내장은 글씨와 물체가 찌그러져 보이는 황반변성, 당뇨 합병증인 당뇨망막병증과 더불어 3대 실명 질환이다. 그러나 실명이 두렵지 않았다. 정작 나를 두렵게 한 것은 책을 보면 이내 찾아오는 죽을 만큼의 지독한 두통이다. 요즘 사람들이 흔하게 경험할 수 있는 편두통과는 비교가 되지 않는 두통이다. 두통만 없다면 실명이 되어도 좋다고 했을 정도의 두통이었다.

녹내장은 안압과도 관계가 있다는데 두 눈은 마치 바람이 잔뜩 들어간 축구공이 금방이라도 터질 것처럼 빵빵한 압박감으로 눈동자가 튀어나올 것 같은 통증이 찾아왔다. 그 고통이 얼마나 극심했던지 바늘로 찌르고 싶은 충동까지 느끼게 했다. 그러면 영영 그런 통증을 느낄 수 없을 거라는 생각이 들었다. 바로 그런 통증과 도끼로 내려치는 듯한 두통 때문에 심각한 불면증에 걸렸다. 하지만 불면증인지 몰랐다. 피곤하고 졸려도 마음대로 잘 수가 없었다. 하지만 남들이 자는 시간에 책을 볼 수 있다는 생각에 고통이 아닌 축복이라 생각했다.

대학 1학년이 되어 대학병원에서 정밀검사를 받은 결과 역시 녹내장이다. 그 말을 듣는 순간 남의 일인 양 담담했다. 어릴 때부터 불편을 느끼던 두 눈이기에 앞으로 살아갈 나의 운명이자 인생이라 생각했다. 여름방학에는 간으로 또다시 입원을 하였다. 결국 2학년 1학기를 마치고 휴학을 하였다. 그리고 그렇게 군대를 가게 되었다.

1997년 12월, IMF(1997년 12월 3일부터 2001년 8월 23일까지)가 시작하기 전부터 영어책을 쓰고 있었다. 책을 쓰게 된 이유는 제대 후 반에서 거의 꼴찌인 중학교 2학년 학생(KBW)에게 영어, 수학, 과학 등을 가르쳤다. 학생의 실력은 중학생 때 나보다도 심했다. 기초가 없는 상황에서 학교에서 보는 시험은 무조건 무시하라고 했다. 만약 컨닝을 하여 100점을 맞아도 진짜 실력이 아니기에 인생에 있어서는 아무런 도움이 되지 않는다고 하였다. 대신 내가 알려주는 것만 확실히 익혀 학교 진도와 같게 될 때 맞은 100점이 진짜 실력이라고 했다. 이 방법은 고등학생 때 내가 했던 방법이기도 하다.

재수를 하면서까지 그렇게 소원하던 고등학생이 되었으나 건강으로 인하여 공부보다는 인생에 대해 보다 깊은 생각을 하였다. 결국 공부와 거리가 멀어지자 3학년이 되었을 때 시도한 방법이다. 다행히 대학 입시를 앞두고 친구들이 놀랄 정도로 실력이 부쩍 늘었지만 정작 대학교 가는 데에는 아무런 도움이 되지 못했다. 녹내장으로 인한 시력장애와 두통 때문이다.

그 학생이 나라는 생각으로 기초부터 최선을 다하여 가르쳤다. 하지만 두통으로 인하여 석 달만 가르치고 그만둬야 했다. 그리고 집을 나와 안양에 있는 스카이라운지 '에메랄드' 주방으로 들어갔다.

2~3년 뒤 그 학생을 만났는데 공부 잘하는 고등학생이 되어 있었다. 너무나 신기하여 그 비결을 물어보았다. 그때 공부하는 방법과 재미를 알게 되어 한 학급이 60명이 넘던 중학교 2학년 마지막 시험에선 10등, 3학년 때는 전교 600여 명 중 10등 안에 드는 공부 잘하는 학생이 되었다. 학원은 과외를 받은 후 딱 한 달간 다녔을 뿐 혼자서 공부했다고 한다. 순간 그때 가르친 영어를 책으로 쓰기로 했다.

집을 나온 이유는 혼자 살기 위해서다. 내가 공부를 하는 이유는 성공과 더불어 행복한 가정을 이루기 위함이다. 그런데 책과 거리가 먼 인생으로 살기로 했으니 영원히 혼자 살기로 했다. 돈을 벌기보다는 평생 먹는 것을 해결할 수 있는 직업으로 주방장이 되기로 했다. 그럴 경우 공부에 대한 욕구를 접고 깊은 산 속에서 은둔하듯 세상과 담을 쌓은 채 주방 안에서 생활하면 된다. 더욱이 끼니 걱정을 하지 않아도 되니 얼마나 좋은 직업인가?

주방에 들어와 시작한 일은 음식을 만드는 데 사용한 조리기구 등을 씻는 일이다. 커다란 통에 소스를 끓일 때면 바닥이 눌어붙지 않도록 2~3시간 넘게 긴 주걱으로 노를 젓듯 저어주었다. 주방의 열기와 불 옆에서 오랫동안 젓다 보면 온몸이 땀으로 흠뻑 젖었다.

내가 맡은 직책을 '알아이'라 불렀다. 난생처음 들어보는 말로 음식을 만드는 일과는 전혀 무관하다. 기술이 없어도 누구나 할 수 있는 일이다.

주방에는 손님에게 나갔던 접시 등 설거지 위주로 주야 교대로 일을 하는 아주머니 두 분과 조리사 6~7명이 있지만 알아이는 조리사 중에서 가장 낮은 단계다. 급여도 가장 낮다. 하지만 가장 힘들고 궂은일을 하기에 화장실 가는 척 말없이 그만두거나 하루 이틀 만에 출근을 하지 않는다고 한다. 주방장 구하기보다 더 힘든 것이 알아이라 할 정도로 힘든 생활이다. 나 역시 그만둘 것으로 생각해서인지 한동안 말을 거는 사람이 없었다.

땀으로 범벅이 될 정도로 힘든 생활이었지만 칭찬을 받을 정도로 성실했다. 다만 아주 깐깐하고 못된 성격으로 비춰졌다. 사장과 친척인 야간에 일을 하는 주방 아주머니가 농담 섞인 말로 남 잘 되는 꼴을 못 본다고 했다. 알아이가 하는 일 이외의 것까지 적극적으로 하다 보니 바로 윗단계 자리를 탐내는 것으로 보인 모양이다. 공부를 잊기 위해 나 자신을 잊고자 정신없이 바빠야 했던 탓에 그런 오해를 샀다.

주방에서의 생활은 공부에 대한 생각을 잊을 수 있었다. 워낙 바쁘고 힘들다 보니 공부하고 싶다는 생각조차 들지 않았다. 만약 일을 하면서도 공부 생각이 났다면 미칠 듯 힘들었을 텐데 오히려 다행이었다.

알아이는 주방의 기초라 할 수 있는 칼 잡을 단계가 아니다. 허드렛일만 하면 된다. 막상 칼 잡을 시간이 있다고 해도 내 칼이 없었다. 나보다 높은 위치에 있는 조리사의 칼을 잡는다는 것은 생각할 수도 없다. 주방에서의 칼은 군인에게 지급되는 개인화기인 M16 소총과도 같다. 그러니 다른 사람의 칼은 절대로 사용할 수가 없다.

남보다 2시간 먼저 출근하여 낮에 유심히 본 양배추 썰기를 흉내 내었다. 그 시간은 야간영업이 끝난 뒤라 주방에는 아무도 없었다. 그런데 첫날 주방장에게 걸리고 말았다. 주방장이 항상 일찍 출근한다는 것을 몰랐다. 주방장이 썰어진 양배추를 보고 깜짝 놀랐다. 손님에게 나갈 샐러드라 얇게 썰어야 하는데 얼마나 두꺼웠는지 다시는 칼을 만지지 말라는 불호령을 내렸다. 하지만 다음날도 일찍 출근하여 양배추를 썰었다. 또다시 혼났지만 다음날도, 그 다음날도 계속해서 양배추를 썰었다.

결국 주방장이 두 손을 든 모양이다. 화를 내는 대신 칼 사용법을 알려주었다. 다행히 손재주가 있어 금세 얇게 썰 수 있었다. 그 뒤 변함없이 일찍 출근하여 양배추를 썰었다. 얼마 뒤 그만 일찍 나오라던 주방장이 주방 사람들 앞에서 양배추를 썰게 했다. 써는 속도와 얇게 썰어진 양배추를 보고 모두가 놀랐다. 곧 나만의 전용 칼이 생겨 감자(빨간색 화살표) 껍질(파란색 화살표)을 깔 때도 칼로 한 번에 싹싹 재빠르게 잡아당기듯 깎았다.

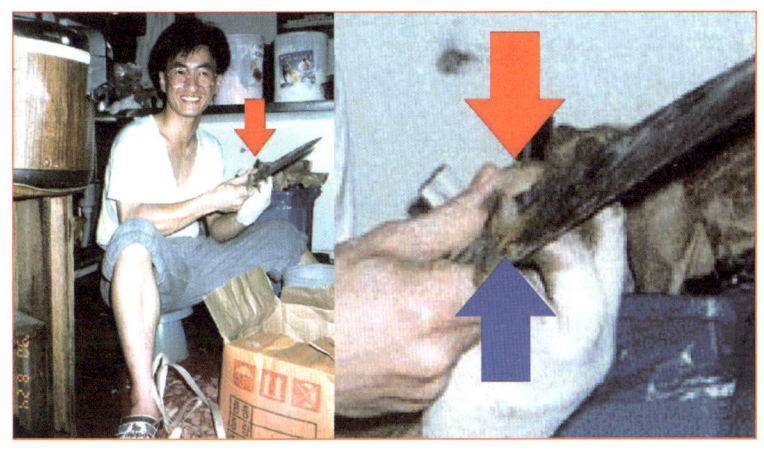

　다시는 책을 안 보겠다며 주방에 들어갔지만 영어책을 손에 놓을 수는 없었다. 밤 9시가 넘은 시각, 힘든 하루일과를 마치고 퇴근하면 숙소가 아닌 서점으로 향했다. 이미 나의 곁을 떠난 공부였으나 참새가 방앗간을 그냥 지나칠 수는 없었다. 당시 안양 본 백화점 근처에 있던 대동문고에 가서 책을 보았다.

　늦은 시간임에도 손님들로 붐비는 쇼핑센터처럼 많은 사람들이 책을 보았다. 지금은 서점을 가지 않더라도 인터넷으로 책을 살 수 있으나 당시는 인터넷이 없던 시절이다. 책은 서점에 가야만 살 수가 있었다. 더욱이 만남의 장소가 지금처럼 다양하지 않았던 탓에 서점은 친구 또는 애인을 기다리는 동안 책을 볼 수 있는 만남의 장소이기도 하다.

　퇴근 후 대동문고에서 보는 책은 공부에 대한 허전함을 달래주었을 뿐 아니라 큰 위안을 주었다. 첫 월급을 받았을 때 공부에 대한 열정을 영원히 간직하고자 영어책을 샀는데 월급날이면 종종 책을 샀다. 비록 앞부분밖에 읽지 못했지만 책을 살 때의 기쁨은 공부에 대한 욕구를 충족시켜 주었다.

어느 정도 주방생활에 적응이 되자 장사 준비가 다 되고 손님이 없는 시간에는 주방 옆 비상구 계단에 앉아 영어책을 보았다. 아침 일찍 출근하여 홀 구석에 있는 테이블에서 영어 공부를 하기도 했다.

출퇴근 때는 항상 헤드폰으로 영어회화 테이프를 들으며 걸었다. 새벽에는 영어회화 학원을 다니기도 했다. 35년 전, 벽산쇼핑 (지금은 2001 아울렛) 사거리 대각선 도로 건너편에 영어회화 학원이 있었다. 솔직히 주방기술을 배우는 것보다도 영어가 더 재미있고 즐거웠다. 안양역 바로 맞은편에는 사립독서실이 있어 퇴근 후, 숙소 대신 독서실에서 책을 보다 책상에 엎드려 행복한 잠에 빠지기도 했다.

결혼 후 사랑하는 딸이 태어나자 생산직 근로자 생활을 하며 영어책을 쓰기 시작했다. 그런데 약간씩 나타나던 증상들이 심각하게 나왔다. 영어는 물론 한글 철자도 가물거렸다. 어쩔 수 없이 영어사전과 국어사전을 보며 볼펜으로 써야 했다. 원래는 컴퓨터를 이용하여 써야 하는데 컴퓨터 학원에 등록했다가 중도에 포기한 적이 있다.

1995년 당시는 지금처럼 쉬운 윈도(Window)가 아닌 전문가 또는 업무적으로 컴퓨터가 필요한 사람들만이 컴퓨터를 사용하던 도스(Dos) 운용체계다. 그러니깐 컴퓨터를 몰라도 생활하는 데 아무런 지장도, 불편도 없었다. 지금 사용하고 있는 윈도는 도스에 비하면 누워서 떡 먹기식의 프로그램이다.

두통 탓에 이해력이 떨어지는 나로서는 배우고 싶은 의지만으로는 한계가 있었다. 더욱이 어렵다는 도스가 아니던가? 결국 다닌 지 이틀 만에 포기할 수밖에 없었다. 학원을 나오는데 눈물이 핑 돌았다. 아무리 배우고 싶어도 능력의 한계로 인하여 배울 수 없다는 게 신세타령처럼 서글펐다.

그 증거로 1996년 3월에 찍은 사진에 당시 배웠던 학원교재(빨간 테두리)가 찍혔다. 사진은 사탕을 먹어본 딸이 "아이~ 시워~" 하더니 사탕을 입에 물고 아빠도 먹으라며 하나를 건네주었다. 오른손에는 아빠의 볼펜을 쥐고 있다.

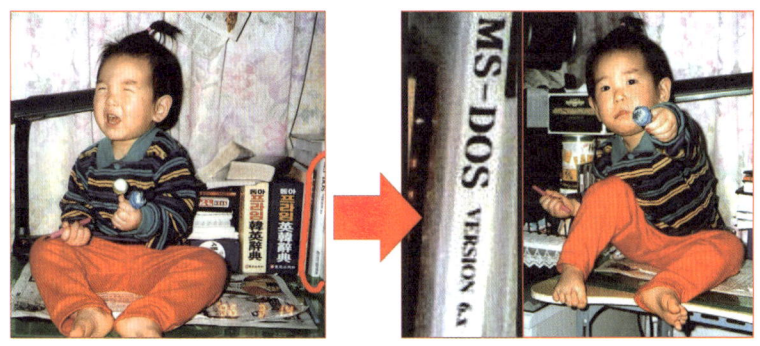

다시 배울 그날을 위해 확실한 준비가 필요했다. 바로 자판 연습이었다. 능숙하게 자판기를 두드릴 수 있다면 다시 도전할 때 분명 도움이 되리라 생각했다. 키보드를 하나씩 누르는 독수리 타법으로는 컴퓨터를 능숙하게 다룰 수 없음을 학원에서 미리 경험할 수 있어 그나마 다행이었다.

 컴퓨터를 배우고 싶어 하는 나의 마음을 안 동서가 컴퓨터를 주었다. 비록 사용하던 컴퓨터이지만 당시는 지금과는 비교가 되지 않을 정도로 아주 귀한 제품이다.

 자판 연습을 최대한 빨리 익힐 수 있는 방법에 대해 생각해 보았다. 출근할 때 키보드를 가지고 다니며 한타와 영타를 연습하였다. 출퇴근 버스는 물론, 시내버스를 타고 다닐 때도 잡지를 보며 키보드를 두들겼다. 남의 시선은 중요하지 않았다. 만약 학원에서 나오며 눈물을 흘리지 않았다면 그렇게까지 연습하지 않았을지도 모른다. 마침 민정이가 키보드를 장난감처럼 가지고 노는 사진과 곰 세 마리가 한 집에 있어 아빠 곰, 엄마 곰, 아기 곰이라며 재롱을 떨 때도 가지고 다녔던 키보드가 찍혔다.

　영어책은 컴퓨터가 아닌 볼펜으로 써야 했다. 다행히 군대에서 연습한 펜글씨 덕에 깔끔하게 쓸 수 있었다. 책을 쓸 때는 사랑하는 딸도 아빠 옆에서 책보기를 좋아했다. 오른쪽 사진은 "찰칵!" 하는 순간 윙크를 하였다.

　책은 유명 출판사로부터 악평을 받았다. 그런데 6개월 뒤 비슷한 책이 출판되었다. 비록 내 이름으로 출판되지는 않았지만 오히려 인생에 있어 자신감을 얻는 계기가 되었다. 나의 생각이 책으로 가치가 있음을 증명한 셈이다. 만약 이때 자신감이 아닌 억울함에 화만 냈다면 그 후 그렇게 노력하며 도전할 수 있었을까? 어쩌면 평생토록 원망이나 하며 그것에 얽매여 분노와 더불어 쌍욕이나 하며 살았을지도 모른다. 그러니 이 책을 쓸 수 있었던 것도 그때 얻은 자신감 덕분이라 생각한다.

　1998년 12월, 지금의 안산 선부역, 두손병원 근처에 있는 세진 컴퓨터 매장에서 무료로 문서작성을 배웠다. 그 사이에 이해할 수 없었던 도스가 윈도로 바뀌는 바람에 컴퓨터 배우기가 한결 쉬워졌다. 하지만 두통으로 인하여 이해력이 떨어지는 탓에 반복해서 배워야 했다. 그나마 키보드를 익숙하게 칠 수 있어 따라갈 수 있었다. 교육을 받으러 갈 때는 민정이도 따라왔다.

　2000년 가을, 유료로 개인 홈페이지를 만드는 과정에서 '좋은아빠'로 검색이 되도록 부탁하였다. 덕분에 네이버, 다음, 야후 등 모든 사이트에서 '좋은아빠'를 검색하면 내 홈페이지가 첫 번째로 소개되었다. 지금은 '좋은아빠'를 검색하면 무수히 많은 내용이 검색될 뿐 아니라 서로 먼저 검색되고자 전쟁터마냥 치열하다. 하지만 당시는 그렇지 않았다. 인터넷이 우리 생활에 얼마나 큰 영향을 줄지 체감하지 못한 탓인지 거저먹기식으로 '좋은아빠'가 될 수 있었다.

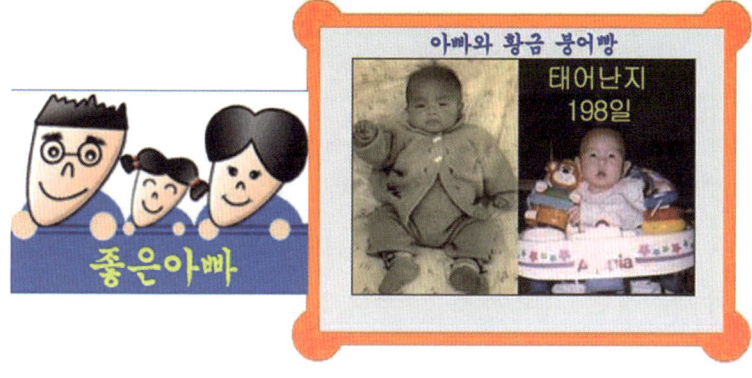

　네이버에서 '좋은아빠'가 되는 순간 성공을 확신하였다. 그렇다고 홈페이지를 교묘하게 이용하여 어찌하겠다는 것이 아니라 '좋은아빠'에 대한 가치를 너무나 잘 알고 있었다. 그러기 위해서는 나의 생각을 제대로 표현할 수 있는 홈페이지 만드는 실력이 필요했다.

　그리고 2017년으로 기억하는데 그때까지는 '좋은아빠'를 검색하면 무조건 내 홈페이지가 상위에 노출되는 덕에 TV 방송국은 물론 신문, 잡지에서도 수시로 연락이 왔다. 그것은 단순히 '좋은아빠' 때문이 아니라 잠을 적게 자며 녹내장을 극복하는 등 나 자신에 대한 노력과 독특한 아이디어의 자녀 사랑 때문이다.

　그런데 한두 번 배우면 누구나 쉽게 만들 수 있다는 홈페이지를 자그마치 17년 동안 배웠다. 물론 매일 배웠다는 것은 아니나 틈만 나면 수시로 배우고 익혔다. 하지만 잠시라도 배우는 것을 멈추면 기억하지 못하는 부분이 자꾸 생기는 탓에 집에서는 거의 매일 홈페이지와 씨름해야만 했다. 그 증거로 계속해서 배우러 다녔던 사진들을 보면 거짓은 아닐 듯싶다.

　잠시 기억력에 대한 이야기로 당시는 지금처럼 핸드폰이 아닌 전화기를 사용할 때라 전화를 걸려면 전화기에 있는 버튼을 눌러야 했다. 그러니 집을 포함하여 중요한 전화번호들은 필수라 할 정도로 외웠다. 그러나 나는 아무리 외워도 종종 집 전화번호가 떠오르지 않을 정도로 심각한 수준이었다.

　2018년, 무릎 수술을 하고 2주 후 퇴원을 했을 때다. 아내는 나를 데려다주고 바로 회사로 출근했는데 도어락 비밀번호를 까먹어 들어갈 수가 없었다. 결국 아내에게 전화를 걸어 물어봐야만 했다. 거짓말 같지만 집착하듯 기억을 하지 않으면 이런 식으로 기억하지 못하는 것들이 많은데 그중 하나가 아내의 생일과 결혼기념일이다. 딸의 생일은 홈페이지에 계속해서 사진을 올리는 덕에 완전히 기억할 수 있었다.

　TV에 출연할 수 있었던 것은 오로지 홈페이지 '좋은아빠' 덕분이다. 그런데 실업자가 아닌 일용직 근로자임이 밝혀졌으니 실직자 대상의 무료교육인 웹디자인 과정을 양심상 그만 다녀야 했다.

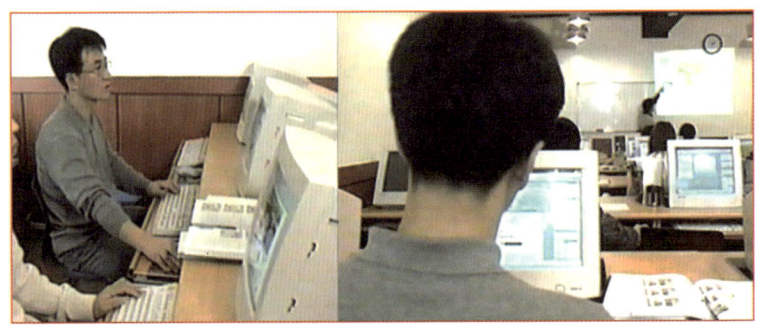

<ⓒKBS>

2004년, 시화공단에 있는 물류센터에서 야간작업을 할 때는 물류센터에서 가까운 위치에 있는 학원에서 포토샵과 웹디자인을 배우고 곧바로 출근하였다. 학원서 배우는 교육은 실직자 대상의 무료교육인 웹디자인과 같은 교육이다.

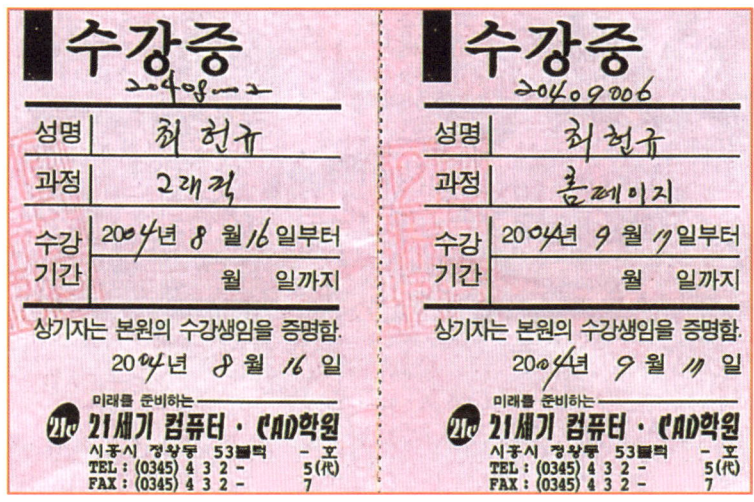

2005년 여름에는 안산시청 건너편에 있던 안산시 여성센터에서도 배웠다. 남자임에도 배우고 싶은 열의 때문인지 다행히 교육을 받을 수 있었다. 야간작업을 하고 온 탓에 두 눈이 멍한 것이 무척이나 피곤해 보인다.

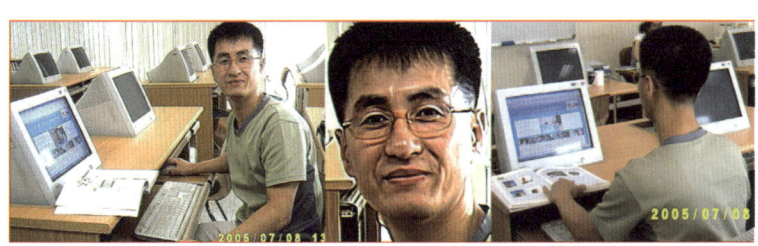

2016년 7월 17일에는 야간작업을 마치고 바로 강원도 원주 상공회의소에 가서 배웠다.

인터넷을 검색하니 쉽게 만드는 홈페이지 교육이 있음을 알았다. 내 홈페이지와 같은 홈페이지를 만들고 싶다며 교육을 문의하였다. 그런데 홈페이지를 보고 감동했는지, 아니면 안산에서 원주까지 오겠다는 열정 때문인지 무료로 가르쳐 주겠다는 이메일 답장이 왔다. 교육을 마친 뒤에는 오히려 식사까지 대접하는 등 강사 김태훈 대표께 감사를 드린다.

김태훈 대표는 블로그 웹사이트 및 네이버쇼핑 등의 핵심 채널 강의가 주요 업무로 정부기관과 기업, 단체 등에 출강은 물론 컨설팅과 멘토링도 하고 있다. 또한 온라인 마케팅의 꽃이라고 부를 수 있는 상위노출 분야에서도 권위를 인정받고 있다. 온라인 마케팅을 제대로 배우고 싶거나 상위노출로 성공적인 결과를 얻고 싶은 분들은 네이버에서 'KSM 김태훈' 대표를 만날 수 있는데 현재는 온라인 마케팅 관련과 수제맥주 전문가 교육 및 창업 과정 그리고 컨설팅을 병행하고 있어 수료자들이 취업에 성공하거나 양조장(브루어리)을 창업하고 있다.

2018년에는 서울 역삼동 지하철 3번 출구 앞에 있는 네이버 모두 홈페이지 교육장에서도 무료로 교육을 받았다.

그 외에도 사진으로 남기지 못했지만 안산시 와동 행정복지센터(당시는 동사무소) 문화센터에서도 나모 웹에디터 홈페이지 과정을 배우는 등 여러 곳에서 교육을 받았다. 만약 주간작업 또는 주야 2교대 작업을 다녔다면 영영 배우지 못했다. 그리고 녹내장 두통으로 인한 기억력과 이해력이 거짓이라면 일부로라도 그렇게 오랫동안 배우지 않았다. 그것은 시간뿐 아니라 인생까지 허비하는 꼴이다.

결혼 첫날밤부터 일기를 쓰기 시작하여 20년 동안 거의 매일 썼다. 집에서는 청소, 빨래 등 집안일과 사랑하는 딸과 놀아주다 보니 회사에서 쉬는 시간을 이용하여 쓴 적이 아주 많았다. 항상 일기장을 가지고 출근했던 나는 키보드를 연습할 때는 키보드까지 가지고 다녔다.

일기를 쓴 이유는 아내 사랑과 더불어 인생을 헛되이 보내지 않겠다는 각오였겠지만 군대에서 변한 글씨에 대한 자부심이 크게 작용하였다. 만약 초등학교 2학년 글씨라면 내 인생에 있어 글씨를 남기게 되는 일기는 절대로 쓰지 않았다. 공부가 하고 싶었던 나에게 악필은 내 인생의 최대 콤플렉스다. 그러니 콤플렉스를 남길 수는 없는 일이다. 일기는 사진처럼 빈 공간이 없을 정도로 위에서부터 빽빽하게 썼다.

<©KBS>

신문 또한 집에서는 볼 시간이 없어 출퇴근 버스와 회사에서 쉬는 시간에 보았다. 심지어 식사를 하면서까지 보았다. 아직도 초보 실력을 벗어나지 못하고 있지만 플루트를 배울 때도 점심 시간을 이용하여 연습하였다. 집에서는 연습할 시간을 따로 낼 수가 없었다.

신문, 잡지에 글을 쓸 때 회사는 물론 근처 편의점에서도 썼다. 오른쪽은 코로나 시절인 2023년, 왼쪽 발목과 무릎 수술로 입원했을 때 이 책을 쓰며 찍은 사진이다.

이런 것들이 잘난 척하고자 의도적인 행동으로 보일 수도 있으나 전혀 신경 쓰지 않았다. 컴퓨터 학원을 그만두어야 했을 때 눈물이 나왔을 정도로 나만큼 아파본 적이 없는 사람은 공부하고 싶은 나의 마음을 결코 이해할 수 없을 테니깐.

다음은 사랑하는 딸에게 더 좋은 아빠가 되고자 노력한 모습이다. 한 예로 디지털카메라를 구입한 초등학교 3학년 초까지 필름이 있는 사진기로 2,500장 넘게 찍어주었다. 사진이 너무 많아 모두 앨범에 넣지 못하고 이렇게 서랍에 보관하고 있다.

지금은 스마트폰으로 사진을 찍을 수 있어 나보다 많이 찍어준 분들이 많다. 하지만 필름이 있는 사진기로 찍었다면 그렇게 많지는 않을 듯싶다. 그리고 집에서 아무리 많이 찍어도 2,500장까지는 힘들다. 그러니깐 야간작업을 하며 휴일은 물론 평일에 대중교통을 이용하여 찾아가 찍었다. 더욱이 구경을 하고 집에 오자마자 바로 출근한 적도 많다. 그러다 보니 안산에서 가까운 서울을 집중적으로 구경하였다. 지금은 결혼한 딸을 위해 포토샵으로 편집하여 디지털 앨범을 만들고 있다.

어릴 때부터 꼬마 자동차와 자전거에 줄(빨간색 화살표)을 묶어 어린이집에 가는 등 놀이터에 나갈 때도 항상 타고 다녔다. 어린이집을 다녀온 뒤라 피곤했던지 자전거를 타며 잠들기도 했다. 겨울에는 썰매에 줄을 묶어 끌어주었는데 눈이 오면 쌀자루에 태워 신나게 달렸다.

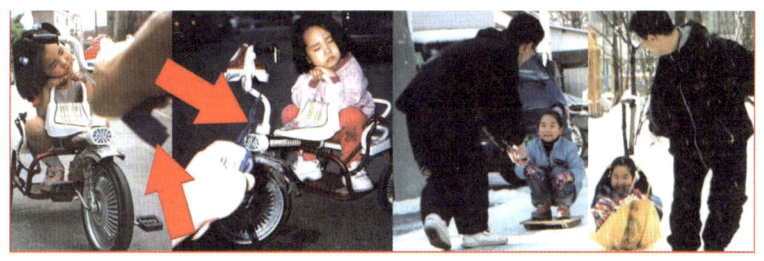

딸뿐 아니라 처제의 딸인 예쁜 조카를 뒤에 태우고 놀이터와 와동초등학교에 가서 놀았다.

초등학교 5학년 때까지 아빠와 함께 200번 넘게 아동극을 보았나. 사신은 연극 관람 후 사촌동생과 찍은 기념사진이다. 오른쪽은 공연 후 배우들과 찍은 사진들을 공연장에 전시해 놓았다. 얼마나 많은 연극을 보았으면 전시했을까? 모두가 일용직 근로자 생활을 하면서 본 연극이다.

민정이와 먼 곳을 갈 때는 버스, 전철, 기차 등 언제나 대중교통을 이용했다. 운전면허증이 있지만 평생 장롱면허인 탓에 그만큼 더 힘들었다는 이야기다.

다음의 검은색 화살표는 아빠로 시내버스 안에서 아빠를 베개 삼아 자는 모습이다. 이 사진은 옆에 있는 승객에게 부탁하여 찍었다. 만약 아내가 찍었다면 분명 나의 얼굴도 나왔다. 그리고 아내와 함께 갔다면 아내가 운전하는 자가용을 탔기에 저런 사진은 찍을 수 없다.

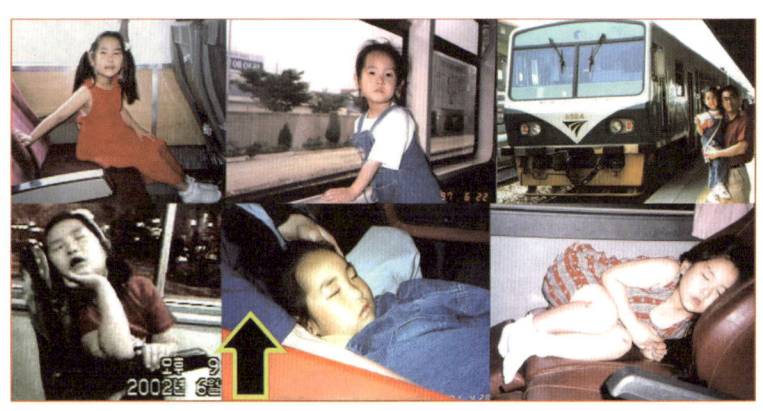

TV에서 공중에 매달려 가는 케이블카가 신기하다고 하여 일부로 태워주고자 남산 정상에 오른 적도 있다. 빨간색 화살표가 케이블카로 타는 동안 서울 시내를 내려다보았다. 불과 몇 분의 짧은 시간임에도 무척이나 즐거웠던 모양이다. 다시 타고 싶다고 하여 후에 오른쪽 사진 두 장처럼 약속을 지켜주었다. 다음 파란색 화살표는 운행하고 있는 케이블카다.

만 5살을 앞두고 머리 위로 유독 낮게 날아가는 커다란 비행기가 사라질 때까지 쳐다보았다. 신기한 모양이다. 비행기가 얼마나 큰지 책에서 보여주며 설명을 했지만 믿지를 못하였다. 즉시 실물을 보여주고자 김포국제공항으로 향했다. 당시는 인천국제공항이 없던 때라 전망대에서 많은 외국 항공기까지 볼 수 있었다. 이처럼 궁금한 것에 대해서는 최대한 가서 확인시켜 주고자 노력하였다.

김포국제공항을 나와 햄버거를 먹는 사진에 그때 가지고 간 컬러 학습대백과가 보인다. 오른쪽 구석에 햄버거를 들고 있는 검은 옷(파란색 화살표)이 아빠로 이 사진도 부탁하여 찍었다. 이때도 아내가 찍었다면 내 얼굴도 찍히지 않았을까?

인터넷으로 딸이 좋아할 곳을 검색하여 삼성어린이박물관에도 다녀왔다.

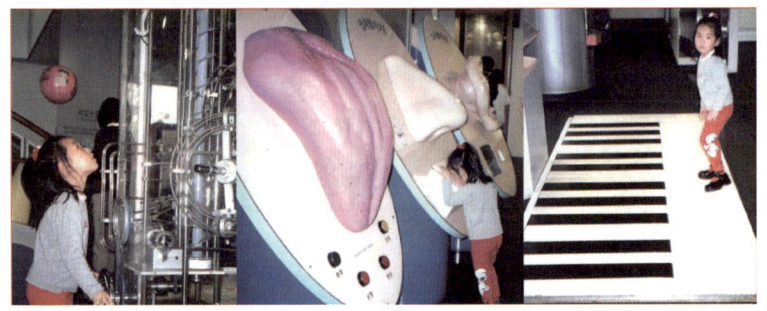

롯데월드와 에버랜드는 3~4번 간 것에 비해 가까운 거리에 있는 서울랜드와 서울대공원은 자주 갈 수 있었다. 그런데 4학년이 되자 서울랜드에 너무 자주 가자는 바람에 2004년 4월 11일, 연회원에 가입하여 2005년 4월 10일까지 20번도 넘게 갔다.

그 정도면 충분히 본전을 빼고도 남았다. 다음은 연회원에 가입하기 전, 일부로 비 내리는 날에 간 사진이라 바닥이 젖어 있다. 비가 오니 평소와 달리 한산해서 좋았다. 무더운 여름에 시원하게 비를 맞는 것도 색다른 즐거움을 주었다. 비가 내리는 날에는 운행하지 않는 놀이기구가 있어 조금은 아쉬웠지만 비가 오면 다시 오자고 했을 정도로 이색적인 하루였다. 보통 놀이동산 하면 많은 인파를 생각할 수 있기에 야외에 있는 놀이동산의 경우 비 내리는 날도 좋은 추억이 된다.

다음 사진은 높은 곳에서 갑자기 내려가는 순간과 청동열차가 두 번 연속 360도 회전을 할 때 셀카처럼 찍었다. 노란색 화살표가 사진을 찍는 아빠다. 빨간색 화살표가 높이 올라가고 있는 딸로 연회원에 가입하니 언제든지 와서 신나게 탈 수 있어 좋다며 또 타겠다고 하였다.

롯데월드에 입장할 때는 먼저 지하철 잠실역에 있는 트레비 분수에서 사진을 찍었다. 트레비 분수 하면 오드리 헵번과 그레고리 펙이 주연한 영화 〈로마의 휴일〉이 떠오른다. 하지만 딸은 이다음에 사랑하는 자녀와 여기에 오면 아빠의 사랑이 생각나서 사진을 찍지 않을까? 오른쪽은 천장 높이 떠오른 열기구 풍선에서 롯데월드를 배경으로 찍은 사진이다.

여의도에 있는 LG쌍둥이 빌딩에 있는 LG사이언스 홀에도 갔다. 컴퓨터를 활용한 미래의 생활 모습 등이 무척이나 신기했던 신세계였다. 그러니깐 20여 년 전에 오늘의 생활을 컴퓨터로 미리 본 셈이다. 그런데 딱 한 가지 아쉬운 게 있어 다시 가야만 했다. 관람객 아이들 중 한 명을 대상으로 로봇 화가가 그리는 초상화 때문이다. 이번에는 로봇 화가의 모델로 선택될 수 있는 가장 좋은 위치에 서 있도록 하여 나의 의도대로 모델이 되었다. 나는 민정이를 그리는 로봇 화가를 사진기로 찍었다. 조금은 지나칠 정도로 극성맞으나 이런 추억을 남겨주고자 또 오는 엄마, 아빠가 몇이나 될까? 왼쪽 사진의 노란색 화살표는 첫 번째로 LG사이온스 홀에 갔을 때 기념으로 받은 마스코트 저금통이다.

후에 사랑하는 조카와 다시 왔지만 조카는 아쉽게 모델이 되지 못하였다. LG사이언스 홀을 나와 KBS 방송국도 견학하였다. 저녁에는 한강유람선을 타는 등 즐겁고 행복한 시간을 보냈다. 사진은 유람선에서 찍은 2004년 7월의 여의도 전경이다. 높은 빌딩이 당시 우리나라에서 제일 높은 63빌딩이며, 오른쪽은 LG사이온스 홀이 있는 쌍둥이 빌딩 LG트윈타워다. 지금 저 위치에서 사진을 찍으면 어떤 모습으로 변했을까? 저 사진을 찍은 이후로 한 번도 여의도에 간 적이 없으니 솔직히 어떻게 변했는지 상상이 되지 않는다.

사랑하는 아내에게는 더 좋은 남편이 되고자 부단히 노력하였다. 다음은 민정이가 몰래 찍은 사진이다. 다음 왼쪽 사진은 2004년 5월 8일, 주간작업 때 잔업(잔업은 보통 저녁 20시에 끝남)을 하고 와서 21시 27분 13초, 샤워하기 전에 손빨래하는 모습이다. 사진을 찍을 줄 알았다면 러닝셔츠라도 입었을 텐데 조금은 민망하구나.

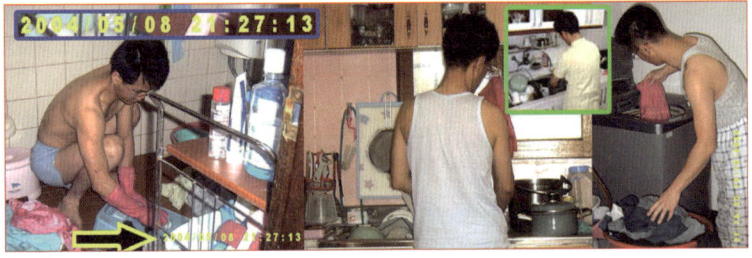

이처럼 빨래는 거의 나의 몫이고, 설거지를 포함하여 최대한 집안일을 했다. 만약 퇴근 후 5~6시 잤다면 불가능했을 나 자신에 대

한 노력과 가족 사랑이다.

　요즈음 사람들은 밥 먹을 시간도 없을 정도로 바쁘게 산다. 그러다 보니 자기계발할 시간조차 점점 줄어드는 게 현실이다. 돈 버는 것만으로도 버거울 정도로 바쁜 사회에 살고 있다. 그러니 돈만 벌고자 애쓰는 사람도 적지 않다. 그래서 다른 사람도 나와 같은 생활을 할 거라는 안일한 착각에 빠질 때도 있다.
　나 역시 가족을 위해 돈을 벌며 살아왔기에 언제나 다람쥐 쳇바퀴 돌듯 바쁜 생활의 연속이다. 하지만 그렇다고 해서 자기계발을 포기할 수는 없다. 시간이 없다는 말은 핑계에 불과하다. 그리고 자기계발이라고 해서 꼭 거창한 것만은 아니다. 여기서 내가 말하는 자기계발은 직업과 상관없이 미래의 자신을 위해 노력하는 인생을 말한다.

　컴퓨터와 관련된 에피소드가 있어 소개히고자 힌다. 시긴을 귀중하게 사용했던 탓에 회사에서도 짜투리 시간을 최대한 이용하였다. 이때는 주간작업으로 회사에 도착하면 작업을 시작하기까지 30분 정도의 여유가 있었다. 나는 휴게실 구석에서 키보드를 두들기며 보냈다. 하루는 점심 시간에 한 남자가 뒤로 지나가며 여기서 이런 것 하면 안 된다고 했다. 하지만 일하는 시간도 아니기에 개의치 않았다.
　며칠 뒤 그 남자가 화를 내며 말했다. 하지 말라면 하지 말지 왜 회사 물 흐리게 하냐며 키보드를 빼앗고자 잡아당겼다. 순간 재빨리 키보드를 껴안는 바람에 몸싸움이 일어났다. 식사를 하고 쉬러 온 근로자들이 몰려와 구경하였다. 격렬한 몸싸움 끝에 자판기는 내 품에 안겼다. 화가 난 남자가 따라오라며 밖으로 나갔다. 잘못한 것이 없기에 의기양양하게 뒤를 따라 사무실로 들어갔다. 그 사람이 나이가 지긋한 남자에게 말했다.

"이 사람입니다."

이미 나에 대해 이야기한 상태였다. 나이 든 사람이 근엄한 목소리로 명령하듯이 말했다.

"회사에서 컴퓨터를 하면 어떡합니까? 앞으로 하지 마세요."

"일하는 시간도 아닌데 쉬는 시간에 왜 못합니까? 내가 아무리 일용직이지만 키보드 연습은 나의 권리입니다."

두 사람이 어이없다는 표정으로 비웃듯 웃었다.

"그러면 앞으로 다니지 마세요."

"이런 일로 절대로 그만둘 수 없습니다."

더 이상 말할 가치가 없다고 판단하여 사무실 문을 박차듯 나왔다. 아무리 일용직이지만 이런 것까지 제지한다는 것이 상식적으로 이해가 되지 않아 무척 화가 났다.

잠시 후, 용역회사 직원이 와서 무슨 일인가 물었다. 사무실에서 용역회사에 전화를 건 모양이다. 나의 이야기를 들은 직원은 오히려 이런 사람에게 칭찬을 해야지 어떻게 그럴 수 있냐며 걱정하지 말라고 했다. 한편, 같이 일하는 일용직 근로자가 조심하라며 귀띔해 주었다. 몸싸움을 본 정식직원들이 건방지다며 나에게 걸리면 죽여 놓겠다는 소리를 휴게실에서 들었다고 한다. 순간 온몸의 기운이 쫙 빠지는 것처럼 맥이 풀렸다. 이런 일은 내가 일용직 근로자라서가 아니라 정식직원인 그들에게도 해당되는 일이다. 그런데 그런 말을 하니 한심스러울 정도로 답답했다. 그것은 자신이 행할 수 있는 권리를 스스로 포기하는 것은 물론 현실에 안주하는 생활과 다름없다. 아무튼 나는 그날 이후에도 변함없이 키보드를 두들겼다.

얼마 뒤, 나이가 지긋하신 분을 만나게 되었다. 나를 보는 순간 환한 미소를 지으며 말했다. 컴퓨터 연습을 한다기에 회사 컴퓨터로 연습하는 줄 알았다며 미안하다고 했다. 자칫 회사 기밀이 누설될까봐 못하게 했는데 오해가 풀렸다고 한다. 오히려 회사 차원에서 도와주겠다고 했다. 그때 자판기를 뺏으려 했던 사람은 대리였다.

그 말이 너무 고마웠지만 씁쓸한 마음을 금할 수가 없었다. 회사 컴퓨터로 연습을 했다면 당연히 그렇게 생각하겠지만 어떻게 그런 것까지 보고할 수 있는지 그 대리란 인간을 이해하고 싶어도 절대로 이해할 수 없다고 했다.

지금 와서 돌이켜 볼 때 그렇게라도 연습을 하지 않았다면 이 책을 쓴다는 것은 사실상 불가능한 일이다. 책을 쓰기 위해서는 키보드를 두들겨야 하기에 미리 연습한 것을 천만다행으로 생각한다. 당시 한글은 250타, 영어는 130타까지 쳤다. 모니터를 집중하면 금세 두 눈이 피로한 탓에 능숙한 키보드 실력은 필수라 할 정도로 꼭 필요했다. 키보드는 순간적으로 떠오르는 생각이 사라지기 전에 단숨에 글로 남길 수 있어 그런 면에서도 아주 긴요하다.

　지금의 내가 존재할 수 있었던 것은 짜투리 시간을 최대한 이용했기 때문이다. 만약 그런 시간을 헛되이 보냈다면 오늘의 나는 결코 존재할 수 없다. 힘든 일용직 생활을 하며 간혹 신세타령도 나왔다. 나 자신이 한심스럽기까지 했다. 하지만 결코 포기할 수 없는 내일의 나를 위해 짜투리 시간도 알차게 보낸 자신이 대견스럽다. 물방울이 모여 바다가 되고, 점이 모여 선이 되듯 보잘것없는 짜투리 시간도 잘 활용하면 그 사람의 인생을 변화시킬 의미 있는 시간의 연속이라 믿는다.

　안산은 바둑판 모양처럼 된 계획도시다. 자동차가 목적지까지 도착하려면 좌회전, 우회전을 많이 한다. 그러니 시내버스에서 세상모르게 곯아떨어지면 옆으로 도는 순간 몸이 날아가곤 했다. 당시는 좌석에 팔걸이가 없던 탓에 종종 그런 경험을 하였다. 후에 팔걸이가 생기자 항상 어깨끈이 달린 가방을 가지고 탔다. 팔걸이에 어깨끈을 2번 돌린 후 남은 줄을 팔에 단단히 감고 잤다.
　로데오 경기에서 성난 황소가 날뛰는 바람에 날아가듯 떨어지는 카우보이와 달리 시내버스가 아무리 요동을 치고, 갑작스레 브레이크를 잡아도 끄떡하지 않아 마음 편하게 잘 수 있었다. 그러니 나와 같은 경험을 하고 싶다면 한 번 따라 해보길 권한다. 선잠이 아닌 세상이 꺼져도 모를 정도로 깊게 잘 수가 있어 부족한 잠을 해소하는 데 아주 큰 도움이 된다.

평생 장롱면허인 탓에 힘든 일용직 생활을 할 때면 운전하는 사람이 한없이 부러웠다. 만약 운전을 할 수 있었다면 어쩜 일용직 생활은 하지 않았을지도 모른다. 그럴 경우 무릎과 발목 수술을 하지 않았다.

운전을 할 수 있다는 것은 직업 선택의 폭이 그만큼 넓어진다는 것을 의미한다. 이 글을 보시는 분들 중에 지금 운전을 할 수 없다고 가정할 경우 어떤 불편함이 있을까? 어린 자녀가 있는 부모의 입장에서는 당장 많은 어려움에 처한다. 그리고 택배기사가 많은 요즘 나처럼 일용직 근로자가 된 사람도 있을 수 있다. 그런데 장롱면허는 불편함만 있지 않았다. 오히려 내 인생에 있어 감사할 정도로 신의 한 수였다. 만약 운전과 관련된 직업을 가졌다면 일용직 생활보다는 편하겠지만 잠을 짧게 자며 생활할 수 없다. 운전을 할 수 없는 덕에 잠을 그리 자며 생활할 수 있었고, 버스 안에서 부족한 잠을 보충할 수 있었다. 심지어 실력을 쌓는 장소로 만들었다. 이처럼 인생은 새옹지마라는 말이 맞다.

결혼한 지 1년이 되었을 때 가게를 오픈했다. 마침 아내가 꿈에도 그리던 임신을 하였다. 임신은 축복이지만 계속해서 토하기만 했다. 먹은 것이 거의 없다 보니 위산을 토할 정도로 고통을 당했다. 그 모습이 얼마나 안쓰러웠던지 아기가 태어나면 엄마 고생시켰다며 꿀밤을 때리겠다고 했다. 그 말에 예쁜 아기를 왜 때리느냐며 째려보았다. 그 정도로 아내가 불쌍하고 가엾었다. 아내는 임신 기간 내내 거의 입덧을 하였다.

입덧을 시작하면서 아주 중대한 결정을 내렸다. 오픈 석 달 만에 미련 없이 가게 문을 닫기로 했다. 어차피 주방은 나 혼자 살려고 선택한 직업이 아닌가? 그런데 결혼도 했고, 사랑하는 아기가 태어나기에 새로운 인생을 시작하기로 했다. 사실 임신하기 전까지만 해도 평생은 아니어도 이렇게 쉽게 주방생활을 청산하리라고는 생각하지 못했다. 가게를 오픈하기 넉 달 전에, 주방에서 일하며 한식조리사 자격증을 취득했기 때문이다.

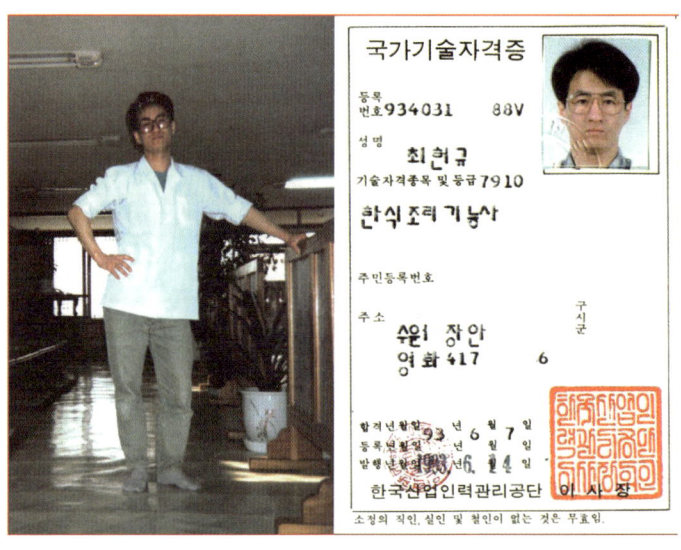

평소에 공부하고 싶어 하는 남편의 마음을 알고 있는 아내가 선뜻 동의해 주었다. 나이를 먹어서 못한 것을 후회하며 살기보다는 한 살이라도 젊을 때 후회 없이 하라며 용기를 주었다. 우리는 아직 젊기에 실패를 해도 얼마든지 일어설 수 있으니 가족 걱정하지 말고 열심히 하라는 아내가 너무 고마워 꼭 성공하리라 다짐했다.

가게 문을 닫고 고생하는 아내를 위해 아기가 태어날 때까지 옆에서 돌봐주기로 했다. 그렇지만 놀 수는 없었다. 급한 대로 짜장면 배달을 하기로 했다.

집 근처에 있는 선부동 한양아파트 사거리 세반쇼핑(지금은 롯데마트) 안에 있는 중화요리점 '중국성'에 배달원으로 취직했다. 쇼핑센터는 장모님 친구와 동네 사람들이 많이 가기에 엄마 체면이 뭐가 되냐며 아내가 극구 반대했다. 지금도 만나는 아내의 친한 친구가 거기서 매장을 하고 있었기에 그 부분도 걸리는 모양이다. 하지만 장모님은 도둑질하는 것도 아닌데 뭐가 창피하냐며 본인만 성실하면 되니 다니라고 했다. 결국 아내의 마음은 편치 못했지만 배달을 할 수 있었다. 당시는 인터넷이 없기에 지금처럼 전문 배달업체가 아닌 장사하는 가게마다 배달원을 두었다.

주방이 완전히 개방된 스낵코너다. 무엇보다 위생과 청결을 최우선으로 생각하는 쇼핑센터이기에 배달할 때도 하얀 위생복을 입고 오토바이를 탔다. 그야말로 멀리서도 눈에 확 띄는 배달원이다. 솔직히 그런 모습이 나 자신도 창피하게 느껴졌다. 아는 얼굴을 보게 되면 자라목처럼 움츠렸지만 내가 할 수 있는 일이 있다는 것만으로도 기뻤다. 더욱이 사랑하는 아내를 돌볼 수 있으니 얼마나 다행인가? 아내에게 무슨 일이 생기면 급히 다녀올 수 있기에 그런 것은 문제가 되지 않았다. 마음씨 좋은 주인 내외분께서는 첫 월급부터 10만 원을 올려주며 오래 다니라고 했다.

성실함은 물론 항상 밝고 즐겁게 일하는 모습이 마음에 쏙 들었다며 칭찬해 주었다. 그런데 한 가지 답답하게 만드는 일이 있었다. 간단한 배달이기에 주소를 확인하고 갔어도 되돌아오기 일쑤다. 주소를 까먹는 바람에 다시 확인하고자 돌아와야 했다. 당시는 핸드폰이 지금처럼 대중화되지 않아 전화로 주소를 물어보려면 공중전화에서 전화를 걸어야 했다. 공중전화기 앞에는 전화를 걸 사람들로 거의 항상 줄을 서 있었다. 어쩔 수 없이 다시 매장으로 돌아와 확인하는 수밖에 없다. 그만큼 시간이 지체되었다.

여기서는 직접 손으로 뽑는 수타면이기에 기계로 뽑는 면과 달리 금세 불어 신속히 배달을 해야 한다. 그러다 보니 아무리 바빠도 메모지에 주소를 적어줘야만 했다. 바쁠 때는 그것도 일이기에 주인 입장에선 여간 성가신 일이 아니다. 후에 영어책을 쓸 때 한글 철자까지 생각나지 않았던 일종의 전조현상으로 생각된다.

다음 사진은 펜글씨 덕분에 글씨가 달라지자 제 딴에는 잘 쓴다며 자랑스럽게 쓴 연애편지다. 그런데 지금 와서 보면 어떻게 저런 글씨로 편지를 썼는지 민망할 정도다. 그러니 펜글씨 연습하기 전의 글씨가 어떠했을지 상상할 수 있다.

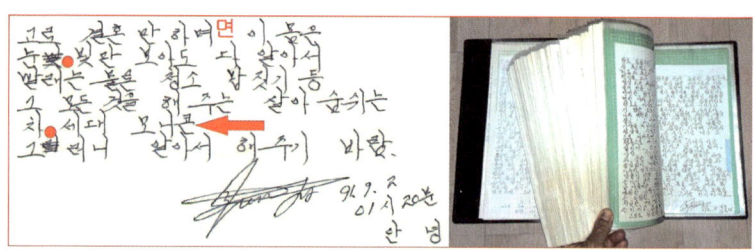

편지에는 잘못 쓴 글자(면)가 있고, 잘못 써서 지운 글씨(빨강점)도 있다. 리모컨이란 단어가 생각나지 않아 모니콘(빨간색 화살표)으로 썼는데 연애편지라면 당연히 최고의 정성과 최고의 글씨로 몇 번을 확인하여 보낸 편지다. 그럼에도 이 정도라면 당시도 기억력 등에 문제가 있다는 것 아닐까?

편지의 내용은 결혼하면 눈빛만 보아도 다 알아서 빨래는 물론 청소, 밥 짓기 등 모든 것을 알아서 해주는 차세대 리모컨이 되겠다는 내용이다. 그러니깐 앞에서 언급한 좋은 남편이 되는 방법으로 결혼할 때 다짐한다는 아내에 대한 나의 맹세인 셈이다.

영업 시간이 일정한 쇼핑센터인 탓에 일반 건물에 있는 중국집 배달보다 출근(10시)은 늦고, 퇴근(8시)은 빨랐다. 그만큼 나의 시간이 많아져 혹시 모를 미래를 위해 운전면허 보통 2종을 취득하기로 했다. 사랑하는 아내와 아기를 태우고 직접 운전할 상상만으로도 행복을 자신했다.

그때는 지금처럼 도로주행이 없어 운전면허 합격이 쉬웠다. 하지만 결국 장롱면허가 되어버렸다. 그래도 주민등록증 대신에 운전면허증을 가지고 다니는 것만으로 운전 이상의 뿌듯함과 자부심을 갖게 한다. 그리고 자가용 운전은 못하지만 원동기 면허증을 미리 취득한 덕에 짜장면 배달을 할 수 있었으니 원동기 면허만으로도 얼마나 행복한 인생인가?

지금은 2종 보통면허 무사고 7년이 지나 오래전에 1종 보통면허가 되었다. 다음 오른쪽은 민정이가 초등학생일 때 처음이자 마지막으로 운전 연습하는 사진이다. 운전을 할 수 있을 것 같아 아내 자가용을 타고 핸들을 잡았지만 나의 두 눈으로는 무리임을 알게 되었다.

이제는 무사고, 무벌점 30년이 넘었으니 비행기 면허를 줘야만 되지 않냐고 하여 사위까지 웃게 만든다. 결국 한식조리사 자격증과 운전면허증은 현실적으로 전혀 쓸모없게 되었지만 그 상황에서 열심히 노력하며 살아온 삶의 증표인 것만은 확실하다.

짜장면 배달은 민정이가 태어난 뒤 몇 달간 더 하였다. 그리고 그만두기 전에 새로운 인생에 도전하기로 했다. 어려서부터 몸이 가려운 체질로 재수할 때 간까지 나빠져 물이 몸에 닿으면 두드러기가 날 정도로 심했다. 실제로 대학생 때 친구들과 물놀이를 한 적이 있다. 그런데 얼굴까지 온몸에 혹이 난 것처럼 괴물로 변하여 친구들을 놀라게 하였다. 그러니 물과는 거리가 먼 인생이다. 하지만 체질이 변했는지 두드러기가 잘 나지 않아 수영에 욕심이 생겼다. 사랑하는 아기가 자라면 함께 수영장에 오고 싶다는 새로운 꿈이 생겼다.

짜장면을 배달하는 세반쇼핑 건너편에 있는 한샘레포츠타운에서 아침 일찍 수영을 배웠다. 후에 아내도 잠시 배웠는데 나의 바람대로 가족이 함께 수영장에 올 수 있었다. 영수증을 찾아보니 다행히 하나가 있어 이렇게 올렸다. 사진은 인형극을 보고 기념사진을 찍은 뒤 호기심을 주고자 수영장에 가서 구경을 하였다. 처음 보는 수영장이 마냥 신기한 딸에게 이다음에 엄마와 같이 오기로 약속했다.

지금은 대중사우나에 있는 냉탕에서 잠수한 채 수영하듯 10여 미터 쭉 나가는 실력에 불과하다. 수영은 물안경을 착용해야 하기에 두 눈이 심하게 압박을 받다 보니 자연적으로 멀어지게 되었다. 그리고 플루트처럼 부는 악기도 안압이 있는 분들에게 좋지 않다고 하여 중도에 멈춰야 했다. 원래는 바이올린을 배우고 싶었는데 운전을 못하는 나로서는 시내버스 등 대중교통을 타고 이동할 때 가지고 다니기 쉬운 악기로 어쩔 수 없이 플루트를 선택하였다.

다시 악기를 배우게 되면 이번에는 바이올린으로 '학교 종이 땡땡땡'이라도 멋지게 연주하리라는 꿈을 꿔본다. 그날이 언제라고 장담힐 수 없으나 분명 새로운 인생을 위한 긍정적인 도전인 것만은 확실하다.

쉽게 피로한 두 눈은 여전히 좋아하는 것은 물론 하고 싶은 것조차 포기해야 하는 인생이지만 뿌듯할 정도로 삶의 의미를 느낀다. 만약 인생 전반에 걸쳐 신세한탄이나 하며 마지못해 행동하며 살아왔다면 지금과 같은 건강은 물론 행복한 가정도 이루지 못했을 뿐 아니라 책을 쓸 기회도 얻지 못했다. 매 순간 직업에 상관없이 짜투리 시간까지 최선을 다한 결과라 생각한다. 때문에 노력한 것에 비해 보잘것없는 결과일지라도 후회가 없는 인생이다.

현실 안주, 어쩌면 누구나 원하는 평안한 삶일지 모른다. 더 이상 도전하지 않고, 노력하지 않아도 되는 그런 상태를 지친 현대인들은 갈망하고 있는지도 모른다. 하지만 현실에 만족하는 안주는 나를 더 지치게 만든다. 편해 보이지만 생동감 없는 상태로 만들어 버린다. 숨은 쉬지만 왜 쉬는지를 모르는, 의미 없는 인생 속으로 몰아갈 뿐이다. 그러기에 멈추지 말고 걸어야 한다. 걷다가 뛰어야 하고, 때로는 날기 위해 몸부림쳐야 한다.

물론, 이런 노력이 당장에 표시 나지 않을 수 있고, 아무도 인정해 주지 않을 수도 있다. 그러나 나도 모르게 미세하게 쌓여 변화된 자신을 발견하게 된다. 그리고 그때는 시작할 때보다 더욱 가속도가 붙어 더 빠른 속도로 더 높은 목표를 향해 날아가게 된다.

다음은 TV에 소개된 일기장 내용이다. 짜장면 배달을 할 때 사진 찍을 여유가 없어 찍지를 못하였는데 일기에 짜장면 배달이란 의미의 '철가방'(빨간색 화살표)이라는 단어가 나온다.

<©KBS>

공부를 하자. 보람을 찾자. 군대에서 pen글씨 연습.

주방 시절, 새벽에 디니던 영어학원과 광적인 회화 공부.

다도해 때 한식조리기능사 자격증, 철가방 적에 운전면허증,

새벽에 (수영)

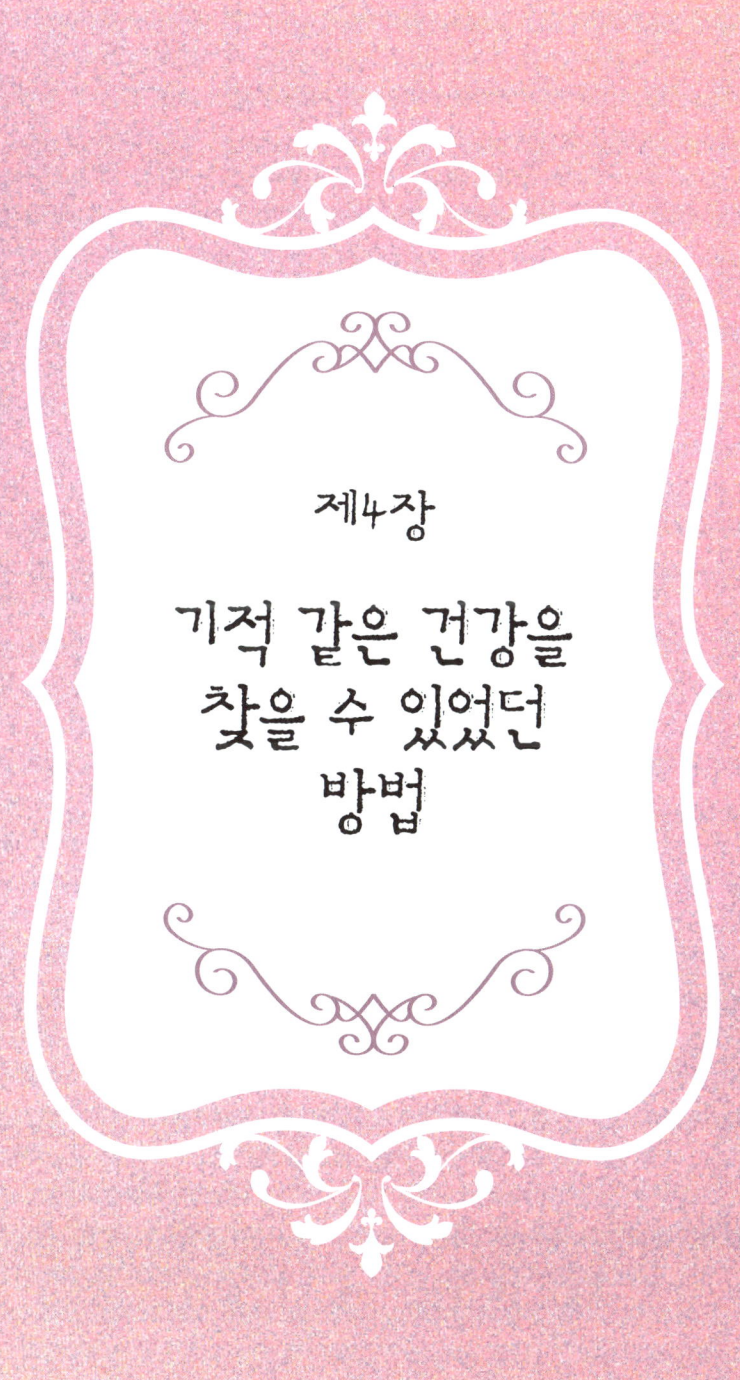

제4장

기적 같은 건강을
찾을 수 있었던
방법

　자칫 실명된다는 녹내장이 아무리 불치병이라 해도 생명을 위협하는 병이 아니다. 녹내장으로 인한 두통과 불면증이 아무리 고통스러워도 생명과는 무관하다. 하지만 병이라는 것이 상대방이 아무리 중한 병에 걸려도 내가 앓고 있는 병이 더 괴롭고 고통스럽게 느껴지는 것 아닐까? 그래도 시한부 판정을 받는 병에 비하면 녹내장은 감사한 병인 것만은 확실하다.

　녹내장을 두고 어떤 분들은 불치병, 어떤 분들은 난치병이라 한다. 보통은 불치병이라 부른다. 녹내장은 시신경 손상으로 인한 시력장애이기에 절대로 치료가 안 된다고 한다. 그럼에도 난치병이라고 부르는 이유는 무슨 까닭일까? 불치병이라 하기에는 너무 절망적이라 작은 희망이라도 갖고자 그러는 것은 아닐까? 물론 치료될 수 있다는 믿음과 자신감을 가지고 있다면 당연히 난치병이다. **그리고 나처럼 치료가 된 사람도 난치병이다. 그러나 나는 치료가**

되었음에도 불치병이라 부른다. 이는 아무리 불치병이라 해도 치료가 될 수 있다는 확신을 더 주기 위해서다. 난치병이 치료된 것은 당연한 것에 불과하지만 불치병이 치료된 것은 기적이다. 나는 이 글을 통하여 당연한 것 이상으로 기적 같은 꿈과 희망 그리고 자신감을 주고자 한다.

나의 경우 녹내장이 치료되었다고 하면 그때 대학병원에서 받은 진단까지 오진이라고 한다. 하지만 죽음 직전의 말기암 환자가 기적처럼 치료가 되었듯이 녹내장도 치료가 될 수 있으니 꿈과 희망의 끈을 놓지 않았으면 좋겠다. 그러면 녹내장과 그로 인한 죽을 만큼의 지독한 두통 그리고 530GP 사건으로 생긴 트라우마를 극복한 방법을 소개하는 데 이 방법이 최선의 방법은 아니다. 아프면 제일 먼저 병원에 가서 정확한 진료를 받는 것이 무엇보다 중요하다. 다만 나의 경험이 좋다면 꾸준한 치료와 함께 병행하여 더 좋은 효과를 봤으면 하는 마음이다. 이 방법은 녹내장뿐 아니라 모든 병에도 효과가 있다고 확신한다. 특히 트라우마처럼 정신적으로 고통을 당하는 분들에게 더 큰 효과가 있음을 직접 경험하였다.

1986년 5월 1일, 파란만장한 군 생활을 뒤로하고 사회에 발을 내디뎠다. 훈련소와 신병 시절, 절대로 올 것 같지 않았던 순간이 나에게도 왔다. 군대를 다녀온 사람이라면 알겠지만 제대할 때의 기분은 하늘을 날아갈 것처럼 기쁘다. 그러나 나는 몸과 마음이 피폐해질 대로 망가져 인생까지 암울하게 느껴졌다. 복학은 꿈도 꿀

수 없을 정도로 완전 페인이 되었다. 그러나 가족에게는 군대를 갈 때처럼 아프다는 내색을 하지 않았다. 복학도 하지 않는 등 제대 후 달라진 모습을 보고 군대 가서 변했다며 걱정하였다. 하지만 그 이유를 말할 수는 없었다.

휴식이 필요했던 나는 몸의 기력을 충전하고자 외가에 가서 1년 넘게 휴양을 했다. 어릴 때부터 외가에 대한 추억이 많았던 탓에 고향에 온 것처럼 마음이 안정되었다. 의사인 큰외삼촌(홍완유, 사강 홍의원)께서 반갑게 맞이해 주셨지만 건강이 좋지 않은 이유가 공부를 못한 변명이기에 마음 한구석은 여전히 불편할 수밖에 없었다. 큰외삼촌은 내 삶에 있어 언제나 감사와 동경의 대상이다. 잘못된 길로 빠지기 쉬운 재수 시절에도 학생의 본분을 잃지 않고 언제나 올바른 길로 향할 수 있었던 가치관에는 큰외삼촌의 영향력이 마음 한 컷을 자리 잡고 있었다.

가난과 질병으로 어려움을 당하는 고향 사람들을 보고 의사가 되기로 결심하신 외삼촌께서는 평생 고향을 지키셨다. 지금이야 도시처럼 크게 번창하여 곳곳에 병원이 들어섰다. 하지만 당시는 전력 사정이 좋지 않은 탓에 석유를 넣는 호롱불을 켜고 환자를 진료했을 뿐 아니라 교통이 불편함에도 늦은 밤에도 왕진을 가는 등 어려움이 많았다는 말씀을 들었다.

출마만 하면 100% 당선이 된다는 지역구(수원 화성) 국회의원 공천도 마다하는 등 마음만 먹으면 얼마든지 명성을 얻을 수 있음에도 서울대 법대를 졸업한 외숙모의 내조를 받으며 고향을 위해 헌신하셨다. 지금은 아들인 사촌이 외삼촌의 자리를 잇고 있다.

(사강 연세 홍내과)

지독한 두통에서 잠시라도 벗어나고자 산에 오르는 등 무작정 산속을 헤매듯 다녔다. 뒷산에 오르면 서해가 보이고, 멀리 인천도 보였다. 눈비가 내리는 등 어쩔 수 없는 경우만 제외하고 산에서 지내다시피 했다.

두통을 잊기 위한 방편으로 라디오를 들었다. 하지만 툭하면 나오는 광고가 신경을 날카롭게 했다. 광고가 나오면 광고가 없는 곳으로 재빨리 다이얼을 돌렸다. 그러다 듣게 된 것이 클래식 위주로 나오는 KBS 제1FM이다. 여기서는 광고가 없어 좋았다. 마침 바이올리니스트 정경화가 연주하는 차이코프스키의 바이올린 협주곡이 흘러나오는 순간 새로운 세계를 경험하였다. 한동안 지루하듯 느리게 시작한 연주가 심장이 터질 것같이 격렬하게 연주하자 나의 심장도 요동치기 시작했다. 이제까지 살아오면서 단 한 번도 느끼지 못한 감흥에 몸과 마음이 살아 숨 쉬듯 꿈틀거렸다. 풍전등화처럼 세차게 부는 강풍 앞에 놓인 촛불이 꺼질 듯하다가 다시 활짝 피어오르는 열정이 내 안에서 펼쳐졌다. 바람 앞에 놓인 촛불은 다름 아닌 나였다. 차이코프스키의 바이올린 협주곡의 선율은 마치 나의 삶을 대변하였다.

나는 클래식과는 거리가 먼 문외한이다. 어느 정도냐면 대학생 때, 모차르트 교향곡을 듣는 순간 프랑스의 샹송가수인 '실비 바르탕'의 '모차르트' 아냐? 라고 한 적이 있다. 모차르트의 교향곡 40번

1악장으로 노래 '존경하는 모차르트(Caro Mozart)'를 만들었는데 반대로 생각하였다. 클래식과 관련하여 알고 있던 연주자는 정트리오(첼로의 정명화, 바이올린의 정경화, 피아노의 정명훈)와 피아니스트 백건우, 지휘자 금난새 정도다.

다만 초등학생 6학년 때로 기억하는데 가곡에 흥미를 느끼기 시작했다. 그 계기가 된 것은 당시 TV에서 유명 연예인들의 성공 이야기를 보여주는 다큐 프로그램인 스타 뭐뭐 하는 프로가 있었다. 분명 여러 연예인들의 이야기를 보았을 텐데 유독 한 사람만 생각난다. 그러나 너무 오래된 탓에 어떤 내용인지는 가물가물하다. 하지만 아주 어려운 환경에서 성공하는 등 아주 큰 감동을 받은 것만은 확실히 기억하고 있다. 바로 테너 엄정행에 대한 이야기였다. 당시 엄정행의 인기는 어느 연예인 못지않았다. 그렇게 엄정행이 부르는 가곡 '목련화'와 함께 시작된 우리의 가곡은 중학교와 재수 그리고 고등학교 시절에 심취할 정도로 푹 빠지게 만들었다.

건강이 좋지 않았던 고등학교 시절에 즐겨 들었던 노래가 바로 우리의 가곡이다. 그리고 한 가지 더 있다면 영화음악광이기도 하다. 가곡의 경우에는 레코드 가게에서 구입한 다섯 개짜리 한국 가곡 녹음테이프 전집을 비롯하여 여러 가곡의 녹음테이프가 있었다. 여기에는 웬만한 우리의 가곡이 모두 들어 있어 TV에 출연하는 국내 유명 성악가 또한 거의 모두 알고 있었다. 그런데 그들이 모두 대학교수란 점에 더욱 멋지게 보였다.

매년 가을이 다가오면 각 TV 방송국에서는 '가곡의 밤'을 소개하는 등 깊어 가는 가을과 함께 가곡을 부르는 성악가의 모습을 아주 쉽게 볼 수 있었다. 성악가들이 다양한 TV 프로에도 출연할 정도로 인기가 많았다. 멋지게 부르는 성악가의 모습에서 내가 무대에 서 있는 모습을 상상하며 가곡에 푹 빠지게 했으나 클래식을 알고 있지는 않았다.

초등학교 6학년인 1974년 여름, TV에서 오색 색종이를 맞으며 금의환향하는 피아니스트 정명훈의 카퍼레이드를 보던 형이 정명훈에 대해 이야기해 주었다. 그가 소련에서 열린 차이코프스키 피아노 콩쿠르에서 1등 없는 2등을 했다며 자랑스럽게 말했다. 당시 세계 정세가 미국과 소련의 냉전 시대였기에 적대국 소련에서 공동 2위를 했다는 것은 우리에게는 1등이나 다름없었다. 차마 1등을 줄 수 없어 공동 2위를 준 것이라 했다. 후에 1등이 없는 것은 오보로 밝혀졌지만 그 정도로 우리 국민에게 커다란 자부심을 준 낭보였다.

훗날 정트리오에 대해서도 이야기해 주었다. 그래서 클래식에 대해서는 몰랐지만, 정트리오는 이미 알고 있었다. 중학생이 되어서는 당대의 최고 여배우였던 윤정희의 남편이 피아니스트 백건우라고 했다. 백건우란 이름을 처음 들은 것도 형 때문이다. 금난새는 군 입대하기 전, KBS 교향악단 지휘자로 TV에 자주 소개되는 등 대중적으로 친근한 음악가이기에 익히 알고 있었다. 특히 가곡 '그네'를 작곡한 금수현이 금난새의 아버지라는 사실에 경이로움을 금치 못했다. 얼마나 멋진 부전자전인가?

차이코프스키의 바이올린 협주곡에 매료된 후 완전히 클래식에 빠져버렸다. 당장에 정경화 연주의 녹음테이프를 사서 집중적으로 들었다. 얼마나 많이 들었는지 훗날, 테이프가 살짝 늘어져 다시 사야만 했다. 서점에서 세광음악출판사에서 나오는 「현대인을 위한 명곡해설」이란 책도 샀다.

<현대인을 위한 명곡해설>, 세광음악출판사

작곡가의 일생을 읽으며 충격을 받았다. 학교에서 배운 탓에 어느 정도 알고 있었지만 베토벤은 청각을 완전히 잃은 상태에서 교향곡 9번 '합창'을 작곡했을 뿐 아니라 초연으로 지휘까지 했다. 슈만은 정신병으로 라인강에 몸을 던지는 등 정신병원에서 비참한 생을 마쳤다는 사실에 깜짝 놀랐다. 음악의 신동 모차르트와 가곡의 왕 슈베르트 이외에 멘델스존, 쇼팽, 비제 등 여러 음악가가 병

또는 가난 속에서 30대의 젊은 나이로 생을 마쳤다는 이야기도 충격을 받았다. 지금 내가 듣고 있는 아름다운 음악을 만든 작곡가들은 빈곤 속에서 혹은 병마와 싸워가며 수많은 명곡을 남겼다.

나는 그 사연도 모른 채 단지 음악이 아름답다는 것만으로 그들의 인생까지 아름답게 생각하였다. 나도 그들처럼 결코 좌절하지 않기로 다짐했다.

클래식은 대중음악과 달리 많이 들어도 질리는 법이 없다. 오히려 들으면 들을수록 그 깊이에 빠져 항상 새롭게 들린다. 그것이 바로 클래식의 매력이다. 클래식에 빠지면서 마음이 안정되는 것을 느낀 나는 정경화의 차이코프스키의 바이올린 협주곡을 시작으로 25년 동안 클래식만 듣다시피 했다. 그리고 어느 날, 녹내장은 물론 두통까지 완전히 사라졌음을 느꼈다. 만약 그때 클래식을 접하지 않았다면 불치병이라는 녹내장과 트라우마는 결코 치료되지 않았다고 믿는다. 음악으로 병을 치료할 수 있다는 말도 안 되는 이야기가 나의 인생 이야기가 되고 말았다. 누군가는 믿지 못할 수도 있겠지만 분명한 것은 마음의 안정을 찾으면 육체의 병도 서서히 사라질 수 있다는 사실이다.

지금은 많이 대중화되었지만 클래식에 빠졌던 25년간은 그 정도까지는 아니다. 클래식 하면 일부 계층의 고급스런 전유물로 여겨졌다. 한마디로 말해 폼나는 문화생활이다. 그래서 클래식을 좋아한다는 것만으로도 어깨가 으쓱해질 뿐 아니라 마음까지 부유하

세 만들었다.

마음이 부자라는 것은 물질적으로 빈곤해도 마음의 여유가 있어 행복하다. 사실 돈은 욕심만으로 벌 수 없을 뿐 아니라 물질적 욕심은 끝이 없기에 자칫 거친 사막처럼 삭막해질 수 있다. 반면 클래식의 감동은 마음을 정화시켜 준다. 영화처럼 눈으로 보고 느끼는 감동이 아닌 마음으로 상상의 나래를 활짝 펼쳐주는 감동이다. 정경화의 차이코프스키의 바이올린 협주곡을 처음 듣는 순간 느꼈던 풍전등화가 나의 마음을 대변해 준 것처럼 깊은 감동을 준다.

이번에는 클래식을 아주 쉽게 접근할 수 있었던 방법을 소개하겠다. 차이코프스키의 바이올린 협주곡을 처음 들었을 때 지루한 부분이 있고, 심장을 요동치게 한 부분이 있듯이 클래식에서 가장 클라이맥스한 부분이 TV 광고에 자주 나온다. 영화와 드라마에 나오는 클래식도 많다.

온종일 FM 라디오에 귀를 기울이며 조금이라도 익숙한 곡이 나오면 재빨리 제목을 적었다. 그리고 그 곡을 듣기 위해 하루종일 클래식을 들었다. 지금은 유튜브가 있어 바로 검색하여 확인할 수 있지만 당시는 인터넷이 없었다. 그나마 다행인 것은 전혀 생소한 클래식임에도 종종 귀에 익숙한 선율이 지루함과 따분함에서 벗어나게 하였다.

클래식은 다른 장르의 음악보다 접근하기가 어려웠다. 나의 취향에 맞는 음악과 그렇지 않은 음악이 확연히 나눠져 있었다. 클래식에 익숙하지 않던 시절, 취향에 맞지 않은 곡들은 마치 프라이팬을 박박 긁는 듯한 소음으로 극도의 스트레스가 쌓였다. 반면, 귀에 익숙한 곡은 세상에서 가장 행복한 사람으로 만들었다. 그렇게 익숙한 부분을 찾아 듣고자 자꾸 듣다 보니 어느새 곡 전체가 아름다운 선율로 바뀌었다.

정신적, 육체적으로 고통을 당할 때 클래식은 그 어떤 약보다도 신기한 묘약이 되었다. 긴장, 초조 등 정서적으로 불안하거나 불면증에 걸린 분들에게도 클래식을 권한다. 지금 당장 진통제와 수면제 같은 효과는 없겠지만 나처럼 마음을 평화롭게 하는 효과를 경험하게 된다.

광고를 비롯하여 영화와 드라마에 나왔던 클래식 몇 곡을 소개하고자 한다. 누구나 익히 알고 있는 곡들로 잠시 책 읽는 것을 멈추고 유튜브에서 검색하여 들어보기를 권한다. 클래식이 생소하신 분들의 경우 클래식과 가까이할 수 있는 좋은 계기라 여겨진다. 그리고 클래식을 들을 때 이왕이면 연주 동영상으로 감상하는 것이 좋다. 영화의 감동적인 장면처럼 악기를 연주하는 연주자의 손길마저도 깊은 감동을 느끼게 한다.

시몬스 침대 광고에서 발명왕 에디슨이 마이크에 대고 말하는 장면에서 에릭 샤티의 '짐노페디 1번'이 나온다. 이 곡은 영화나 드라마에서도 자주 나온다. 헤어진 여인을 그리워하거나 붉고 노랗게 물든 낙엽이 아무도 없는 빈 벤치 위에 떨어지는 한적한 가을 공원의 전경이 이 음악으로 하여금 더욱 쓸쓸함과 공허감을 느끼게 해준다. '짐노페디 1번'을 듣고 좋았다면 2번과 3번도 들어보기를 권한다.

오펜바흐의 오페레타 '천국과 지옥' 서곡에서 나오는 '캉캉'과 모차르트의 오페라 '마술피리'에서 아리아 '밤의 여왕'은 개그맨 등이 출연한 코믹한 장면에서 종종 나오곤 했다. 특히 '밤의 여왕'은 1985년, 프랑스에서 세계 최초의 팝페라 가수인 키메라(김홍희)가 화려한 화장과 독특한 의상을 입고 "아아아아아아아~" 하며 세계적으로 크게 히트를 친 뮤직비디오가 생각난다.

'천국과 지옥'의 서곡은 처음부터 들으면 익숙하지 않은 탓에 자칫 지루할 수 있으니 '천국과 지옥 캉캉'을 검색하여 먼저 캉캉을 들은 후 전체를 듣는 것이 좋다. 듣는 순간 '아하~ 이거!'라는 생각을 하게 됨은 물론 '이것도 클래식이었어?' 하는 마음이 생길 정도로 완전 의외의 곡이다. 그렇기에 캉캉은 멀게 느껴지기 쉬운 클래식에 대한 거부감이 사라지게 하는 곡이기도 하다.

내가 좋아하는 차이코프스키의 바이올린 협주곡의 클라이맥스는 명품이라 자처하는 제품의 단골 광고음악이다. 유튜브에서 '한수진 차이코프스키 바이올린 협주곡'을 검색하여 37분 59초 동영상에서 6분 55초부터 들어보면 광고에 등장하는 우아한 연주가 나온다. 만약 여기부터 듣기 시작했다면 1악장 마지막인 19분 23초까지 쭉 들어본 뒤 맨 앞부분인 1악장부터 다시 듣기를 권한다. 분명 처음 들었을 때보다는 한결 편안함을 느끼게 한다. 그렇게 1악장을 다 들어봤다면 2악장은 건너뛰고 마지막 3악장인 25분 46초부터 끝까지 들어본 뒤 2악장을 들어보자. 그런데 2악장(19분 31초 ~25분 46초)을 나중에 들으라고 한 이유는 정열적으로 연주하는 1, 3악장에 비해 바이올린이 우는 듯 구슬픈 연주이다 보니 클래식은 역시 고리타분하다는 선입견에 빠지기 쉽다.

클래식을 들으면 하품이 나온다는 말을 하는 사람들이 있는데 어쩜 2악장을 두고 하는 말인지도 모른다. 하지만 서정적이고 마음을 평온케 하기에 2악장을 더 좋아하는 분들도 많다.

클래식이 생소한 분들에게 클래식을 권할 때 제일 먼저 추천하는 곡은 브루흐의 '바이올린 협주곡 1번 3악장'이다. 그 이유는 처음 들었을 때 마치 자주 들었던 곡처럼 흥겹게 장단을 맞추며 흥얼거림은 물론 화려한 연주에 푹 빠지게 하였다. 반면 서정적인 2악장은 그렇게까지 와닿지 않았다. 하지만 지금은 3악장보다 차이코프스키 바이올린 협주곡의 2악장처럼 느리게 연주하는 2악장을 더 즐겨 듣는다.

그럼 유튜브에서 '정경회 프레빈 브루흐'를 검색하여 24분 13초 동영상에서 3악장인 16분 45초부터 감상해 보자. 거장 바이올리니스트 정경화가 지금으로부터 50여 년 전에 대장부보다 더 당당하게 연주하는 모습을 볼 수 있다. 이제까지 이보다 더한 자신감으로 힘차게 연주하는 바이올리니스트는 본 적이 없을 정도로 당찬 모습에 분명 감탄을 하게 될 것이다. 그리고 여유만만한 모나리자의 아름다운 미소도 볼 수가 있다. (2악장은 8분 18초부터)

그 외 몇 곡 더 소개하자면 걷기 운동을 할 때 힘들고 지쳐 갈 때쯤 차이코프스키의 교향곡 6번 '비창' 3악장을 반복해서 들으며 걸어보자. 경쾌한 리듬에 맞춰 나도 모르게 발걸음이 기뻐워지고 힘차게 걷는 자신을 보게 된다.

'달 달 무슨 달~ 쟁반같이 둥근 달~ 어디 어디 떴나~ 동산 위에 떴지~'라는 동요 '달'은 하이든의 교향곡 94번 '놀람교향곡' 2악장과 거의 똑같다. 그래서 어린 민정이와 손을 잡고 다닐 때면 이 음악으로 박자를 맞추며 걷곤 했다. 잡은 손을 앞뒤로 힘차게 흔들며 "빰빰~ 빰빰~ 빰빰빰~ 빰빰빰빰빰빰~ 빰~" 하다가 꾸벅꾸벅 조는 관중을 깨우고자 갑자기 "꽝!" 하는 부분에서 큰 소리로 "꽝!" 하는 동시에 제자리에서 앉았다 일어나는 순간 까르르 웃음보가 터졌다. 그리고 다시 박자에 맞춰 "빰빰~ 빰빰~ 빰빰빰~" 하며 힘차게 손을 흔들며 걸었다.

이 글을 읽는 엄마, 아빠가 어린 자녀와 함께 해본다면 배꼽이 빠지도록 깔깔깔 웃는 자녀의 모습을 보게 될 것이다. 그러기 위해서는 한 번만이라도 놀람교향곡 2악장을 들려줘야 하는데 엄마 아빠가 "빰빰~ 빰빰~" 장단을 맞춰준다면 더한 재미를 느끼게 하는 코믹한 클래식이다. 분명 또 듣고 싶어 하는 자녀와 밖에서 큰 소리로 "꽝!" 하며 앉았다 일어나 힘차게 걸어보자.

우리나라 최초의 성악가이자 대중가수인 소프라노 윤심덕이 부른 '사의 찬미'는 이이바노비치의 '다뉴브강의 잔물결'에 가사를 붙인 노래다. 영화 〈번지점프를 하다〉에서 붉은 노을이 화면 가득할 때 여주인공인 이은주가 이병헌에게 왈츠를 가르쳐 주는 장면에서 쇼스타코비치의 재즈 모음곡 2번 왈츠가 흘러나온다. 식인상어 죠스가 금방이라도 나타날 듯 공포감을 주었던 음악은 드보르작의 교향곡 9번 '신세계로부터' 4악장 시작 부분과 매우 흡사하다. 2004년, 전 국민으로부터 사랑을 받은 칠공주가 부른 '러브송', '흰 눈이 기쁨 되는 날~ 흰 눈이 미소 되는 날~'은 엘가의 '사랑의 인사'를 샘플링하였다.

 1980년 말, 당시 KBS 1TV, 9시 뉴스앵커인 신은경이 KBS 제1FM에서 '신은경의 가정 희망음악'을 진행하였다. 그 시절 신은경 앵커의 인기는 단연코 최고였다. 내가 고등학생이었던 1980년대 초부터 아름다움은 물론 지적인 외모로도 적어도 남학생들 사이에서는 가슴을 설레게 할 정도로 동경의 대상이었다.
 88서울올림픽이 막 끝난 즈음으로 기억하는데 클래식에 대한 퀴즈를 매일 10개씩 10일 동안 낸 적이 있다. 클라이맥스인 부분을 1분 동안 들려주고 제목을 맞추는 방법이다. 보통 5개를 맞혔는데 8개를 맞춘 날도 있어 그런 기쁨이 더욱 클래식에 빠지게 만들었다.
 클래식 전문잡지 등을 통하여 생소한 이름의 연주자와 지휘자의 이름이 하나둘씩 친근감 있게 다가왔을 때는 나도 클래식 마니아라는 자부심을 갖게 하였다. 비록 수박 겉핥기에 불과한 얄팍한 지식이지만 세계 최고의 음악가가 된 듯 행복한 착각에 빠뜨렸다.

 클래식은 아름다운 가정에 대한 꿈을 꾸게 했다. 결혼을 하면 클래식이 흘러나오는 행복한 가정에서 살겠다는 소망을 갖게 하였

나. 그러다 보니 사랑하는 여자를 만나면 클래식 음반을 꼭 선물하기로 했다. 하지만 평생 혼자 살겠다며 집을 나왔기에 희망사항에 불과했다. 다행히 성실하게 본 주방장께서 여자를 소개해 주겠다며 전화번호를 주었다. 순간 그 여자와 결혼하기로 마음먹었다. 얼굴도 본 적이 없는데 그냥 그런 생각이 들었다.

수화기를 통하여 들리는 목소리가 너무나 아름다웠다. 왠지 운명처럼 느껴졌다. 순간, 그녀를 결혼 상대로 완전히 결정해 버렸다. 개인적으로 배우자의 목소리를 무척이나 중요하게 생각한다. 아무리 예쁘고 아름다워도 부부로 살다 보면 권태기가 올 수도 있는데 미모만 따진 결혼은 자칫 파경에 이를 수 있다고 생각했다. 나는 그런 외적인 아름다움보다는 남편의 마음을 언제나 포근하게 해줄 수 있는 아름다운 목소리가 더 중요하다고 믿었다. 어쩜 오랫동안 아파온 때문일지도 모른다.

아내를 처음 만나는 날, 오래전부터 가지고 있던 약속을 지킬 수 있었다. 클래식에 대해 전혀 몰라도 처음 듣는 순간 바로 좋아할 수 있는 곡들로 선정된 녹음테이프 5개와 「현대인을 위한 최신 명곡해설」을 선물로 주었다. 왼쪽은 클래식을 처음 접할 때 산 책이고, 오른쪽은 아내에게 선물한 책으로 개정판이다.

<현대인을 위한 명곡해설>, <현대인을 위한 최신 명곡해설>
세광음악출판사

녹음테이프는 비발디의 '사계'와 모차르트의 세레나데 13번, '아이네 클라이네 나흐트무지크(Eine Kleine Nachtmusik)'를 포함하여 귀에 익숙한 곡들로 구성된 바이올린과 피아노 연주곡이다. 그 후에도 변함없이 녹음테이프를 구입하거나 좋은 곡들만 따로 녹음하여 선물하였다. 사진은 아내를 처음 만난 날 선물한 녹음테이프 다섯 개로 빨간색 화살표에 1990년 10월 16일이라고 아내가 쓴 글씨가 보인다.

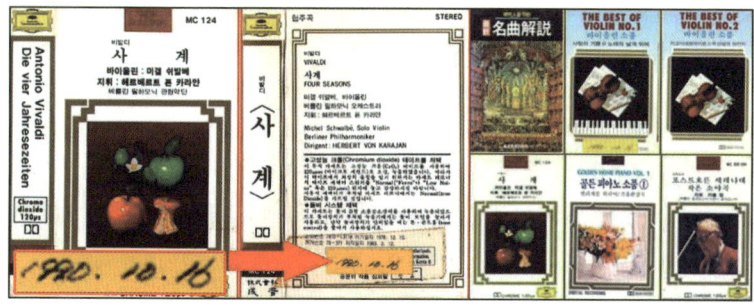

내가 알고 있는 음악가에 대한 지식도 들려주었고, 클래식 덕분에 사귄 미국인 바이올리니스트도 소개해 주었다. 부부가 함께 살면서 취미가 같다는 것도 행복의 조건이기에 미래의 아내가 클래식을 좋아할 수 있도록 힘썼다. 아직 나와 결혼을 하겠다고 말한 것도 아닌데 이미 나의 아내로 확정했기에 나름대로 준비가 필요했던 모양이다.

길을 걷다가 나의 사랑이 갑자기 걸음을 멈췄다.
"사라사테의 지고이네르바이젠."
무슨 말인가 했더니 근처 레코드 가게에서 '지고이네르바이젠'이 흘러나오고 있었다. 순간 퀴즈의 정답을 맞추듯 제목을 말하였다. 클래식을 처음 접하는 분들에게 있어 거의 처음 듣는 곡에 속하지만 내 얼굴엔 뿌듯함으로 가득 채워졌다. 사랑하는 그녀가 나의 아내가 되어 함께 클래식이 흐르는 집에서 살 생각을 하니 행복한 웃음을 참을 수 없었다.

사라사테의 지고이네르바이젠의 경우 지금이야 아름다운 선율로 들리지만 처음에는 스트레스가 팍팍 쌓이게 했던 곡이다. 너무 느리게 시작하다 보니 답답함에 중도에 멈출 수밖에 없었다. 앞에서 언급한 프라이팬을 긁는 소음이 바로 지고에네르바이젠인 셈이다. 그러니 전체를 다 듣기까지 제법 오랜 시간이 걸렸다. 아마도 정신적으로 건강하지 않았던 탓에 유독 그렇게 들렸던 모양이다. 때문에 지금과 같은 건강 상태에서 처음 듣게 된다면 어땠을까 하는 아주 궁금케 하는 곡이다. 클래식이 낯선 분들은 앞에서 소개한 '캉캉'처럼 먼저 경쾌한 연주부터 듣기를 권한다. '한수진 지고이 네르바이젠'을 검색하여 8분 9초 동영상에서 6분 15초부터 들어보자. 온몸이 들썩이게 했던 캉캉처럼 매우 흥겨운 연주가 나온다.

사랑하는 아내가 며칠째 속이 좋지 않아 혹시나 하여 산부인과에 갔다. 진료를 마친 아내가 환한 미소를 지으며 임신이라고 속삭였다. 순간 너무 고맙고 기뻐서 눈물이 글썽거렸다. 병원을 나오는데 나도 모르게 '라흐마니노프의 파가니니 주제에 의한 랩소디 변주 18번'이 콧노래로 나왔다. 이 세상에 존재하는 단 한 명, 나의 아기를 위해 만들어진 음악이라는 생각이 들어서인지 다른 때보다 더 아름다운 선율로 다가왔다. 앞으로 사랑하는 아기를 위하여 클래식을 들려줄 수 있다는 생각에 마음이 한껏 부풀어 올랐다.

입덧은 길어야 3~4개월이라는데 임신 기간 내내 거의 입덧에 시달릴 정도로 심했다. 남편이 옆에 있는 것조차 싫었던 아내는 클래식 듣는 것도 극도로 싫어할 만큼 예민해졌다. 이쉽지만 힘들이하는 아내를 보니 내 욕심만 채울 수 없었다. 대신 사랑스런 딸이 병원에서 집에 들어오는 순간 클래식을 들을 수 있도록 크게 틀어 놓았다. 그때 들려준 클래식은 모차르트의 세레나데 13번 '아이네 클라이네 나흐트무지크'이다. 사랑하는 딸은 아름다운 세레나데를 시작으로 하루종일 클래식을 들을 수 있었다.

일상생활 중에서 흔하게 접할 수 있는 음악이 오히려 클래식이다. 앞에서 이야기했듯이 광고, 영화, 드라마에서 많이 나온다. 때문에 곡 전체를 들은 적이 없어도 클라이맥스한 부분을 알고 있는 클래식이 많다. 그러니깐 제목은 몰라도 알고 있는 클래식이 많다. 그럼에도 클래식은 지루하고 고리타분하다는 선입관 때문에 고개를 돌리기 일쑤다. 혹시 그런 분들이 있다면 앞에 소개한 방법으로 클래식과 가까워졌으면 좋겠다. 분명 큰 도움이 된다.

1990년대, 그해 제일 많이 팔린 클래식 음반에 대한 순위가 신문에 소개되었던 걸로 기억한다. 그런데 매년 1위가 비발디 사계였다. 그 정도로 가장 대중적으로 성공한 클래식이 비발디의 사계라 생각된다. 특히 이탈리아 실내악단인 '이 무비치' 하면 비발디 사계라고 할 정도로 가장 유명하다. 하지만 내가 사랑하는 딸에게 선물한 것은 바이올린의 거장인 정경화 연주의 CD였다.

비발디 사계는 봄, 여름, 가을, 겨울 1, 2, 3장 할 것 없이 모두 좋다. 내가 비발디 사계를 처음 들은 것은 고등학생 때다. 형이 있는 방에서 새어 나오는 클래식을 종종 들을 수 있었다. 당시는 관심이 없던 탓에 몰랐지만 후에 클래식에 빠지며 그 음악이 비발디 사계임을 알게 되었다. 당시 가장 좋아했던 곡은 가을 1악장으로 아픈 가슴을 마구 파고들어 왔다.

곡을 소개함에 이미 알고 있는 분도 있고, 생소한 분들도 있겠지만 생소한 분들은 봄, 여름, 겨울의 1악장도 같이 들어보았으면 좋겠다. 물론 처음 시작인 봄 1악장부터 마지막 겨울 3악장까지 한 번에 들어보는 것도 좋다.

내가 좋아하는 클래식은 베토벤과 차이코프스키의 작품이다. 많은 음악가 중에서 특히 이들의 음악을 좋아한다. 다른 작곡가가 만든 작품에 비해 나의 마음에 와닿는 이유는 일종의 정신적 공감대라고 할까? 그들이 정신적으로 고독하고 불안했듯이 나 또한 그렇다는 것을 결코 부정하고 싶지 않다. 그리고 브람스와 라흐마니노프의 작품 또한 무척 좋아한다. 라흐마니노프의 경우에는 오랫동안 작품을 만들 수 없었던 우울증과 신경쇠약을 극복한 피아노 협주곡 2번을 비롯하여 3번 또한 아주 많이 좋아한다.

아내와 연애 시절에 클래식이 아닌 녹음테이프를 딱 하나 선물하였다. 1976년 중학교 2학년 때 본 영화로 그해 흥행 1위를 기록한 〈사랑의 스잔나〉에서 홍콩 여배우 진추하가 부른 노래다. 테이프에는 우리가 잘 알고 있는 'One Summer Night(한여름밤의 추억)'과 'Graduation Tears(졸업의 눈물)' 등의 노래가 나온다.

회사에서 매일 들었을 정도로 좋았다고 하여 결혼 6개월 기념으로 진추하 CD를 선물하였다. CD에는 라흐마니노프의 교향곡 2번 3악장으로 만든 노래, 'Never Gonna Fall In Love Again'이 들어 있었다. 다시는 결코 사랑에 빠지지 않겠다는 씁쓸한 제목과 달리 듣는 순간 매우 감미로운 목소리와 달콤한 리듬에 푹 빠지게 하는 노래다.

먼저 유튜브에서 진추하의 노래를 듣고 교향곡 2번 3악장을 들었으면 한다. 분명 아름다운 노래의 멜로디를 3악장 전체를 통하여 들을 수 있다. '서울월드 필하모닉 라흐마니노프 교향곡 2번 3악장'을 검색하여 13분 8초 동영상에서 처음부터 듣는 것도 무방하나 6분 52초부터 노래의 멜로디를 집중적으로 들을 수 있다. 물론 끝까지 들어보았다면 처음부터 다시 들어보자.

나에게 세상에서 제일 아름다운 곡 하나를 뽑으라면 단연코 라흐마니노프의 교향곡 2번 3악장이다. 가슴을 저미는 감미롭고 애절한 선율이 오히려 황홀할 만큼 아름답게 승화한 작품이라 말할 수 있다.

그리고 우리의 가곡으로는 소프라노 양은희의 '님이 오시는지'를 좋아한다. 푹푹 찌는 무더위가 지나고 해가 지기 시작하는 가을 저녁, 피부에서 선선함을 느낄 때면 왠지 모를 쓸쓸함에 어김없이 흥얼거리게 하는 가곡이다. 도니제티의 오페라 '사랑의 묘약' 중에서 남자 주인공 네모리노가 부르는 아리아 '남몰래 흐르는 눈물'과 마스네의 오페라 '카발레리아 루스티카나'의 간주곡도 매우 좋아한다. 그리고 클래식은 아니지만 88서울올림픽 직후에 들었던 대금과 가야금 연주인 이병욱 작곡의 '눈길'을 여전히 좋아한다. 이 음악들은 비슷한 감정을 느끼게 하는데 마치 나의 인생처럼 느끼게 하는 곡이다.

영화음악으로는 유독 생각나는 음악이 있다. 어떤 영화인지 제목은 알 수 없지만 고등학생 시절부터 오랫동안 흥얼거린 리듬이다. 당시는 인터넷과 유튜브가 없었고, 영화에 대한 책도 거의 없던 시절이다. 영화에 대한 지식은 라디오에서 하는 영화음악 프로와 KBS 1TV, 일요일 밤에 방영하는 명화극장의 예고편을 소개하는 영화평론가 정영일 교수의 이야기가 거의 유일했다. 그러다 보니 두고두고 궁금케 한 영화이자 주제곡이었다.

　나의 신세처럼 처량하기도 하고, 특히 인생의 갈림길에서 어떤 길을 선택할 것인가 갈팡질팡할 때면 어김없이 흥얼거렸던 음악이었다. 가령 스스로 선택한 군 입대이지만 이 길이 내 인생에 있어 현명한 길인지 장담할 수 없다는 심적인 갈등을 잘 표현한 음악이기도 하다. 훗날 클래식을 듣게 되면서 그 궁금증이 자연스럽게 해소되었다.

　영화의 제목은 잉그리드 버그만, 이브 몽땅 그리고 안소니 퍼킨스가 주연한 〈이수(離愁, Goodbye Again, 1961년)〉이었다. 이별의 슬픔을 뜻하는 '이수'는 프랑스와즈 사강의 소설 「브람스를 좋아하세요」를 영화로 만든 작품의 주제곡이라 할 수 있는 주요 테마곡이 브람스의 교향곡 3번 3악장이다.

　클래식에서 아름다운 사랑으로 슈만 하면 클라라가 떠오른다. 슈만의 피아노 스승이 딸과의 결혼을 반대하자 소송까지 하여 결혼을 했다는 이야기는 너무나 유명하다. 그리고 평생을 독신으로 살았던 브람스에게는 정신적으로 사랑한 슈만의 아내 클라라가 항상 뒤따른다.

　1853년, 브람스 나이 20세, 그의 재능을 알아본 슈만이 그의 잡지 「음악신보」에 소개하며 큰 명성을 얻게 된다. 그런데 우울증을 심하게 앓고 있던 슈만이 1854년 라인강에 투신한 뒤 2년 후 정신병원에서 생을 마쳤다. 14살 연상인 클라라를 연모하고 있던 브람스는 클라라의 자녀를 돌보는 등 클라라만 사랑하고 존경하며 평생을 독신으로 살아갔다. 1896년 클라라가 사망하자 다음해에 브람스도 병으로 사망한다. 브람스의 교향곡 3번 3악장은 라흐마니노프의 교향곡 2번 3악장처럼 가슴 아픈 감미로운 선율이다. 유튜브에서 검색하여 꼭 들어봤으면 좋겠다.

앞에서 소개한 곡들을 유튜브에서 들어본다면 당시의 나의 정신 상태를 충분히 이해할 수 있는 곡들이다. 살아온 인생이 건강과도 무관하지 않다는 가슴 아픈 인생을 표현한 곡이라고 할까? 특히 '남몰래 흐르는 눈물'은 얼마 전까지만 해도 눈물을 글썽이게 했던 곡이다. 책이 보고 싶었던 그 시절이 떠오르게 하여 마음속 깊은 곳에서 닭똥 같은 눈물을 흘렸다. 하지만 이 책을 출판함에 더 이상 그런 이유로 눈물을 흘리는 일은 절대로 없을 거라 확신한다.

사랑하는 딸이 초등학교 3학년 때의 일이다. 책상에 일기장이 놓여 있어 보게 되었다. 일기장에는 수업 시간에 비디오로 감상한 클래식에 관한 글이 적혀 있었다. 엘가의 '사랑의 인사', 모차르트의 '마술피리' 등에 대한 소감이다. 특히 나의 관심을 끈 것은 로시니의 오페라 '세빌리아의 이발사'였다. 주인공인 이발사, 세빌리아가 "피가로! 피가로! 피가로! 피가로!" 하는 장면이 제일 즐거웠다는 내용이다.

내가 제일 잘난 인간이라며 세빌리아가 거만하게 부르는 '나는 이 거리의 제일가는 만물박사'로 나 역시 그 부분을 알고 있어 충분히 공감할 수 있었다. 만약 클래식에 대해 몰랐다면 그 일기는 대수롭지 않게 읽었을 것이다. 그래서 2003년 3학년에 맞이한 크리스마스에는 오페라 아리아가 담긴 CD를 선물하였다. 이전까지 연주 위주의 클래식 CD를 선물했다면 이제는 오페라다 싶었다.

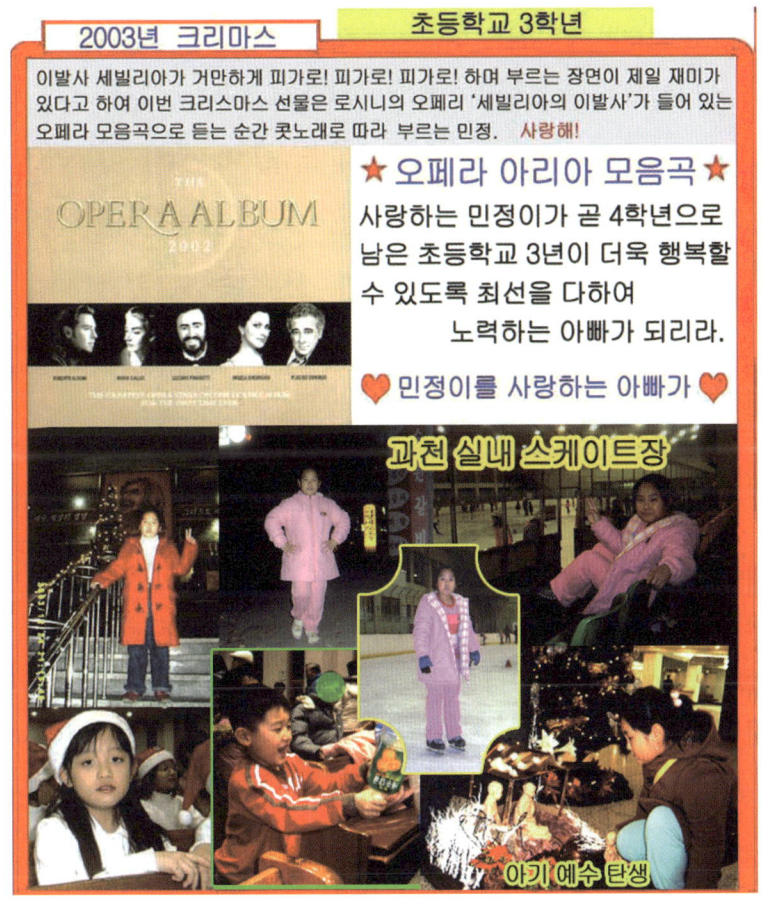

 겨울방학을 맞이하여 인터넷에서 딸에게 보여줄 클래식을 검색하였다. 마침 연세대학교 백주년기념관에서 '초중학생을 위한 오페라의 아리아' 공연이 있어 함께 가고자 예매를 했다. 그리고 연주될 곡들을 CD에서 찾아 집중적으로 들려주었다. 미리 충분히 들고 관람한다면 더욱 흥겹게 즐길 수 있을 거라 생각했다. 이 방법은 6장에서 소개할 200번도 넘게 본 연극 관람에서 아이디어를 얻었다.

서울로 향하며 아직은 부담 가는 입장료지만 마냥 행복했다. 더욱이 안산이 아닌 서울까지 간다는 것이 왠지 우쭐댈 만큼 자랑스럽게 느껴졌다. 어려웠던 IMF 시절의 기억이 떠올랐다. 아무리 쪼들려도 문화비 지출만은 절대로 줄이지 말자던 추억들. 그래서 자주는 아니지만 가끔씩 안산 문화예술의 전당에서 연주회를 관람했던 일, 무엇보다 IMF를 잘 극복하여 서울에 가서 문화생활을 즐길 수 있어 뿌듯함이 배로 느껴졌다.

IMF로 인하여 실업자가 백만 명이 넘는 등 일을 하고 싶어도 일을 할 수 없었던 그 시절, 돈 한 푼이 아쉬웠지만 사랑하는 딸과 변함없이 연극을 관람하고, 클래식 CD를 선물하는 등 문화비 지출만은 결코 줄이지 않았다.

나는 IMF가 남 탓이 아닌 문화적 빈곤 탓이라 생각했다. 그래서 문화가 발달하지 않으면 IMF에서 벗어나도 일시적인 현상에 불과하다고 여겼다. 무엇보다 사랑하는 딸이 돈보다는 문화와 예술을 아끼고 사랑하는 사람이 되기를 바랬다. 그것이야말로 가장 아름답고 행복한 인생을 즐기는 삶이라 믿었다.

요즘 들어 IMF보다 더 큰 위기가 온다는 말을 자주 듣는다. 하지만 국민들이 건전하고 수준 높은 문화를 통해 올바른 가치관과 정직한 경제관을 가진다면 그런 일은 결코 없을 거라 확신한다.

공연장으로 향하며 딸 역시 기대가 되는지 빨리 가자고 재촉했다. 공연은 예상만큼이나, 아니 예상보다 더 훌륭했다. 지휘자로부터 곡에 대한 설명이 곁들어 나도 오페라를 이해하는 데 더 큰 도움이 되었다. 특히 아직까지도 기억에 남는 것은 모차르트의 '피가로의 결혼' 중 '더 이상 날지 못하리'를 우리말로 다 함께 부르는 시간도 가졌다. 윤기연 지휘자로부터 사인까지 받았을 뿐 아니라 어둠이 깔린 신촌의 포장마차에서 순대와 떡볶이도 맛있게 먹어 더욱 행복했을 딸. 집에 도착한 나는 얼른 '더 이상 날지 못하리'를 크게 틀어 놓았다. 예상대로 따라 부르는 딸의 모습을 보며 행복한 미소를 지었다.

2005년, 설날이 막 지난 2월 16일 저녁 7시, 금난새의 '신년음악회'를 관람하였다. 특히 이날은 옛 생각에 감회가 새로웠다. 그 과거는 민정이가 태어나기 전으로 거슬러 올라간다.

　1992년 결혼하여 수원에서 주방 일을 하고 있을 때다. 가을이 끝나가는 밤늦은 시간에 여러 명의 남녀 손님이 들어왔다. 간간이 들려오는 대화만으로도 그들이 연주자임을 알았다. 다름 아닌 수원시립교향악단 단원이었다. 당시 상임지휘자가 금난새로 유명 지휘자가 지방으로 내려와 지휘를 한다는 것만으로도 음악계에 신선한 충격을 주었다.

　손님 중 한 분은 익히 알고 있던 분이라 더욱 반가웠다. 서비스로 음식을 갖다 드리며 인사를 하자 모두가 놀란 표정을 지었다. 주방에 있는 사람이 클래식을 좋아한다는 것이 신기했던 모양이다. 그 후 단골이 되었고, 연주회가 있을 때마다 입장권 두 장씩 보내주었다. 하지만 연주회가 있는 저녁 시간은 가장 바쁜 탓에 갈 수가 없었다. 어쩌면 그런 이유로 주방생활에 더욱 회의를 느껴 훗날 가게를 오픈한 지 석 달 만에 접었는지도 모른다.

특히나 아쉬웠던 공연은 1992년 12월 10일 저녁 7시, 경기도 문화예술회관에서 금난새 지휘의 베토벤의 9번 교향곡 '합창'이다. '합창'은 차이코프스키의 바이올린 협주곡, 라흐마니로프의 작품들과 더불어 아직까지도 제일 좋아하는 클래식 중의 하나다.

그런 때문인지 30년 넘게 그 연주회 팜플렛을 가지고 있으며, 딸이 맞이한 5번째 생일선물에는 헤르베르트 폰 카라얀이 지휘하는 '합창' CD를 선물하였다.

> 5번째 생일을 축하하며 민정의 밝은 미소에는
> 엄마 아빠의 사랑이 가득하단다. 사랑해!

그처럼 클래식 연주회 하면 제일 먼저 떠오를 정도로 두고두고 아쉬운 연주회다. 물론 금난새가 지휘하는 연주회도 꼭 보고 싶었기에 더욱 아쉽게 느껴지는 연주회다. 그로부터 10여 년이 지난 2005년 사랑하는 딸과 함께 안산 예술의 전당에서 금난새 지휘의 '신년음악회'를 관람할 수 있었다.

2016년 12월 8일 저녁 7시 30분, 마침내 꿈에도 그리던 베토벤의 9번 교향곡을 관람하였다. 다만 금난새 지휘가 아닌 박영민 지휘로 부천 필하모닉 오케스트라의 연주가 안산에 울려 퍼졌다. 주야 2교대 작업으로 야간작업이라면 연주회 시간에 작업(오후 8시부터 작업 시작)을 해야 한다. 다행히 주간작업이라 관람할 수 있었다.

평소 같으면 잔업(오후 5시부터 오후 8시까지)을 마치고 8시에 퇴근하지만 그날은 무슨 일이 있어도 5시에 퇴근해야 했다. 만약 그럴 수 없다면 아무리 돈을 벌어도 사는 것이 무의미하다. 클래식을 즐길 마음의 여유가 없다면 거친 사막에 놓여 있는 황폐한 인생일 따름이다. 그것은 내일이 없는 무의미한 존재로 산송장에 불과하다.

5시에 퇴근하여 곧장 공연장으로 향했다. 평소와 같이 우중충한 옷차림이 아닌 양복 입은 신사처럼 깔끔한 외투를 걸쳐 완전 딴사람이 되어 있었다.

새벽에 출근하여 밤에 오거나 저녁에 출근하여 다음날 아침에 오는 탓에 옷에 대해 신경 쓰지 않는다. 딸 생각하여 단정하게 입고 다니라는 아내. 아는 사람 만나면 나 욕먹는 짓이라고 해도 전혀 듣지 않았다. 제발 있는 옷이라도 제대로 입으라며 신신당부할 정도다. 나의 인생까지 바꿔놓은 아픔은 그런 겉치레까지 신경 쓰며 살기를 거부한다. 하지만 이날만은 마음부터 달랐다.

연주회장을 향하며 한 가지 궁금증이 생겼다. 과연 눈물이 나올까? 그만큼 교향곡 '합창'은 나의 인생은 물론 정신적으로 깨우침을 준 아주 특별한 음악이다. 아팠던 지난날을 회상하며 기대감과 부푼 감흥에 도취하여 살며시 눈을 감고 감상하였다. 그런데 전혀 예상 못한 부분에서 눈물이 나왔다. 눈물이 나온 것은 연주 때문이 아니다.

앞좌석 쪽에 앉았던 나는 왼쪽으로 10여 좌석 너머에 앉은 어느 남자 때문이다. 그는 한 악장이 끝날 때마다 손바닥이 터지도록 우뢰와 같은 박수를 쳤다. 다음 악장 연주가 지연될 정도로 계속해서 쳤다. 모든 관객들이 그쪽으로 향했다. 연주자 사이에서도 웅성거리는 소리가 들렸다. 다음 악장을 준비하고 있던 박영민 지휘자가 박수 치는 쪽으로 급히 고개를 돌렸다.

그는 우리처럼 두 눈으로 연주하는 모습을 보며 감상하는 것과 달리 온 신경을 귀에 집중하며 아름다운 연주를 담아야 했다. 그는 앞을 볼 수 없는 시각장애인이었다. 그의 눈가가 경련이 일어나듯 파르르 떨렸다. 그 모습은 마치 심봉사가 죽은 줄 알았던 심청의 목소리를 듣자 직접 두 눈으로 딸의 모습을 보고자 기를 쓰는 것처럼 보였다. 그의 모습을 보니 지난날의 내 모습이 떠올랐다. 어쩜 나도 그럴 수 있었는데 얼마나 다행이고 행복한 사람인가?

지금도 클래식을 들을 때면 문득문득 그때의 광경이 떠오르곤 한다. 특히 '합창'을 들을 때면 어김없이 생각난다. 당시 공연장에 있던 지휘자를 포함한 단원 그리고 가까이에서 그의 얼굴을 본 관객이라면 그의 모습을 쉽게 잊지 못할 것이다. 그때 흘린 뜨거운 눈물 때문인지 죽을 때까지 영영 잊을 수 없는 연주회로 영원토록 기억될 것이다. 더욱이 지휘자와 기념사진까지 찍어 더욱 생생한 모습으로 남아 있다.

고등학생 시절에 찾아온 녹내장이란 질환과 530GP 사건은 내 인생을 송두리째 바꿔놓았다. 그것은 단지 비극만 가져온 것이 아니다. 극도의 두통과 기억력, 이해력, 계산력, 집중력 등의 저하로 여러 문제를 안겨주었다. 취미가 공부라고 했을 정도로 그렇게 좋아하던 책도 덮어야 했다. 하지만 클래식과 함께하며 새로운 인생의 가치를 배우게 되었다. 삶을 붙드는 비법도 서서히 깨닫게 되었다. 감사하게도 녹내장과 트라우마로 내 인생이 끝났다고 생각했던 과거의 시간이 무색하게 단란한 가정을 이루어 가며 행복하게 살고 있다. 물론 행복 속에서도 시련과 고통은 틈틈이 찾아오지만 결국 행복으로 덮이고야 마는 그런 삶을 살고 있다. 그러기에 나의 삶은 기적과도 같은 축복이라 부른다.

앞으로도 어떤 시련이 찾아올지 모른다. 심지어 또 다른 정신적, 육체적 아픔이 나를 공격할지도 모른다. 하지만 그때마다 녹내장과 두통 그리고 트라우마를 극복한 지난 인생을 떠올리며 좌절하지 않고 이겨내리라 믿는다. 이 글을 읽는 분들 중에 나와 같이 정신적, 육체적 아픔을 가지고 있다면 내가 경험했던 클래식을 통해 위안과 함께 치료될 수 있다는 자신감을 가졌으면 좋겠다.

클래식에 입문하고 싶은 분들은 세광음악출판사에서 나온 「현대인을 위한 최신 명곡해설」을 꼭 구입하여 저처럼 클래식 묘미에 빠져보기를 권한다. 이 책을 처음 접했을 때의 느낌을 적자면 일반 도서에 비해 글씨가 깨알처럼 작으나 알찬 내용으로 가득 채워진 책이다. 만약 일반 책과 같은 글씨 크기라면 3권쯤 되지 않을까? 그러니 세상에 이렇게 싼 책이 또 있을까? 요즘 말대로 가성비가 최고라 할 수 있다. 중고등학교 학생들에게도 필수라 할 정도로 강력하게 추천한다. 분명 저처럼 책을 펼치는 순간의 뿌듯함과 함께 클래식에 빠지게 됨을 느낄 수 있다. 지금은 책 제목이 「음악 감상의 길잡이 최신 명곡해설」로 바뀌었다.

마지막으로 추천하는 영화가 있다. 엄정화, 박용우, 최선자, 신의재가 출연한 권형진 감독의 〈호로비츠를 위하여〉다. 여기서는 쇼팽의 에튀드 (연습곡) 혁명, 베토벤의 월광 소나타 1악장, 모차르트의 터키행진곡, 슈만의 트라이메라이 등 귀에 익숙한 피아노 연주가 많이 나온다. 특히 마지막 장면에서 피아니스트 김정원이 연주하는 라흐마니노프의 피아노 협주곡 2번 1악장은 정말이지 강력 추천이다. 피아노 협주곡 2번은 앞에서 소개한 것처럼 오랫동안 작품을 만들 수 없었던 우울증과 신경쇠약을 극복했다는 바로 그 곡이다.

유튜브보다는 네이버에서 '호로비츠를 위하여 김정원'을 검색한 다음에 카테고리에서 동영상을 클릭하면 영화 속 장면을 끝까지 모두 볼 수가 있는데 영화도 꼭 보았으면 좋겠다.

마음이 육체를 지배하듯 마음을 어떻게 먹느냐에 따라 정신은 물론 육체의 병까지 좋은 방향으로 유도할 수 있다. 그리고 병이 치료되기 위해서는 무엇보다 필요한 것이 풍족하고 질 좋은 의료서비스의 혜택이다. 하지만 문화생활은 의료서비스에 못지않게 중요하며, 자녀와 함께하는 문화생활은 아름다운 마음을 갖게 만든다. 때문에 좋은 약과 함께 문화와 예술을 아끼는 마음이 있다면 좋은 약은 더욱 효과가 좋은 기적의 명약이 된다.

다음은 처음 듣는 순간 바로 좋아질 수 있는 클래식이다.
- 브루흐 : 바이올린 협주곡 1번 3악장

- 몬티 : 차르다시
- 글린카 : 오레파 루슬란과 루드밀라 서곡
- 크라이슬러 : 사랑의 기쁨, 사랑의 슬픔, 아름다운 로즈마린
- 라흐마니노프 : 파가니니 주제에 의한 랩소디 변주 18번, 보칼리제(작품 34번 14곡), 교향곡 2번 3악장, 피아노 협주곡 2번 1악장, 피아노 협주곡 3번 3악장
- 사티 : 짐노페디 1번, 2번, 3번
- 마스카니 : 카발레리아 루스티카나 간주곡 & 오렌지 향기는 바람에 날리고
- 브람스 : 헝가리 무곡 5번과 6번, 교향곡 3번 3악장
- 생상스 : 서주와 론도 카프리치오소, 동물의 사육제 중 백조
- 드보르작 : 유모레스크, 교향곡 9번 신세계로부터 4악장, 드보르작의 현을 위한 세레나데 22번 2악장, 슬라브 무곡 2번
- 도니제티 : 사랑의 묘약 중 남몰래 흐르는 눈물
- 사라사테 : 서주와 타란테라, 지고이네르바이젠, 안달루시아의 로만스, 칼멘 환상곡
- 로드리고 : 아랑훼즈 협주곡 1악장과 2악장, 어느 귀인을 위한 환상곡 2악장과 3악장
- 거슈윈 : 랩소디 인 블루
- 드뷔시 : 달빛, 아라베스크
- 타레가 : 알함브라 궁전의 추억
- 케털비 : 페르시아 시장에서
- 마스네 : 타이스의 명상곡

- 쇼스타코비치 : 재즈 모음곡 2번 왈츠
- 비제 : 아를르의 여인 중 제2모음곡 미뉴에트, 카르멘의 서곡과 하바네라, 투우사의 노래
- 차이코프스키 : 피아노 협주곡 1번 1악장, 교향곡 6번 비창 3악장, 바이올린 협주곡 1악장, 현을 위한 세레나데 2악장, 호두까기 인형 중에서 꽃의 왈츠, 교향곡, 오페라 에프게니 오네긴 중 플로네이즈
- 와이먼 : 은파
- 엘가 : 사랑의 인사
- 이바노비치 : 다뉴브강의 잔물결
- 요한 슈트라우스 1세 : 라데츠키 행진곡
- 요한 슈트라우스 2세 : 왈츠 봄의 소리, 아름답고 푸른 도나우, 피치카토 폴카
- 스메타나 : 나의 조국 중 2번 몰다우
- 리스트 : 사랑의 꿈, 파가니니 에튀드 6번
- 토셀리 : 세레나데(내가 항상 듣는 연주자로는 유튜브에서 '김지연 토셀리 세레나데' 검색)
- 슈만 : 어린이의 정경 7번 트로이메라이(꿈)
- 오펜바흐 : 호프만의 뱃노래 중 사랑의 밤, 자크린의 눈물, 천국과 지옥 서곡
- 바그너 : 결혼행진곡, 니벨룽겐의 반지 중 발퀴레의 기행, 탄호이저 서곡(앞부분이 낯선 분들은 유튜브에서 〈탄호이저 서곡 카리안〉을 검색하여 14분 8초 동영상에서 9분 20초부터

먼저 들어보는 것이 좋다)
- 베르디 : 라 트라비아타(춘희) 중 축배의 노래, 리골레토 중 여자의 마음, 아이다 중 개선행진곡, 나브코 중 히브리 노예들의 합창, 일 트로바토레 중 대장간의 노래
- 주페 : 시인과 농부 서곡 & 경비병 서곡
- 로시니 : 세빌리아 이발사 중 나는 이 거리의 제일가는 만물박사, 웰리엄 텔 서곡(오펜바흐의 천국과 지옥 중 캉캉처럼 '웰리엄 텔 트럼펫'을 검색하여 먼저 들으면 좋다. 또는 '카라얀 웰리엄 텔 서곡'을 검색하여 12분 10초 동영상에서 8분 40초부터 들으면 누구나 다 아는 경쾌한 음악이 나온다)
- 쇼팽 : 발라드 1번, 녹턴 2번, 즉흥환상곡, 에튀드 10-3 혁명
- 멘델스존 : 결혼행진곡, 바이올린 협주곡 1악장, 노래의 날개 위에(피아노와 성악)
- 슈베르트 : 백조의 노래 중 제4곡 세레나데, 군대행진곡 1번, 겨울 나그네 중 보리수, 피아노 5중주 숭어 4악장
- 베버 : 무도회의 권유
- 파가니니 : 라 캄파넬라(바이올린 협주곡 2번 3악장), 바이올린을 위한 24개의 카프리스 중 제24번
- 베토벤 : 피아노 협주곡 5번 황제 1악장, 교향곡 5번 운명 1악장, 교향곡 3번 영웅 1악장, 교향곡 6번 전원 1악장, 교향곡 9번 합창 4악장, 바이올린 소나타 5번 봄 1악장, 피아노 소나타 8번 비창 2악장, 피아노 소나타 14번 월광 1악장, 피아노 소나타 17번 템페스트 3악장, 엘리제를 위하여, 아테네의 폐

허 중 터키행진곡, 바이올린과 관현악을 위한 로망스 2번

- 모차르트 : 피가로의 결혼 서곡 & 더 이상 날지 못하리, 교향곡 25번 1악장, 교향곡 40번 1악장, 교향곡 41번 쥬피터 1악장, 클라리넷 협주곡 A장조 2악장, 디베르티멘토 17번 3악장, 터키행진곡(피아노 소나타 11번 3악장), 피아노 협주곡 21번 2악장(영화 엘비라 마디간 OST), 오페라 마술피리 중 밤의 아리아, 세레나데 13번 1악장 아이네 클라이네 나흐트무지크

- 하이든 : 트럼펫 협주곡 3악장, 현악 4중주 제17번 세레나데 2악장, 현악 4중주 67번 종달새 1악장, 교향곡 94번 놀람교향곡 2악장 3악장

- 보케리니 : 현악 5중주 제5번 3악장 미뉴에트

- 헨델 : 수상음악 중 알라 혼파이프, 오페라 리날도 중 울게 하소서, 하프 협주곡 작품 4의 6번 1악장

- 바하 : 관현악 모음곡 2번 중 제5곡 플로네이즈, G선상의 아리아, 브란덴부르크 협주곡 4번 1악장

- 비발디 : 바이올린 협주곡 사계 중 봄 1악장과 가을 1악장

제5장

직업과 관계 없이
최선을 다해야 하는
이유

"아빠 직업이 일용직인 게 어때서? 나는 아빠가 창피하거나 부끄럽지 않아. 만약 직업 때문에 문제가 된다면 결혼 다시 생각할 거야."

아무렇지 않다는 듯 말하는 딸의 눈가에 자그마한 눈물방울이 맺혀 있었다. 그 모습을 보니 더욱 미안했다. 지금은 두 아들이 모두 결혼을 했지만 큰아들이 결혼하기 전부터 아들들에게 사귀는 애인이 있으면 데리고 오라고 하여 집 또는 밖에서 자주 식사를 하였다. 이는 화목한 가정임을 짐작케 하였다.

어머니께서는 종종 선물을 주시는 등 결혼 전부터 많은 사랑을 받았다. 정말 나에게 아들이 있다면 아들 애인에게 해주고 싶은 사랑을 딸이 받고 있으니 그 기쁨을 어찌 말로 표현할 수 있을까? 이는 앞에서 보여준 가족에 대한 사랑을 보더라도 어느 정도 짐작할 수 있다. 그래서 아내가 하는 말이 있다. 아들이 있다면 나보다 며느리에게 더 많은 사랑을 주고도 남을 사람이라며 웃었다.

상견례를 하기 전인 어느 날, 집에 온 딸이 상기된 표정으로 말했다. 아토피가 심해 면역제인 듀피젠트를 맞는 딸을 위해 오빠의 형이 꼭 치료될 수 있도록 신약을 만들어 주겠다고 했다며 감격스러워 하였다. 딸의 말을 듣는 순간 만약 형제간에 사이가 좋지 않다면 그리 말하기란 쉽지 않다. 그러니깐 얼마나 사이가 좋았으면 손아랫사람이 될 딸에게 그런 말을 할 수 있을까? 얼마나 예쁘게 봐주었으면 말이다. 사실 약을 만든다는 것이 말처럼 쉬운 일은 아니겠으나 그 말 한마디가 치료약 이상으로 기쁘고 감사했다. 그런데 상견례를 앞두고 걱정거리가 생겼다. 그것은 다름 아닌 나의 직업이다. 시아버지 될 분과 너무나 비교가 되었다. 더욱이 사위는 아니지만 사위의 형은 대학생 때 쓴 논문이 세계적인 과학지 「네이처」에 소개되었다. 그러니 사돈 입장에서 얼마나 자랑스러울까? 반면 20년 넘게 일용직 생활을 했던 나로서는 여러 모로 비교될 수밖에 없었다. 더욱이 그런 것이 종종 TV에 소개되는 사돈 간의 갑질이 될 수도 있다.

사실 나는 일용직이란 직업이 위축되기보다는 오히려 자부심을 가질 정도로 언제나 당당한 사람이었다. 하지만 상견례를 앞두고 위축되는 것은 어쩔 수 없는 모양이다. 더욱이 힘든 일용직 생활로 인하여 왼쪽 무릎을 수술하는 등 더 이상 일하기 힘든 백수다. 설사 일을 한다고 해도 자신 있게 말할 수 있는 직업이 아니다. 그것은 자격지심 또는 열등의식 때문이 아니다. 정말이지 어느 것 하나 내세울 것 없는 미안한 아빠였다. 건강 때문에 어쩔 수 없이 일용직 생활을 한 건데 그게 어떠냐는 딸. 세상에서 아빠만큼 대단한 사람이 어디 있냐며 오히려 아빠가 고맙고 자랑스럽다는 말에 나도 눈물이 글썽거렸다.

직업에는 귀천이 없다고 한다. 하지만 이론적으로 듣기 좋은 말에 불과할 뿐 현실은 그렇지 않다는 것을 너무나 쉽게 경험할 수 있는 세상이다. 나의 경우만 보더라도 직업을 물어볼 때 일용직이라고 하면 눈빛이 달라지는 것을 수없이 겪었다. 솔직히 직업에 귀천이 없다는 말은 나처럼 일용직 생활을 오랫동안 한 사람이 할 수 있는 말은 아니다. 보통 TV나 강연 등에서 그런 말을 하는 사람들은 좋은 직업에 종사하는 사람들이 이론적으로, 교육적으로 내뱉는 말에 불과하다. 만약 그들이 나처럼 힘든 일용직 생활을 했다면 절대로 그렇게까지 말하지 못할 거다.

반면 나와 같은 일용직 생활을 하며 사회적으로 성공한 분들에게는 확실히 공감할 수 있는 말이기도 하다. 그러나 모든 일용직 근로자에게 해당하는 말은 아니다. 내가 이런 말을 하는 이유는 그들이 부럽거나 배가 아파서가 아니다. 만약 부러워하거나 배가 아파 시샘할 정도라면 그 시간에 나 자신을 위해 더욱더 노력하는 사람이 되고 싶다. 이는 지금까지 내가 살아온 방식이기도 하다.

드디어 상견례 날이 돌아왔다. 걱정과 달리 명함을 주지도 않았고, 직업에 대한 이야기조차 한마디도 꺼내지 않았다. 명함의 경우 직접 말을 하지 않아도 암묵적으로 자신의 위치를 알릴 수 있는 최상의 방법이 아니던가? 무기처럼 상대를 제압하는 수단으로 얼마든지 사용할 수 있다.

결혼식을 마친 뒤, 상견례 때 직업에 대해 일체 언급을 하지 않는 등 결혼식 또한 나를 많이 배려한 것에 대해 감사함을 전하며 앞으로 형님으로 생각하겠다는 말도 빼놓지 않았다.

사랑하는 딸이 사위와 연예를 할 때 나보다 나이 많은 사돈을 원한다고 했다. 그렇다고 10살 정도는 세대 차이가 있어 좀 그렇다고 했다. 내가 원하는 사돈은 한두 살 많은 사돈이다. 그 이유를 묻는 아내에게 나보다 나이가 많아야 형님이라고 부를 수 있지 않겠냐고 하자 "그러면 좋지"라며 웃던 아내. 다행히 사돈께서는 나보다 한 살이 많다. 주민등록 나이로는 같은 62년이지만 원래 나는 토끼띠인 63년이다. 출생신고가 잘못되는 바람에 62년이 되고 말았다. 그래서 생일은 물론 환갑 등 주민등록과 상관없는 곳에서는 깡충깡충 귀여운 토끼로 지낸다.

외동딸인 탓에 사돈과의 만남은 나에게도 매우 중요하다. 형식과 예의만 중시하는 사돈이 아닌 진짜 형님 같은 사돈을 원했다. 비록 딸의 결혼이지만 나에게도 그만큼 중요한 결혼식이다. 그런데 상견례와 결혼식을 준비하며 나를 위한 배려를 보니 형님이라고 부르기에 충분했다.

딸은 시부모님께 많은 사랑을 받으며 행복한 결혼생활을 보내고 있음을 밝은 미소와 목소리에서 느낄 수 있다. 실제로 1월 1일인 새해와 구정인 설날 그리고 추석 한가위에는 딸과 사위를 친정으로 보낸다.

딸이 생일을 맞이할 때는 형제의 가족까지 모여 외식을 하는데 생일날보다 미리 또는 지나서 축하를 전한다. 정작 생일을 맞이하는 휴일에는 사위와 함께 친정에서 엄마, 아빠로부터 축하를 받도록 한다.

정말이지 너무너무 고맙고 감사한 사돈, 아니 형님 내외분이다. 거짓말 조금 보태서 엄마, 아빠보다 시부모님을 더 좋아할 것 같아 조금은 걱정이 되기도 한다. 행복한 딸의 모습을 보며 일용직 생활을 헛되이 보내지 않고 열심히 노력한 결과인 것 같아 기쁘다.

만약 대충 살아온 일용직이라면 상견례는 물론 결혼식에 적지 않은 어려움이 생길 수 있다. 그것은 단지 직업이 일용직이라서가 아니다. 선입견일 수도 있지만 살아온 인생까지도 일용직처럼 생각할 수도 있다. 그래서 같은 일용직이라도 최선을 다하며 살아온 일용직이 훨씬 보기 좋지 않을까? 직업에 귀천이 없다는 말은 비록 보잘것없는 직업이라도 열심히 노력하고 최선을 다한 사람에게도 해당됨을 확실히 실감한 결혼식이었다.

우리는 어떠한 상황에서도 최선을 다해야만 한다. 노력하는 삶은 아무리 나이를 먹어도 인생을 변화시킬 뿐 아니라 자녀의 인생에도 영향을 준다. 그래서 노년으로 접어들기 시작한 인생이지만 아직도 내일이 기대되는 인생이기도 하다. 성공 여부를 떠나 꿈을 가지고 노력한다는 것만으로도 무한한 가치와 가능성이 있는 인생이다.

앞에서 이야기한 것처럼 힘든 일용직 생활임에도 2~3시간 자며 아내와 딸 그리고 나 자신을 위해 부단히 노력한 인생이다. 그렇다면 이런 생각도 해볼 수 있다. 잠을 그렇게 잤다면 제대로 일은 할 수 있었을까? 일하면서 조는 것은 아닐까? 만약 그런 의문을 갖는다면 당연한 생각이다. 하지만 나는 정식직원 못지않게 책임감 강한 일용직 근로자로 여러 회사를 다니며 수차례 정식직원 제의를 받았다.

사장님으로부터 정식직원 권유까지 받았다. 시화공단에 있는 코MK와 대용산업이 그런 회사다. 특히 대용산업의 정희철 사장님은 가족 걱정까지 하며 수차례 정식직원으로 다니라고 했다. CNC 프로그램을 빨리 습득하면 여러 혜택도 주겠다고 하셨다. 일용직 근로자로서 거짓말 같은 이야기지만 역설적으로 얼마나 좋게 봤으면 그럴 수 있었을까?

그렇다면 을에 해당하는 근로자가 갑에게 좋게 보일 수 있는 방법은 무엇일까? 책임감을 가지고 성실히 일하는 것 이외 무엇이 더 필요할까? 마치 나의 일처럼 온 정성을 들여 최선을 다하는 것이라 생각한다. 그렇다고 잘 보이기 위해 아부나 하면서 일한다는 것은 아니다. 그렇다면 최선을 다하여 일하는 것에 대해 이런 생각도 할 수가 있다. 아무리 열심히 일하면 뭐하나? 그런다고 월급을 더 주는 것도 아니라는 말.

사실 이런 말은 오랫동안 일용직 생활을 하며 종종 들었던 말이기도 하다. 만약 월급을 받고 일하는 근로자들이 나의 사업체라고 생각한다면 과연 그런 말을 할 수 있을까? 그럴 경우 모든 일터에서 월급을 받고 일할 때보다 더 열심히 일하는 근로자들이 훨씬 많아질 듯싶다. 아무튼 얼마나 책임감을 가지고 성실히 일했으면 나를 볼 때마다 정식직원을 권하고, 여러 혜택을 주겠다는 것일까? 얼마나 대단한 일용직 근로자라고 말이죠. 그럼에도 정식직원으로 다닐 수 없었던 이유는 앞에서 계속 언급했듯이 이해력과 기억력 등이 현저히 떨어져 언제나 신입사원과 같은 수준이다.

컴퓨터 프로그램으로 작동하는 CNC 기계 작동법 등을 수없이 알려줘도 돌아서면 까먹었다. 그 증거가 17년 동안 홈페이지 과정을 배운 것도 그와 같은 경우다. 때문에 일하기 싫어 일부로 모른 척한다는 소리도 들었다. 그렇다고 건강 때문에 그렇다는 것을 어떻게 말할 수 있겠는가? 그래서 내가 선호하는 작업은 육체적으로 힘들어도 단순하고 반복적인 작업이다. 바로 그런 이유로 정식직원보다 일용직 근로자가 훨씬 좋다.

정식직원은 일용직보다 더 큰 책임이 따르기에 아무리 정식직원이 되고 싶어도 욕심에 불과하다. 대용산업 정희철 사장님께서 이 글을 보신다면 그럴 수 없었음을 이해하실 것 같다.

내가 일용직임에도 직원 이상으로 열심히 일할 수 있었던 이유는 아주 단순하다. 집에서 좋은 아빠, 좋은 남편인 것처럼 가정을 위해 최선을 다하는 가장이라면 당연히 집 밖에서도 최선을 다해야 한다. 만약 집에서 최선을 다하는 것과 달리 밖에서는 대충대충 어영부영 생활한다면 그것은 위선에 불과하다. 그리고 열심히 일하는 것 이상으로 내 인생은 더 열심히 노력하며 살겠다는 자신과의 약속이자 다짐이다.

반대로 일터에서 인정받을 정도로 능력 있는 사람이라면 당연히 집에서는 더 능력 있게 가족을 아끼고 사랑하는 가장이 되어야 한다. 일터가 아무리 중해도 어찌 내 가족보다 중요하겠는가? 그렇다고 대충 요령을 피우며 일하라는 것이 아니다. 일터에서 최고의 능력을 발휘하되 집에서는 그에 못지않은 능력으로 가족을 더욱더 사랑하면 된다.

오랜 세월을 일용직 생활을 했기에 많은 회사를 다녔다. 다니는 회사마다 대용산업처럼 최선을 다했다. 그런 생활은 내 인생까지도 뿌듯하게 만들어 주었다. 가령 내가 만든 부품이 자동차의 부품이 되어 수출된다고 생각하면 돈 버는 것 못지않게 큰 보람을 느꼈다.

관리자로부터 조회 시간에 지원보다 더 성실히더는 소리를 들었던 식품회사에서는 내가 만든 제품에 대해서는 사랑하는 가족이 먹는다는 생각으로 더욱 위생적이고 안전한 먹거리를 만들고자 노력했다. 항상 즐겁게 일하는 나에게 정식직원들로부터 뭐가 그리 신이 나냐며 일하는 모습도 항상 밝고 긍정적이다, 남을 배려한다, 옆에 있는 작업자를 많이 도와주기도 했는데 그럴 때면 역시 최헌규 씨다! 등 여러 칭찬의 소리를 들었다.

지금도 거리를 다니다 전에 다녔던 회사 버스를 보면 반갑고 기쁜데 그런 기쁨은 나를 더욱더 행복하게 만든다. 얼마 전에는 아내가 운전하는 자가용을 타고 가다 대용산업 버스를 보게 되었다. 순간 아내가 나보다 더 반갑게 대용산업이라며 외쳤다. 대용산업을 얼마나 좋아하는지 아내도 알기에 반가웠던 모양이다. 마트에 가면 내가 만들었던 제품까지 반갑기 그지없다. 제품 앞에서 떠날 줄 모르는 나에게 무슨 대화를 그렇게 하냐며 웃는 아내. 바로 그런 행복들이 이렇게 건강을 찾는 데에도 큰 도움이 되었다고 확신한다.

일용직 근로자는 정식직원보다 더 힘들고 위험한 일을 하는 경우가 많다. 다음은 손가락이 퉁퉁 부어 파스를 붙인 사진이다. 빨간색 화살표는 작업장의 뜨거운 열기로 열꽃이 나고 말았다. 노란색 화살표는 손가락이 잘릴 뻔한 사고를 당한 엄지손가락으로 이 사진에 대한 설명은 제6장, '독특한 아이디어의 자녀 사랑'에 나온다.

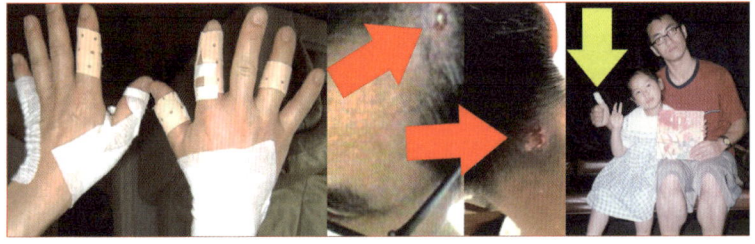

나는 특근이 있으면 일요일은 물론 국경일에도 최대한 출근했다. 1월 1일에 야간작업을 하고자 출근한 적도 있다. 이는 꼭 돈을 벌기 위해서가 아니다. 물론 특근을 하면 당연히 돈을 더 벌어 좋다. 하지만 나는 그런 이유가 아닌 나 자신이 결코 안일함에 빠지지 않겠다는 경각심을 갖고자 쉬는 날에도 최대한 출근하였다. 일종의 나 자신에 대한 절규라고 할까? 사랑하는 가족에게 미안하고, 내 현실이 너무 암담하다 보니 하루라도 빨리 벗어나고자 나 자신에게 채찍을 휘둘렀다. 다음 사진은 2014년 1월 2일 아침에 찍은 출퇴근 카드다.

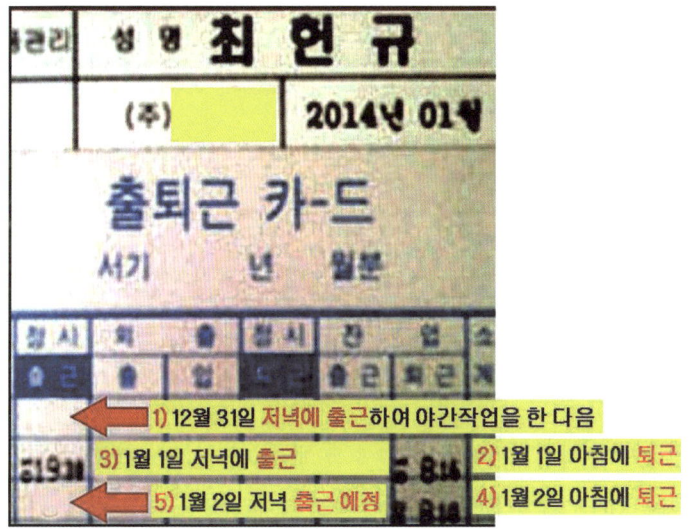

1) 야간작업이기에 2013년 12월 31일 저녁에 출근한 상태다.
2) 2014년 1월 1일 아침 8시 16분에 퇴근하며 찍은 새 카드. 그래서 12월 31일, 빨간 화살표에 출근한 기록이 없다. 야간작업을 많이 하다 보면 12월 31일 저녁에 출근하여 새해 아침에 퇴근하게 되는데 1년 만에 집에 왔다고 하여 아내를 웃게 만들었다.

3) 1월 1일이지만 특근을 하고자 19시 30분에 출근을 하였다.

   4) 야간작업을 하고 다음날 아침인 2일 8시 10분에 퇴근하였다.

   5) 2일은 평일이기에 당연히 저녁에 출근하게 된다.

 특근은 정식직원이나 일용직 근로자나 출근하고자 하는 사람이 많다. 그러나 1월 1일 또는 설날과 추석처럼 연휴일 때 남들보다 1~2일 먼저 출근하여 특근을 하는 경우는 많지 않다. 어린 자녀가 있을 경우에는 어린이날과 크리스마스처럼 특별한 공휴일에는 더더욱 하지 않는 편이다.

 정식직원은 일용직보다 급여와 상여금이 안정적이기에 나만큼 특근을 하지 않는다. 나는 소문이 날 정도로 거의 빠지지 않고 했다. 비록 내가 자처한 일이지만 그만큼 힘든 일용직 생활이다. 그러나 정식직원이 결코 부럽지 않았다. 상여금이 많고, 복지가 잘 된 회사에 다니는 정식직원조차 부럽지 않다. TV나 영화에서 볼 수 있는 대기업 사무직인 화이트칼라조차 부럽지 않았다.

 일용직 생활이 힘들어 벗어나고 싶은 욕망은 있으나 나의 건강 등을 생각할 때 그나마 내가 할 수 있는 직업임을 잘 안다. 그리고 아무리 좋은 회사를 다니거나 직업이어도 의식이 변하지 않으면 그 행복은 일시적인 만족에 불과하다. 여기서 내가 말하는 의식의 변화란 거창하고, 무슨 철학적인 이야기가 아닌 변화된 올바른 생각과 행동이다. 때문에 일용직 근로자에 불과하지만 의식 있는 삶이 더 좋다.

예를 들어 회사에서 월급만 받고 일한다는 식의 생각이 아닌, 마치 나의 일처럼 내가 하는 일에 최고로 정성을 들이는 직업정신을 말한다. 그러니깐 나의 사업체처럼 정성껏 일하자는 마음가짐이다. 월급을 받는 회사일지라도 맡은 일에 최선을 다하면 내 인생에 대해서도 최선을 다할 수 있다. 그런 생각과 행동은 가정에서도 이어져 더욱 사랑이 넘치는 행복한 가정이 되리라 믿었다. 비록 나는 일용직 근로자에 불과하지만 내가 하는 일은 나의 자존심이자 인격이라는 자부심을 가지고 일했다. 그렇기에 정식직원에 못지않은 책임감을 가지고 열심히 일했다고 자부한다. 결국 그런 마음가짐 덕분에 오늘의 내가 존재할 수 있었다.

나는 정식직원과 일용직 근로자를 동등한 위치에 있는 근로자로 생각한다. 가령 작업을 하다 보면 작업자의 실수로 불량품이 생길 수 있다. 그럴 때 정식직원은 괜찮고, 일용직 근로자는 그렇지 못한 것일까? 나는 절대로 그렇게 생각하지 않았다. 그래서 일용직 근로자로서 권리를 무시당할 때는 당당하게 나의 권리를 찾았다. 회사에서 쉬는 시간에 키보드 연습을 하는 바람에 몸싸움이 일어났던 키보드 사건처럼 대표적인 경우 몇 가지만 소개하겠다. 참고로 비정규직 근로자와 일용직 근로자 등이 어떤 차이가 있는지 정확히 모르겠으나 모두 일용직 근로자라 칭하여 소개하기로 한다.

일용직 근로자들이 출퇴근 버스기사로부터 상투적인 반말을 듣는 등 멸시에 가깝게 무시당했다. 그는 일용직 근로자가 인사를 하면 쳐다보지도 않는 등 무척 거만했다. 출근버스 시간 등을 물어도 대꾸조차 하지 않았다. 버스에서 신문을 보았던 나에게는 신문 뒤적이는 소리가 시끄럽다며 못 보게 하였다. 사실 그것은 핑계였고, 심술이 매우 고약한 인간이라는 것을 알기에 한 귀로 흘려들었다.

한 번은 점심 시간에 식당 출입구에서 많은 직원들이 보는 앞에서 크게 다툰 적이 있었다. 아니 다툰 것이 아니라 내가 일방적으로 몰아세웠다. "당신은 인간 쓰레기, 인간 말종!"이라며 일용직 근로자에게 행하는 행동에 대해 쓴소리를 퍼부었다. 그 광경을 본 여자 정식직원들이 내 속이 시원하다, 후련하다, 한 번쯤 당해봐야 한다며 잘했다는 칭찬을 하였다. 그 사람은 사장님과 같이 낚시를 하기에 자기가 사장인 양 안하무인격으로 행동한다며 흉을 보았다.

그런 일이 있음에도 계속된 횡포에 결국 관리부에서 높은 위치에 있는 분과 면담을 하게 되었다. 우리가 아무리 일용직이지만 왜 포로수용소에 들어가는 기분으로 출퇴근 버스를 타야 하냐며 일용직 근로자에게 행하는 횡포를 이야기하였다. 그리고 다시는 그런 일이 없도록 확실히 교육시켜 달라고 했다. 그래서 그런지 전에 비해 일용직 근로자에게 친절해졌지만 나를 바라보는 시선은 여전히 차가웠다.

일용직 근로자가 성실하면 정식직원이 된다는 식품회사에서 있던 일이다. 그 평가는 여자 반장이 했다. 취직이 어려웠던 IMF 때로 반장이 일용직 여자 근로자들에게 상습적으로 욕을 한다는 말을 들었다. 기혼인 일용직 근로자들은 서러움에 화장실에서 눈물을 흘린다고 한다. 정식직원이 되기 위해서는 갖은 수모를 당해도 꾹 참아야만 했다. 그 뒤 직접 들은 욕을 그대로 적자면 '미친X'이다.

A4용지에 여자 반장의 잘못된 사례들을 적어 생산부 과장에게 전한 뒤 면담을 하게 되었다. 그러잖아도 여자 직원 한 분이 불합리하게 작업을 시키는 반장에 대해 눈물을 흘리며 이야기를 하여 유심히 지켜보고 있던 중이라고 했다. 반장에게 잘 보인 직원, 그러니깐 자신에게 아부하는 직원은 편한 작업만 시키는 반면, 그렇지 않은 직원은 힘든 작업만 시켰다. 여기서 아부라는 표현은 나의 생각이 아니라 반장의 행동을 못마땅하게 생각하고 있는 정식직원들이 나에게 한 말을 그대로 적은 것이다.

마침내 여자 일용직 근로자에게 행한 비인격적인 행동에 대해서는 시정이 되었지만 남자가 쩨쩨하게 고자질이냐며 엄청난 미움을 받았다. 그 대가로 괘씸죄가 추가되어 힘든 일은 나의 몫이 되고 말았다. 하지만 고마워하는 여자 일용직 근로자들을 보며 보람을 느꼈다. 지금 같으면 있을 수 없는 일이겠지만 엄연한 실화다.

2000년에 있던 일이다. 지금은 일용직 근로자도 1년 넘게 일하면 용역회사로부터 퇴직금을 받는다. 당시는 그렇지 못한 경우가 많았다. 편법적인 방법으로 퇴직금을 주지 않았다. 그 방법은 아주 쉽게 자행되었다. 한 회사에 1년이 되어갈 무렵 퇴사하고 다시 입사한 것처럼 새 계약서를 쓰면 된다. 일용직 근로자는 약자인 탓에 용역회사의 요구대로 새 계약서를 써야 했다. 지금도 이런 일이 벌어지는지 모르겠지만 당시는 히디했다. 어쩌면 일자리가 귀했던 IMF 때라 가능했는지도 모른다.

나 역시 1년이 되어가자 새 계약서를 쓰자고 했다. 그러나 절대로 그럴 수 없다고 했다. 그 일로 옥신각신하던 중, 어느 날 출근하여 옷장을 열어보니 내 물건이 모두 사라져 버렸다. 황당하면서도 화가 나자 지역구 국회의원 사무실을 방문하여 일용직에 대한 문제점들을 말하며 일용직에 대한 법을 개정해야 되지 않냐고 했다.

정확한 것인지는 모르겠지만 일용직 사이에는 이런 말들이 퍼져 있었다. 가령 회사에서 용역회사에 하루 일당으로 10만 원을 주면 용역회사는 소개비를 빼고 일용직에게 일당을 주게 된다. 그런데 10%를 빼던 20%, 50%를 빼던 법에 걸리지 않는다고 한다. 한마디로 자율적이라고 한다. 그래서 용역회사는 양심 이하의 수수료를 제하고 일당을 주었다. 대신 회사 담당자에게 뒷돈을 준다고 한다.

용역회사가 일용직에게 주는 일당은 회사 담당직원 개인의 돈이 아닌 회사에서 지불한 돈이다. 그러나 상식 이하의 수수료를 제할 때 담당직원이 가만히 보고만 있을까? 그럴 경우 질이 낮은 일용직 근로자를 계속해서 보내거나 정작 일을 하여도 일당이 너무 적은 탓에 다른 회사로 출근하고자 그만두게 된다. 그렇게 일용직 근로자가 자주 바뀌면 회사 입장에서는 손해가 생길 수밖에 없다. 바로 그런 문제를 뒷돈으로 무마시켰다. 정말 그렇다면 법이 개정되어야 옳지 않은가?

용역회사 업무를 담당하는 관리부 과장에게 면담을 요구했다.

과장은 용역회사 말을 들으라며 그만 다닐 것을 종용했다. 그런 과장에게 당당하게 말했다.

"현장에 있는 직원들이 나와 일하는 것을 좋아할 뿐 아니라 다른 일용직으로 바뀌게 되면 숙달되기까지 한동안 제품의 질이 떨어지고, 불량품도 생기는데 사장님이 알면 좋아할까요?"

오히려 용역회사로부터 뒷돈을 받지 않냐며 강하게 따졌다. 당연히 극구 부인했지만 충분히 예상할 수 있는 상황이었다. 과장은 계속해서 그만 다닐 것을 강요했으나 나를 성실하게 본 생산직 관리자가 관리부 과장의 말을 무시하고 계속 출근을 시켰다. 극기야 관리부와 생산직 관리자 사이에 대립 직전까지 가는 등 상황이 악화되었다.

훗날 다른 회사에서 일할 때 일용직끼리 일용직 생활을 하며 겪었던 고충에 대해서 이야기한 적이 있다. 내가 그 이야기를 꺼내자 그 담당자의 인상착의를 물어본 사람이 말했다. 내가 전에 용역회사 직원이었는데 그 사람에게 뒷돈을 주었다는 것 아닌가? 뒤늦게 신학대학교을 다니는 사람으로 이제는 그런 짓하기가 싫어 그만두었고, 방학을 맞이하여 학비를 벌고자 일용직 생활을 한다고 했다.

이 밖에도 부당한 대우에 대해서도 적극적으로 권리를 찾았다. 그러나 그런 일이 생기면 오래 다니기가 힘들었다. 마음이 떠난 상태라 홍이 나지 않았다. 새로운 일터로 출근하게 되면 이번에는 제발 나서지 말고 조용히 다니라며 신신당부하는 아내. 말로는 그렇게 하겠노라고 대답했지만 언제나 말뿐 그러기가 쉽지 않았다.

한편, 가장 기억에 남는 것은 작업환경에 대한 권리를 찾은 일이다. 작업을 효율적으로 하고자 기계를 다시 배치하게 되었다. 그런데 생산량에만 신경 쓴 탓에 환경을 전혀 고려하지 않았다. 그야말로 작업장 안이 화공약품 냄새로 진동했다. 환기가 되지 않았다. 여기는 일용직 근로자만 일하는 작업장이다. 작업현장을 구경 온 정식직원이 사람 죽이려고 환장했냐며 어떻게 이런 곳에서 일을 시키냐는 말까지 했다.

오래 일할 것처럼 말하던 일용직까지 그만두는 등 나를 제외하고 새로운 일용직 근로자로 채워졌다. 그러나 나까지 그만둘 수는 없었다. 그럴 경우 다음 일용직 근로자가 계속해서 이런 악조건에서 작업을 해야 한다. 현장 관리자에게 시설 개선을 이야기했지만 관심조차 없었다. 그에게는 작업환경보다는 작업물량이 더 중요했다.

용역회사에서는 나의 말에 공감을 해도 어쩔 수 없는 모양이다. 내가 그럴 수 있었던 것은 내 일처럼 성심성의껏 작업한다는 것을 용역회사는 물론 회사에서도 인정하는 사람이기 때문이다. 그렇다고 그런 것을 믿고 작업환경 개선을 요구한 것은 아니다. 그것은 정식직원이던, 일용직 근로자던 간에 작업자라면 당당히 요구할 수 있는 권리다. 결국 유해환경을 핸드폰으로 찍어 인터넷에 공개하겠다고 하자 어쩔 수 없이 나의 요구를 들어주었다. 싸우듯 20일 넘게 시설 개선을 요구한 끝에 결국 내가 원하는 만큼의 수준으로 개선해 주었다. 마음만 먹으면 얼마든지 할 수 있는 것을 악조건에서 일하며 투쟁하듯 요구하였다.

얼마 후 위해한 작업환경을 개선하라는 사장님 특별지시가 내려왔다. 아예 사장님 직속으로 이를 감시하는 담당직원까지 생겼다. 그때 이런 생각이 떠올랐다. 기업주가 악덕인 파렴치한 회사가 있는 것도 사실이지만 기업주와 상관없이 그 밑에 있는 직원들의 만행으로 회사가 뜻하지 않게 파렴치한 회사가 될 수 있다는 사실이다. 당시 그만두는 일용직조차 내 탓을 하는 등 나에 대한 모략이 있어 당시 찍은 사진과 문자 대화 등을 캡처하여 아직까지 가지고 있다.

환경이 개선된 후 현장 관리자로부터 새로운 작업 방법을 지시 받았다. 마치 자동 로봇처럼 단 1초도 쉬지 않고 빨리빨리 일하는 방법이다. 10kg 넘는 쇳덩어리 부품을 쉬지 않고 들고 다니며 일한다는 것은 사실상 불가능한 작업이다. 하루를 일하더라도 감당할 수 없는 작업이기에 결국 그만둘 수밖에 없었다.

어떠한 이유로 그와 같은 작업을 지시했는지 굳이 위의 일과 연관시키고 싶지 않다. 하지만 분명한 것은 지금은 절대로 그런 식으로 작업하지 않을 거라 확신한다.

추석을 바로 앞두고 유명 대형 물류센터에서 일한 적이 있다. 용역회사를 통하여 용인에 있는 물류센터에서 3일간 일하기로 했다. 그런데 첫날은 거의 일을 하지 않은 채 시간만 때우다 안산으로 돌아왔다. 그리고 다음날도 그런 식으로 하루를 보내게 되었다. 그야말로 놀면서 돈을 버는 셈이다. 사실 어찌 보면 횡재한 일이 아닐 수 없다. 그러나 나는 그런 식으로 무의미하게 보내고 싶지 않았다. 하루의 가치를 너무나 잘 알기에 단 하루도 헛되이 보내고 싶지 않았다. 그런 마음은 이렇게 글을 쓰기 위하여 나 자신을 속이는 위선일 수도 있겠으나 지금까지 살아온 내 인생에 대한 오기이자 자존심에 가깝다.

일용직 근로자가 하는 작업은 거의 대부분 힘든 일이다. 반면 어떤 날은 운이 좋아 놀다시피 아주 편한 작업을 할 때가 있다. 그럴 경우 한마디로 완전히 땡잡은 날이다. 하지만 기쁘지 않았다. 앞으로 남은 인생이 그런 식으로 땡잡은 인생이 아니기에 일시적으로 땡잡은 날은 내 인생에 있어 무의미하다. 그렇다고 인생 자체를 땡잡는 식으로 살겠다는 것이 아니다. 오히려 그런 편함은 나를 안일함에 빠지게 할 뿐이다.

결국 용역회사에 전화를 걸어 다른 사람으로 대체해 달라고 부탁했다. 안산으로 돌아가는 자동차 안에서 용역회사 직원이 오늘로 일이 마감되었다고 했다. 내 생각대로 일이 없긴 없는 모양이다. 내 판단이 옳았다.

추석 연휴가 끝나고 일자리를 구하고자 그 용역회사를 방문했다. 내 이름을 기억한 직원이 막말을 퍼부었다. 내용인즉, 3일 동안 일하기로 했으면 일을 해야지 왜 일이 없다고 난동을 부리냐는 것이다. 그는 직원이 아닌 사장으로 험악하게 인상까지 써가면서 말했다. 순간 요즘 말하는 갑질이 바로 이런 것인가? 황당했지만 절대로 기죽지 않았다. 그럼 3일 동안 일하기로 약속했으니 3일째 날에 대해서 책임을 질 수 있냐고 물었다. 일이 없어도 하루 일당을 줘야 하지 않냐는 말에 그는 아무런 말도 하지 못했다. 그래서 그만둘 수 있는 것도 나의 권리라고 했다.

나는 놀다시피 하루 일당 버는 것조차 용납할 수 없다. 분명 그 하루도 내 인생에 있어 소중한 하루임이 틀림없다. 그렇게 무의미하게 보낼 바에는 차라리 일당을 포기하는 쪽을 선택한다. 실제로 일용직 생활은 내 인생을 변화시켰던 소중하고 가치 있는 시간이었다. 단지 돈을 벌기 위해 보낸 세월이 아니라 하루하루가 특별한 의미로 채워졌던 시간이다. 그리고 그런 시간이 모이고 모여 지금의 내가 존재할 수 있었다. 그래서 내가 하는 일에 자부심을 느끼고, 어떤 상황에서든 최선을 다하고자 노력했다. 내가 내 일을 자랑스럽게 여기지 않는다면 자칫 불만과 불평으로 가득 채워진 삶을 보내게 된다. 그럴 경우, 지금과 같은 건강과 행복을 찾을 수 있었을까?

나는 앞으로도 이런 자존심을 변함없이 지켜나가며 단 하루도 헛되게 보내지 않겠다는 고귀한 자존심을 평생토록 붙들며 살아갈 것이다. 그리고 당당하게 나의 권리를 찾는 만큼 내 인생을 위해서는 더 많은 노력을 할 것이다. 아무리 권리를 찾아도 내 인생에 대한 노력이 없다면 무의미하다는 사실을 너무나 잘 알기 때문이다.

제6장

촬영 나온
방송국에서 감탄한
독특한 아이디어의
자녀 사랑

홈페이지 '좋은아빠'를 방문하면 하나같이 놀라는 것이 있다. 독특한 아이디어의 자녀 사랑에 감탄한다. 특히 산타 편지는 촬영 나온 TV 방송국에서 경악할 정도로 감탄하였다.

1) 독특한 방법으로 200번도 넘게 본 아동극
2) 발렌타인데이에 이런 사랑을?
3) 아빠는 왜 항상 똑같은 선물만 해?
4) TV 방송국에서 최고로 놀란 산타 편지

TV를 켜면 자녀와 깊은 관계를 유지하는 아빠들의 자녀 사랑 이야기를 어렵지 않게 볼 수 있다. 더욱이 지금은 많이 평준화되어 다양한 직업의 아빠들이 더 좋은 아빠가 되고자 SNS와 모임 등을 통하여 활발하게 활동하고 있다. 하지만 민정이가 태어난 30여 년 전에는 그 정도까지는 아니었다. '좋은아빠' 홈페이지가 만들어진

2000년에도 지금과는 사뭇 분위기가 달랐다.

당시는 의사, 교수, 사업가, 프리랜서, 연예인 등 전문직에 종사하거나 안정된 직업 또는 돈을 많이 버는 사람들에게 집중되었다. 반면 나는 그들에 비하면 사랑하는 딸에게 많은 것을 제공하기 어려운 직업이다. 아침 일찍 출근하여 12시간을 회사에서 지내는 생산직 근로자다. 그러니 사랑을 주고 싶어도 시간이 부족하였다. 그야말로 잠든 모습을 보고 출근해서 잠든 얼굴을 보며 잠자리에 들기 일쑤다.

더욱이 그 시절에는 토요일에도 평일처럼 출근하였다. 지금은 대체 휴일이라고 하여 공휴일이 토요일 또는 일요일과 겹치면 월요일에 쉴 수가 있다. 하지만 그때는 대체 휴일이 없었을 뿐 아니라 공휴일에도 특근을 하는 경우가 많아 주말을 함께 보내기도 어려웠다.

그렇다고 그들과 같은 직업을 가졌다면 그들보다 더 잘할 수 있을 거라며 마냥 부러워하거나 신세한탄만 할 수는 없었다. 기회가 균등하게 주어진 민주주의에서 그들처럼 못 된 것은 무엇보다 나의 책임이다. 그리고 그들처럼 좋은 직업을 가지지 못했다고 해서 나의 자녀 사랑이 그들보다 못하리라고 생각하지 않았다. 학문에는 왕도가 없듯이 자녀 사랑에도 왕도가 없다는 것이 나의 생각이다.

결국 밤에만 일하는 야간작업을 많이 했다. 덕분에 밤에는 일하고, 낮에는 사랑하는 딸과 행복한 시간을 보낼 수 있었다. 퇴근한 아내가 최대한 편히 쉬었으면 하는 마음에 열심히 집안일도 했다.

물론 내일의 나를 위하여 컴퓨터를 배우는 등 의미 있는 시간을 보내며 건강까지 좋아졌다.

내가 이렇게 기적적으로 건강을 찾을 수 있었던 것은 아내 사랑과 더불어 자녀 사랑 또한 절대로 빼놓을 수 없다. 비록 내가 딸에게 베푼 사랑이지만 나도 사랑을 받은 셈이다. 지금 이렇게 그때를 회상하는 것만으로도 더없이 행복하게 만드니 얼마나 큰 사랑을 받았다는 말인가? 민정이의 행복한 모습은 지치고 병든 나의 몸과 마음을 치료해 주었다. 그러면 소개할 자녀 사랑이 정말로 괜찮은 아이디어라면 사랑하는 자녀 또는 조카와 손자 손녀에게 꼭 흉내 내기를 바란다.

01

독특한 방법으로
200번도 넘게 본 아동극

만 3살을 한 달 앞둔 어느 봄날, 어린이집 앞에서 민정이가 나오기를 기다렸다. 사랑하는 딸과 공연장으로 향하며 이런 생각이 들었다. 어린 딸이 <피터팬>을 이해할 수 있을까? 재미없다고 집에 가자고 하면 어쩌지? 괜한 발걸음을 하는 것은 아닐까? 야간작업을 마치고 집에 온 나는 딸에게 아름다운 추억을 남겨주고자 연극을 보여주기로 했다.

공연장은 짜장면 배달을 했던 쇼핑센터에 있다. 당시 분장을 한 배우들이 스낵코너에서 식사하는 모습을 종종 볼 수 있었다. 그때 생긴 호기심은 사랑하는 딸이 자라면 함께 연극을 보기로 다짐했다.

손을 잡고 걸으며 피터팬이 하늘을 날아다니는 등 환상적인 이야기를 해주었다. 연극이 시작되자 걱정과 달리 춤과 노래에 맞춰 손뼉을 치며 좋아했다. 무섭게 생긴 후크선장이 큰 소리로 호통을 치며 나왔을 때는 무서워 아빠 품에 안겼지만 신기한 듯 두 눈을 떼지 않았다. 사진에서 노란색 화살표는 어린이집 가방이다.

재미에 푹 빠진 모습을 보니 한 번 보고 마는 연극으로 끝내기에는 너무 아쉽다는 생각이 들었다. 동화책 「피터팬」을 사서 읽어주면 좋겠다는 생각이 떠올랐다. 그럴 경우 연극의 줄거리를 확실히 이해할 뿐 아니라 공연장에서 느꼈던 재미와 감동을 오랫동안 기억하리라 생각했다. 공연이 끝난 뒤 배우들과 기념사진을 찍고 곧장 서점으로 갔다. 동화책에는 연극으로 본 장면들이 재미있는 그림으로 가득 채워져 흥미를 주었다. 그림을 보며 연극의 장면을 이야기하는 등 동화책을 더 읽어 달라는 딸.

두 번째 연극은 〈토선생과 자라선생〉이다. 용왕의 병을 고치는 데 필요한 토끼의 간을 얻고자 자라가 토끼를 속여 용궁으로 데려간다는 '별주부전' 이야기다. 이번에는 미리 서점에 가서 그림 동화책을 보여주었다. 공연장에 가기 전에 여러 번 읽어준 덕에 〈피터팬〉을 보기 전에 생겼던 걱정과 달리 오히려 여유가 생겼다.

그런데 피곤했던지 그만 잠이 들고 말았다. 최대한 많은 걸 보여주고 싶었던 나로서는 너무나 아쉬웠다. 배우들에게 사정을 이야기하니 내일 와서 다시 보란다. 전혀 예상하지 못한 탓에 집으로 향하는 발걸음이 날아갈 듯 가벼웠다.

사실 야간작업을 마치고 보는 연극이기에 다시 와서 본다는 것은 쉽지 않다. 더욱이 연극을 본 뒤 얼마 후 출근을 해야 한다. 하지만 딸에게 더 많은 추억을 남겨주고 싶었기에 다음날은 더 큰 기대감을 가지고 공연장을 찾았다. 그래서 〈토선생과 자라선생〉은 다른 옷을 입고 찍은 기념사진이 둘이다.

하나는 어린이집 체육복을 입고 공연이 시작되기 전에 무대를 배경으로 찍었다. 공연이 끝난 뒤에는 잠에서 깬 탓에 배우들과 사진 찍을 여유가 없었다. 대신 두 번째는 다시 온 민정이를 반갑게 맞이한 배우들과 찍을 수 있었다. 그런데 아빠도 같이 찍자고 하여 자라 분장(노란색 화살표)을 한 배우가 사진을 찍어주었다. 아마도 공연장을 다시 찾은 성의에 감동한 모양이다.

연극을 보러 갈 때는 항상 사진기를 가지고 갔다. 보았던 연극을 영원히 남기고 싶은 아빠의 욕심 때문이다. 당시는 스마트폰이 없던 때로 필름을 넣는 사진기로 사진을 찍었다. 밝고 뜨거운 조명 아래서 땀을 흘리며 공연을 마친 배우들과 기념사진을 찍을 수 있어 미안함과 동시에 감사했다.

세 번째 연극은 <인어공주>로 이번에도 미리 동화책을 사고자 서점으로 향했다. 그래서 민정이는 연극을 관람하면 으레 서점에 가서 동화책 사는 걸로 생각했다. 그런데 민정이가 기억하는 연극은 조금은 특이했다. 한마디로 동화책과 뒤죽박죽 섞인 연극이다. 동화책에서 읽은 것까지 연극에서 본 것으로 생각하여 나름대로 각색한 또 다른 한 편의 연극이었다.

동화책을 가지고 관람하는 민정이의 모습이 배우들 눈에는 독특하게 보였던 모양이다. 전국을 돌아다녀 봤지만 이런 아빠는 처음이라는 소리도 들었다. 덕분에 공연을 끝낸 뒤 다른 관객보다 친근하게 악수를 하거나 안아주는 등 예뻐해 주었다. 더욱이 안산뿐 아니라 수원, 평촌, 광명, 고양 등 여러 공연장을 찾아가 보았는데 그런 식으로 아빠와 함께 본 연극이 200번 넘는다.

 우리는 첫 번째 연극 〈피터팬〉을 시작으로 최대한 평일에 관람하였다. 평일은 관객이 적은 탓에 공연이 끝난 후 배우들과 여유 있게 사진을 찍을 수 있었다. 자라 분장을 한 배우가 아빠까지 찍어줄 수 있었던 것은 평일 공연이기에 가능했다.
 동화책을 가지고 온 아빠를 기억하는 배우들이 더욱 반갑게 맞이해 주었다. 왼쪽 사진은 공연 중에 곰 분장을 한 배우가 딸 옆에 앉아 포즈를 취하자 사진을 찍었다. 검은색 화살표가 있는 사진은 〈신데렐라〉의 한 장면으로 객석에서 유리구두의 임자를 찾던 신하가 딸에게 신겨보더니 딱 맞는다며 큰 소리로 외쳤다. 이런 사진을 찍을 수 있었던 것은 또 보는 연극이기에 미리 사진 찍을 준비를 하고 있었다. 빨간색 화살표는 공연을 마친 배우가 동화책을 가지고 온 딸이 신기했던지 한동안 읽어보았다.

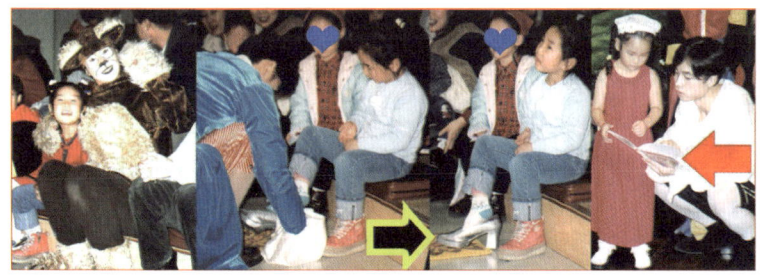

 평촌 뉴코아백화점(왼쪽과 가운데 사진)에서 본 연극을 얼마 후 동수원 뉴코아백화점(오른쪽 사진)에서 또 보는 바람에 배우들을

다시 만난 적도 있다. 그래서 같은 연극이지만 사진에서 딸의 옷이 다르다.

곰 분장을 한 배우(앞에서 찍은 곰과 다른 곰)는 두 번째 만남에서는 직접 사랑의 편지를 써 딸에게 주었다. 편지를 받은 날 잠자리에서 곰의 얼굴을 그리는 등 색다른 감동을 받은 모양이다. 편지는 아직까지 앨범에 보관하고 있다. 빨간 화살표에 귀여운 꼬마 민정이~♥ 안산에서 수원까지 와주다니~

다음에 있는 오른쪽 사진은 제5장에서 소개한 사진으로 손가락이 절단할 뻔한 사고를 당했을 때도 변함없이 연극을 관람하였다. 수원 남문 뉴코아백화점에 있는 공연장으로 보물섬을 관람하기 전 객석에서 동화책을 들고 사진을 찍었다.

　나에게 있어 연극 관람은 클래식처럼 몸과 마음을 치료해 주었다. 비록 어린이 대상의 아동극이지만 나도 딸처럼 신나게 박수를 치며 순수한 동심의 세계로 빠지게 하였다.

　연극을 보며 가장 아쉬웠던 것은 자녀만 관람하는 연극이다. 지금은 어떤지 모르겠지만 당시는 공연장이 대부분 쇼핑센터 안에 있었다. 그러다 보니 아이들만 입장하고, 부모는 그 시간에 쇼핑을 하거나 밖에서 기다리는 경우가 허다했다. 개인적으로 그런 모습이 매우 아쉽게 느껴졌다. 아무리 잘 만들어지고 재미난 연극이라도 어린 자녀만 보게 된다면 오랫동안 기억하기 어렵다.

　따로 관련된 동화책을 읽어준다고 해도 한계가 있다. 소설을 영화로 만든 영화가 원작과 다소 차이가 있듯이 연극도 그렇다. 그러니 부모가 연극을 안 보고 동화책만 읽어주는 것만으로는 자녀가 연극을 이해하기 어렵다.

　더욱이 연극은 동화책과 달리 실제로 눈앞에서 펼쳐지니 아이의 눈에는 얼마나 신기할까? 환상의 세계에 있는 자신을 발견하지만 안타깝게 오래 간직할 수 없다. 반면 부모와 함께 본 연극은 지속적인 대화로 이어져 더 오랫동안 기억에 남게 된다. 따로 동화책을 읽어주는 것까지는 아니더라도 식사하는 자리에서 연극의 장면을 한 번이라도 이야기한다면 그날의 기억은 더 진한 감동으로 남게 된다. 그렇게 민정이와 아빠와 함께 본 연극은 어른이 되어도 평생 아름다운 추억으로 기억되리라 믿는다. 그리고 사랑하는 딸 또한 자신이 경험한 어린 시절의 동화 같은 추억을 자녀들에게 남겨주지 않을까?

민정이는 많은 극단과 배우들로부터 무한한 사랑을 받았다. 앨범에는 배우들과 찍은 사진이 많다. 특히 〈잠자는 숲속의 공주〉는 제일 많이 본 연극이다. 다른 옷을 입고 배우들과 기념으로 찍은 사진이 자그마치 4장이나 된다. 실제로는 10번 가까이 보았다. 어쩌면 딸보다 내가 더 재미있어서 그렇게 많이 봤는지도 모른다.

민정이의 어린 시절은 한 편의 아름다운 동화라 생각한다. 그런 때문인지 고등학생이 되어서는 보고 싶은 것이 있으면 서울 대학로에 가서 관람하였다. 예술의 전당과 세종문화회관 등에서 뮤지

컬을 관람할 때는 가장 비싸다는 앞좌석에서만 보았다. 그래야 감동이 더하다는 이유에서다. 엄마 아빠 형편상 부담이 가지만 민정이의 아름다운 인생을 생각할 때 전혀 아깝지가 않았다.

몸이 가렵고 물이 닿으면 두드러기가 나는 등 피부가 좋지 않았던 아빠 때문인지 민정이는 어려서부터 아토피가 심했다. 특히 초등학교 4~5학년 때부터는 학교생활조차 힘들어하였다. 대학생이 되어서는 면역력에 좋다는 신약 듀피젠트를 주기적으로 맞아야 할 정도로 힘든 나날을 보냈다. 다행히 지금은 많이 좋아져 축복을 받으며 결혼까지 했다. 민정이 말대로 아빠가 들려주고 보여준 클래식과 연극이 건강을 찾는 데 큰 도움이 되었다고 한다. 당연히 듀피젠트의 효험이겠지만 그렇다고 완전히 무시할 수도 없다.

중학생 때 영화평론가를 꿈꿨을 정도로 영화 보기를 좋아했던 탓에 사랑하는 딸에게 많은 연극을 보여줄 수 있었다. 이처럼 부모의 좋은 취미생활은 자녀의 인생까지 멋지고 아름답게 변화시켜 줌은 물론 몹쓸병으로부터 벗어나게 하는 명약처럼 몸과 마음을 건강하게 해준다.

특히 기억에 남는 것은 지금은 사라져 아쉽지만 광명에 있는 푸른소극장에 가서 많은 연극을 보았다. 안산에서 온 딸을 반기며 예뻐해 주시는 전태훈 대표님(지금은 DUBU 기획사 대표)과 박순주 실장님. 민정이는 푸른소극장에 가는 것을 무척이나 좋아했다. 마치 자기 집인 양 공연장에 있는 피아노도 치는 등 행복한 시간을 보냈다.

두 번째로 본 〈토선생과 자라선생〉의 경우, 다시 볼 수 있도록 허락하고, 아빠도 사진을 찍으라며 사진기 셔터를 눌러준 자라 분장을 한 배우가 '대학로의 대통령, 대학로의 마이다스 손'이라 부르는 극단 두레의 손남목 대표다. 10번 가까이 보았다는 〈잠자는 숲속의 공주〉의 연출 또한 손남목 대표로 여기서는 왕으로 무대에 섰다.

종종 아내는 이다음에 손자 손녀를 데리고 연극을 보러 가지 않겠느냐며 웃는다. 민정이에게 남겨준 추억을 계속해서 손자 손녀에게 남겨주고 싶은 모양이다. 나 또한 빨리 그날이 오기를 기다리며 다가올 미래의 행복 속으로 빠져본다.

02

발렌타인데이에 이런 사랑을?

2000년 2월 14일, 발렌타인데이를 맞이하여 민정이가 처음으로 아빠에게 초콜릿을 선물하였다. 유치원 입학을 앞둔 민정이는 사실 발렌타인데이가 있는 줄도 몰랐다. 그럼에도 아빠에게 초콜릿을 선물하고 사랑한다며 입맞춤까지 해주었다. 그런데 이것은 아빠가 꾸민 계략이자 이벤트였다. 이 이벤트의 계기가 마련된 것은 그때로부터 4년 전인 1996년 3월 14일, 화이트데이다.

만 2살이 되기 전으로 처음으로 아빠로부터 사탕을 선물받았다. 당시 민정이가 받은 사탕은 100원짜리 막대사탕이다. 다음해에는 귀여운 곰돌이 제리를 선물로 받는 등 결혼을 하기 전까지 매년 사탕을 받았다. 사실 여기까지만 보면 남들과 특별한 것이 없는 화이트데이다. 발렌타인데이와 화이트데이에 사랑하는 자녀와 초콜릿과 사탕을 선물하는 일은 흔한 모습이다. 더욱이 비싼 선물이 아닌 동네 마트에서 쉽게 구할 수 있는 사탕에 불과하다. 성인이 되었을 때는 코믹하게 장난감 전화기에 들어 있는 사탕과 립스틱 사탕을 선물하였다.

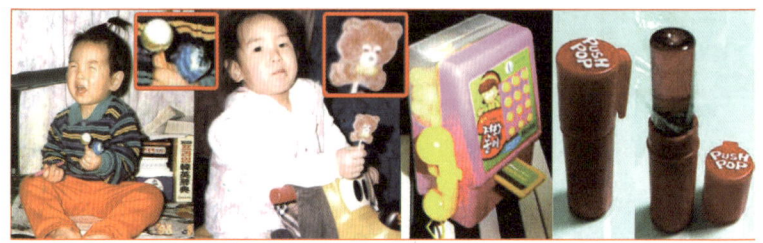

나는 단순히 선물 교환이 아닌 평생 잊을 수 없는 또 다른 추억으로 남겨주고 싶었다. 딸에게 특별한 날, 아빠에게 초콜릿을 선물했다는 의미 있는 추억이 되었으면 했다. 마침 그날은 주간에 일을 하고 있었다. 점심 시간에 아내에게 전화를 하여 발렌타인데이에 대해 설명해 주라고 했다. 그리고 아빠가 퇴근하면 사랑한다는 말과 함께 초콜릿을 줄 수 있게 해달라는 부탁을 하였다.

드디어 퇴근하여 거실로 들어오는 순간 아빠를 부르며 힘껏 달려와 껴안은 딸이 사랑한다며 뽀뽀를 해주었다. 그리고 아빠 품에 안겨 직접 초콜릿을 먹여주었다. 아내는 기다렸다는 듯 사진을 찍었다.

바로 이런 기획 끝에 특별한 이벤트가 만들어졌다. 그때의 행복은 지금까지 특별하게 남아 아름다운 추억으로 간직되어 있다. 겉으로 보면 아빠를 위한 이벤트 같지만 실제로는 딸아이를 위한 아빠의 이벤트였으니 얼마나 재미난 추억인가? 훗날 사진의 설명을 들은 딸아이가 나도 아빠처럼 하겠다고 하는데 생각만 하면 벌써부터 행복한 미소를 짓게 만든다.

사진은 금괴 안에 들어 있던 초콜릿이다. 2016년 야간작업을 마치고 아무도 없는 집에 오니 사랑하는 딸의 선물로 반짝반짝 빛나는 금괴가 놓여 있었다. 제법 많은 초콜릿이 들어간 엄청난 크기의 금괴다.

03

아빠는 왜 항상 똑같은 선물만 해?

 평생 혼자 살고자 주방으로 들어갔지만 가정에 대한 로망은 있었다. 언제나 클래식이 흘러나오는 행복한 가정이다. 사랑하는 아내를 처음 만날 때「현대인을 위한 최신 명곡해설」과 클래식 녹음테이프를 선물한 것도 그런 이유에서다. 비록 아내가 입덧이 심해 태교로 조금밖에 들려주지 못했지만 딸아이는 병원에서 집으로 올 때 모차르트의 세레나데를 들으며 들어왔다. 그렇게 듣기 시작한 클래식을 하루 종일 들려주다시피 했다. 아기가 들으면 좋은 곡들을 엄선하여 집중적으로 들려주었는데 새근새근 잠들 때도 클래식을 틀어놓았다.

 백일이 막 지났을 때다. 아내의 친구가 방문했다. 아내가 마트에 다녀올 동안 친구가 딸아이를 보게 되었는데 그만 우는 것이 아닌가? 아무리 어르고 달래도 울음을 그치지 않자 난처해진 친구가 녹음기 버튼을 눌렀다. 순간 들리는 음악소리에 금세 울음을 그쳤다며 신기했다는 친구. 아내로부터 그 이야기를 듣는데 클래식을 들려준 아빠로서 뿌듯함을 느꼈다. 이런 경험은 아이를 키우며 많지 않은 엄마, 아빠만이 경험할 수 있는 아주 특별한 행복이라 생각한다.

딸아이가 어느 정도 자라서는 잠에서 깨어나기 전에 미리 클래식을 틀어 놓았다. 꿈속에서 경험했을 아름답고 행복한 일들이 잠이 깬 후에도 계속 이어졌으면 하는 마음에서다. 깰 시간에 회사에 있을 때는 아내가 대신하였다.

사실 아내와 결혼을 할 수 있었던 것은 클래식에서 많은 점수를 얻었다. 아내를 처음 만날 때 클래식에 대한 선물은 주방에 일하는 사람임에도 뭔가 특별한 사람처럼 느끼게 해주었다. 뉴욕 필하모니 오케스트라 단원이었던 미국인 바이올리니스트를 소개했을 때는 어쩜 대단한 사람으로 보였을지도 모른다.

얼굴이 거무스레하고 삐쩍 말라 깐깐하게 생긴 사람이 클래식도

좋아하고, 새벽에는 영어학원도 다니는 등 항상 공부하는 모습에서 아주 큰 호감을 받은 모양이다.

아내와 데이트할 때가 88서울올림픽이 지난 1990년으로 거리에는 외국인 관광객이 많았다. 길을 묻는 외국인에게 안내를 하는 등 은근히 잘난 척하였다. 어쩌면 그런 것이 제대로 먹혀 대단한 남편감으로 찍었는지도 모른다. 그러나 뭔가 다르고 똑똑할 줄 알았는데 지금은 영어로 자기 이름도 못 쓰고 쩔쩔매는 모습에 도로 물리자는 아내. 그래서 우리는 또다시 행복한 웃음을 짓는다. 아무튼 클래식은 결혼하는 데 있어 아주 큰 도움이 되었다.

딸아이에게 최초로 선물한 클래식 CD는 정경화 연주의 차이코프스키의 바이올린 협주곡이다. 원래는 백일기념으로 생각한 선물이다. 하지만 내가 너무 듣고 싶어 미리 선물하였다. CD에는 기념으로 아빠의 사랑을 적어 놓았다. 나름대로 잘 쓴다고 자부하는 글씨 덕분이다.

사랑하는 딸, 최민정이 태어난 지 38일 되는 날,
백일기념으로 선물하려 했던 CD로
클래식에 몰두하는 딸을 위해 미리 선사합니다.

대신 백일에는 토셀리, 보케리니, 하이든, 모차르트, 베토벤, 바하 등의 아름다운 세레나데와 미뉴엣이 담긴 CD를 선물하였다. CD에도 다음과 같은 사랑을 적어 놓았다.

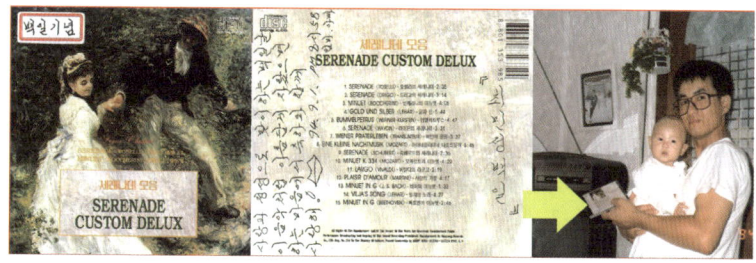

"사랑과 정성으로 맞이하는 백일날. 이 음악처럼 아름답게 자랐으면 하는 마음에서 축하와 함께 사랑해!"

이처럼 백일과 돌 그리고 생일, 어린이날, 초등학교 입학과 전학은 물론 매 학년 올라갈 때처럼 모든 기념일에는 언제나 클래식 CD를 선물하였다. 다음 사진은 사랑하는 딸에게 선물한 CD로 빨간색 화살표가 결혼 6개월 기념으로 아내에게 선물한 진주하 CD다. 라흐마니노프의 교향곡 2번 3악장으로 만들었다는 'Never Gonna Fall In Love Again'이 7번째 곡으로 많은 분들이 가지고 있는 CD다.

심지어 서울에 구경 간 것도 기념이라며 클래식 CD를 선물하곤 했다. 사진은 종로에 있는 보신각에서 사진을 찍은 뒤 옆에 있는 영풍문고 종각종로본점에서 베토벤의 교향곡 5번 '운명교향곡'을 샀다. CD에는 변함없이 아빠의 사랑을 적어 놓았다.

크리스마스에도 어김없이 클래식 CD를 선물받은 딸이 무척이나 궁금했던 모양이다. 아빠는 선물이 항상 클래식 CD냐고 하여 4

학년인 2004년 크리스마스에는 갖고 싶다는 컴퓨터 게임 CD로 대신하였다. 다음 사진은 홈페이지에 올린 사진이다.

04

TV 방송국에서
최고로 놀란 산타 편지

산타 편지는 나만 알기에는 너무너무 아까운 자녀 사랑이다. 더욱이 자녀가 자라 산타클로스의 비밀을 알게 되었을 때는 추억을 남겨주고 싶어도 할 수가 없다. 그러니깐 자녀 인생에 있어 아무리 많아야 4~5번밖에 할 수 없는 아주 독특한 아이디어의 자녀 사랑이다.

편지에는 산타할머니도 등장하는데 연도별로 자세히 소개하였다. 이는 내 아이디어에 독자의 아이디어를 더하여 보다 독창적인 방법으로 더 많은 추억을 남겨주었으면 하는 마음에서다. 그러니 정말 괜찮은 아이디어라면 어쩌면 마지막이 될 수도 있는 이번 크리스마스에는 꼭 흉내 내기 바란다. 어린이집과 유치원에서도 얼마든지 즐길 수 있는 크리스마스 추억으로, 촬영을 나온 TV 방송국에서 경악했던 자녀 사랑이다.

세계에서 이런 추억을 남겨준 아빠는 없을 거라 자신할 정도다. 물론 아빠가 직접 산타클로스로 변장하여 선물과 편지를 준다면 더 좋겠지만 그렇지 못한 분들은 나와 같은 방법으로 코믹한 크리스마스가 되었으면 좋겠다. 여기에 소개된 사진들도 홈페이지에 올렸던 사진이다.

- 1996년(만 3살 전) - 엄마! 나, 산타 3마리 봤어
- 1997년(만 4살 전) - 고난의 IMF 시작
- 1998년(만 5살 전) - IMF 실직으로 쓸쓸하게 맞이한 크리스마스
- 1999년(어린이집) - 이렇게 시작된 산타 편지
- 2000년(유치원) - 산타할머니도 꼭 만나고 싶다는 딸
- 2001년(초등학교 1학년) - 산타가 딸에게 보낸 이메일 & 아무리 기다려도 오지 않자 딸이 쓴 편지
- 2002년(초등학교 2학년) - 마침내 소원대로 산타클로스를 만난 딸

1999년(어린이집)

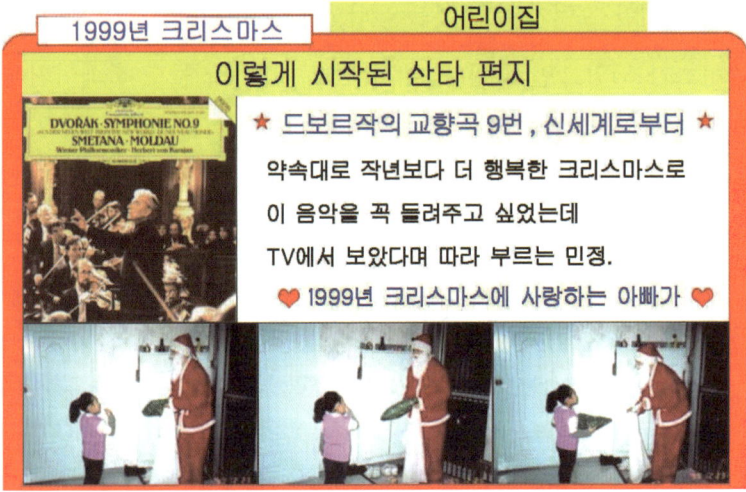

어린이집에서 23일 저녁에 산타클로스가 방문하니 선물을 보내달라고 했다. 순간 산타클로스가 편지까지 전해 주면 더 재밌겠다는 생각에 편지를 써 같이 보냈다. 편지의 내용은 엄마, 아빠 말도 잘 듣고, 착하다는 그렇고 그런 내용이다. 그리고 편지에는 작년(1998년 만 5살 전)에 곰인형을 선물한 산타클로스라고 적어 놓았다. 당시 산타클로스를 기다리다 잠든 딸이 다음날 아침, 일어나 보니 산타 양말에 하얀 곰인형이 들어 있었다.

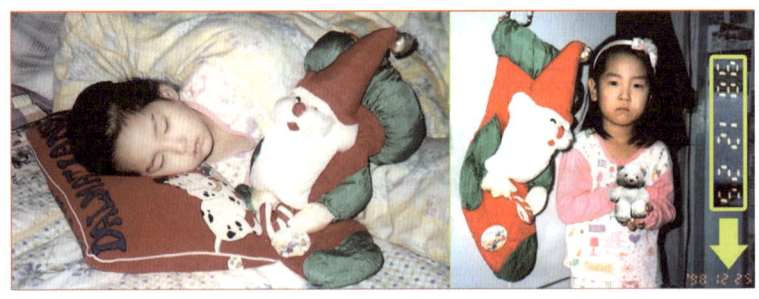

약속한 23일 저녁, 산타클로스가 방문한다는 전화가 왔다. 민정이가 착하고 씩씩해서 산타클로스가 올 것 같다며 슬슬 바람을 넣었다. 딸은 거짓말이라며 믿지를 않았다. 그때 밖에서 민정이 부르는 소리가 들렸다. 자기를 부르는 소리에 거실로 나가자 산타클로스가 들어오는 게 아닌가? 순간 손가락을 입에 넣을 정도로 완전히 놀라버렸다.

"네가 착한 어린이, 최민정이니?"

편지는 산타 편지가 신기하다는 아내가 읽어주었다. 편지까지 받은 딸아이는 크리스마스이브인 내일에는 산타할머니와 같이 오겠다는 내용에 신이 났다. 선물은 피노키오가 그려진 노란 베개다.

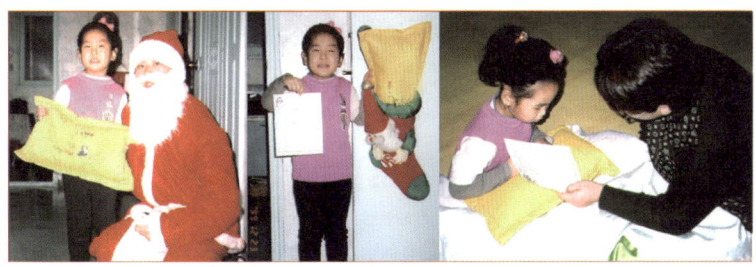

크리스마스이브인 다음날 밤, 딸아이는 산타클로스와 산타할머니를 기다리다 결국 꿈나라로 가고 말았다. 아침 일찍 눈을 뜨니 산타 양말에 애니메이션 색칠 노트가 보였다. 신이 난 딸은 노트에 색칠을 하였다.

"아빠는 산타클로스 봤어?"

"그럼, 산타할머니도 봤는걸, 산타클로스가 잠자는 민정이에게 엄마, 아빠 말도 잘 듣고 착해서 내년 크리스마스에 또 와야지 하던데."

"정말? 그럼 내년에는 꼭 만나야지."

조금은 서운했지만 선물을 또 받아 기분이 좋아진 딸은 벌써 내년 크리스마스를 기다리는 듯 보였다.

아쉽게도 산타클로스가 방문하는 이벤트는 더 이상 경험할 수 없게 되었다. 대신 나라도 편지를 써서 계속 전해 주기로 했다. 비록 산타클로스가 직접 전하지는 못했지만 편지를 받은 딸아이는 진짜 산타 편지라 믿었다. 그리고 다음해도, 그 다음해에도 아빠의 사랑이 듬뿍 담긴 산타의 편지를 받았다.

2000년(유치원)

11월 30일, 이번에는 산타클로스와 산타할머니를 꼭 만나겠다며 화분에 크리스마스 장식을 해놓는 등 잔뜩 기대하였다. 빨간색 동그라미에 있는 것은 메모지에 사탕, 인형, 케이크, 장난감 등을 그린 그림이다.

그런데 산타클로스를 기다려야 할 크리스마스이브에 아빠 꾐에 빠져 애니메이션 〈포켓몬스터 : 뮤츠의 역습〉을 보러 가게 되었다. 먼저 딸을 밖으로 나가게 한 다음 재빨리 산타 양말에 선물과 편지를 넣고 따라나섰다. 태어나 두 번째로 보는 영화다. 일요일이라 출근을 하지 않아 편한 마음으로 볼 수 있었다.

영화를 보고 와서 기분 좋게 거실로 들어서는 순간 산타 양말에 편지가 보였다. 작년 크리스마스에는 민정이가 산타클로스를 기다리다 자는 바람에 일부로 일찍 와서 기다렸다는 내용이다. 영화 본 것을 후회하며 아쉬운 표정을 짓던 딸아이는 내년에도 오겠다는 내용에 다시 기분이 좋아졌다.

무슨 선물일까? 잔뜩 기대하며 포장지를 뜯었다. 선물은 그토록 갖고 싶어 했다는 포켓몬스터 수첩으로 영화까지 봤으니 그 기쁨을 어찌 말로 표현할 수 있을까?

23일에는 사촌들과 시내 중심가, 중앙동에서 맛있는 햄버거도 먹고 재미난 연극도 보았다.

백화점 입구에서는 외국인이 분장한 산타클로스와 사진까지 찍었으니 분명 즐겁고 행복한 크리스마스임이 틀림없다. 그런데 딸아이가 말하기를 저것은 가짜라며 나는 진짜 산타클로스를 만나 산타 편지도 받았다고 한다.

2001년(초등학교 1학년)

산타가 딸에게 보낸 이메일 & 딸이 쓴 편지

크리스마스를 앞두고 산타클로스로부터 이메일이 왔다. 이번 크리스마스에는 잠들지 말고 꼭 기다리는 내용이다. 컴퓨터에 흥미를 주고자 아빠가 보낸 이메일이다. 당시 포켓몬스터가 크게 유행하여 거기서 많이 나오는 텔레파시 단어를 사용하여 이메일을 썼다. 산타클로스 얼굴이 있는 이메일까지 받은 딸아이는 올 크리스마스에는 기필코 만나겠다며 단단히 별렀다.

산타가 보낸 이메일 — 초등학교 1학년

컴퓨터에 흥미를 주고자 아빠가 보낸 산타클로스 이메일

사랑하는 민정, 안녕!

작년에 왔던 산타할아버지란다.
크리스마스 선물로 제일 갖고 싶다는 디지몬 게임기를 준비했는데
민정이 마음이 변했는지 텔레파시가 통하지 않아서 이렇게 이메일을 보낸 거란다.
그러니 무슨 선물을 원하는지 민정이가 산타할아버지에게 직접 이메일을 보내야
한다. 그래야 텔레파시가 통하여 선물을 준비할 수 있거든.
올해도 민정이는 엄마 아빠에게 존댓말을 잘하는 등 너무 착하더라.
그런데 이빨을 닦을 때 더 정성껏 닦았으면 좋겠구나.
TV를 보면서 닦으니 구석구석 닦지 못해 자꾸 치과에 가잖아.
그리고 줄넘기 너무너무 잘하던데.
처음엔 한 번도 못하더니 이제는 20번도 더 할뿐더러 달리면서도 잘하잖아.
아빠가 말했듯이 민정이는 노력만 하면 무엇이든지 할 수 있단다.   사랑해!   2001년 11월 26일

 민정이를 사랑하는 산타할아버지가

작년 크리스마스이브는 일요일인 관계로 가족과 함께 보낼 수 있었다. 그러니깐 월요일인 25일까지 이틀 연속 출근을 하지 않았다. 하지만 올해는 평일인 탓에 야간작업을 하는 날이다. 출근 시간이 다가오는데 절대로 밖에 나가지 않겠다는 딸. 마음이 다급해지기 시작했다.

2001년 크리스마스 — 초등학교 1학년

★ 생상, 동물의 사육제 ★

초등학생이 되어 처음 맞이하는 크리스마스 이브에도
야간작업을 하고자 출근해야 하는 아빠.
하지만 이제까지 그래왔듯이 아빠는 꿈과 희망을 갖고
변함없이 민정이를 사랑하리라.

♥ 2001년 크리스마스에 사랑하는 아빠 ♥

다행히(?) 아내가 계란을 사야 한다며 싫다는 딸을 데리고 마트에 갔다. 나는 그 모습을 캠코더로 촬영하며 따라갔다. 계란(노란색 화살표)을 들은 엄마를 따라 계단을 올라 아파트 문을 여는 순간, 어두운 거실에서 오색찬란한 빛이 새어 나왔다.

신나는 캐롤과 함께 크리스마스트리가 반짝반짝 빛을 냈다. 커튼까지 쳐져 더욱 반짝거렸다. 나갈 때 분명히 불을 켜고 나갔다는 딸아이가 어리둥절한 표정을 지었다. 산타 양말에 편지(검은색 화살표)가 보였다. 조금만 기다리면 만날 수 있었는데 아쉽다며 편지를 읽었다. 아내가 산타클로스가 너무했다며 맞장구를 쳤다.

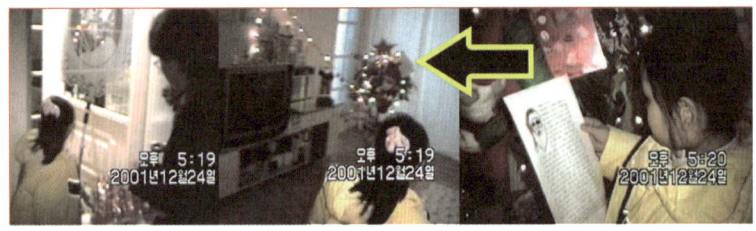

편지를 읽은 딸이 아빠 선물도 있다며 산타 양말에 손을 넣어 꺼냈다. 똑같은 말이 반복해서 나오는 요술 녹음기라며 신기한 표정

을 지었다.

민정이의 선물은 가지고 있는 것보다 배로 많은 24가지 색깔의 그림물감이다. 그림 그리기를 좋아하는 딸이 나, 이거 꼭 필요했다며 활짝 웃었다.

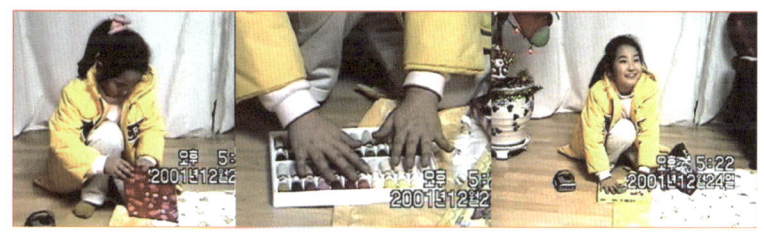

민정이가 요술 녹음기에 대고 크게 외쳤다.
"엄마 아빠, 너무 사랑해!"
그러자 녹음기에서 "엄마 아빠, 너무 사랑해! 엄마 아빠, 너무 사랑해! 엄마 아빠, 너무 사랑해!"라는 말이 계속해서 나왔다.
"아빠! 요술 녹음기가 엄마, 아빠 너무 사랑한다는데?"
요술 녹음기는 어학용 녹음기로 신기해하는 민정이의 모습까지도 캠코더로 담아놓았다.

참! 우리는 아빠, 엄마를 부를 때 항상 엄마를 먼저 부른다. 그래서 아빠, 엄마가 아니라 엄마, 아빠가 민정이를 얼마나 사랑하는지 알아? 처럼 내가 먼저 그런 식으로 말하기 시작했다. 거기에는 양성평등 이상으로 여자도 남자 이상으로 능력 있게 살 수 있다는 딸에 대한 아빠의 바램이 담아져 있다.

이번에도 산타클로스와 산타할머니를 만나지 못해 아쉬웠지만 오늘 밤에 다시 온다고 하니 꼭 만나겠다며 다짐했다. 검은색 화살표는 당시 예비 외숙모가 선물한 노래하며 춤추는 산타클로스 인형이다. 파란색 화살표는 민정이가 옷걸이를 이용하여 만든 크리스마스트리 장식이다.

야간작업을 마치고 25일 아침, 아파트 문을 열고 들어가니 거실 문에 편지가 붙어 있었다. 산타클로스와 산타할머니(보라색 화살표)를 기다리다 지친 민정이가 쓴 편지였다. 아내는 몰랐다는데 새벽 1시가 넘도록 기다렸다고 한다. 얼마나 기다리다 지치고 서운했으면 엄마 모르게 원망 섞인 편지를 써서 붙인 것일까? 왼쪽은 자정이 막 지난 25일에 일기를 쓰며 찍은 사진이다. 24일 저녁에 야간작업을 시작하면 25일 아침에 퇴근한다.

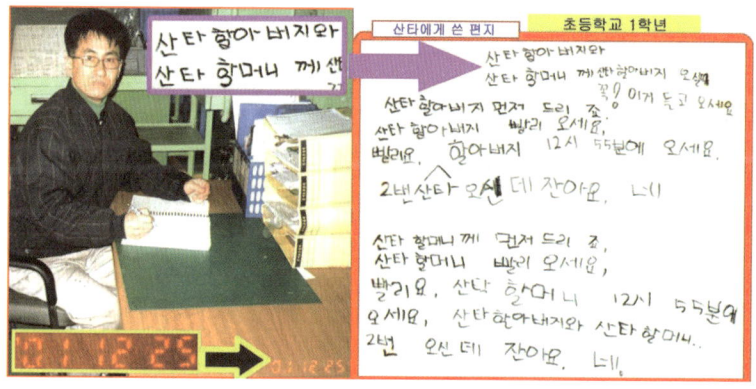

산타할아버지와 산타할머니께

산타할아버지 오실 때 꼭!
이거(거실문에 붙여 놓은 편지) 들고 오세요.
산타할아버지 먼저 드리죠. 산타할아버지 빨리 오세요.
빨리요. 2번 산타 오신데잖아요. 네?
산타할머니께 먼저 드리죠.

산타할머니 빨리 오세요.

빨리요. 산타할머니 12시 55분에 오세요.

산타할아버지와 산타할머니 2번 오신데잖아요. 네.

2002년(초등학교 2학년)
마침내 소원대로 산타클로스를 만난 딸

학교에서 온 민정이가 씩씩거리며 산타 편지를 찾았다. 친구들이 산타클로스가 없다고 하여 편지를 보여주겠다고 한다. 순간, 이제는 나이에 맞게 더는 속일 수 없음을 깨달았다. 그러니 마지막이 될 이번 크리스마스에는 어떠한 일이 있어도 산타클로스가 직접 편지를 전해야만 했다. 그리고 언젠가는 산타 편지가 아빠의 편지임을 알고 실망할지도 모른다. 하지만 산타클로스로부터 직접 편지를 받을 때의 그 기쁨을 평생 아름답고 소중한 추억으로 남겨주고 싶었다.

다행히 아내가 쇼핑센터에서 산타클로스 방문 이벤트에 당첨되었다. 산타클로스가 선물을 가지고 24일 저녁에 방문하기로 했다. 출근하기 전으로 산타클로스가 방문한다는 전화가 오자 편지를 문 앞에 붙여놓았다. 그리고 다음과 같은 글도 적어 놓았다.

'산타께, 이 편지를 선물과 주세요.'

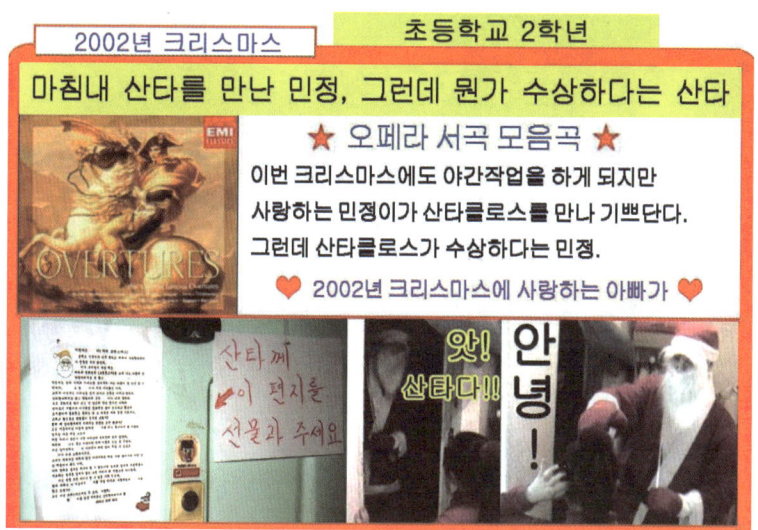

잠시 뒤, 그렇게 소원하던 산타클로스를 만난 딸이 머리를 긁는(파란색 화살표) 등 이상한 모양이다. 산타클로스로부터 직접 편지(검은색 화살표)까지 받았으나 의심 가득 찬 표정을 지었다.

그러나 선물을 받자 언제 그랬다는 듯 행복한 표정으로 산타클로스와 기념사진까지 찍었다. 그리고 산타의 편지를 소리 내어 읽었다.

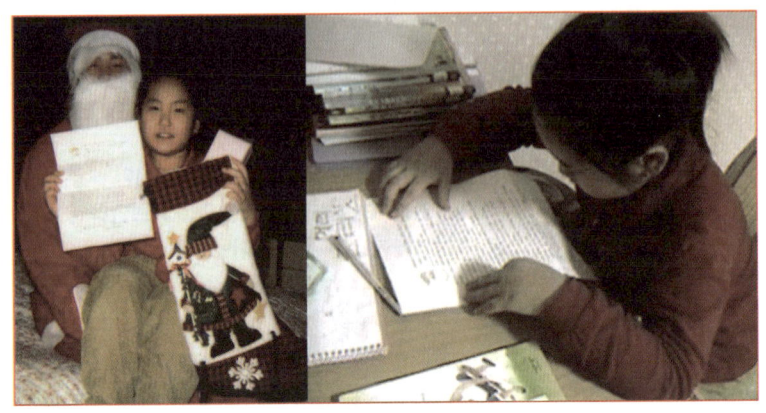

　3학년이 되어서 산타 편지의 비밀을 알고 속았다는 듯 어이없는 표정을 지었다. 성인이 되어서는 매년 크리스마스가 돌아오면 산타클로스가 있는지 초등학교 3학년 때까지 믿었다며 허탈하게 웃었다. 그리고 이다음에 나도 아빠와 같은 추억을 남겨주겠다는 말로 활짝 웃었다.

　우리는 크리스마스이브 전인 23일에 크리스마스 기분을 냈다. 그날은 24일에 비해 훨씬 덜 붐벼 백화점과 쇼핑센터 등에 설치한 크리스마스 장식과 마음껏 사진을 찍을 수 있다. 만약 24일 저녁이라면 어쩜 발 디딜 틈 없는 인파로 인하여 그렇게까지 찍을 수는 없다. 더욱이 야간 출근하기 바빠 사진조차 남길 수 없는 평범한 크리스마스이브가 되었을지도 모른다.

다음은 산타 편지를 받기 전인 1996년부터 1998년까지 홈페이지에 올렸던 사진들이다.

1996년(만 3살 전)

결혼 후, 이 사진을 본 딸이

사과가 천 원에 3개라며 큰 소리로 ㅎㅎㅎ

산타로 변신한 KFC 할아버지와 사진을 찍는 것도
크리스마스 추억으로 엘리베이터를 탔는데 급하게 달려온 산타가
민정이에게 사랑을 주며 예쁘다고 안아주기에 순간적으로 찰칵! &
백화점 앞에 꾸며진 눈사람을 보자 아빠보다 크다며 놀라던 딸 &
태어나 이렇게 거대한 트리는 처음 보는 탓에 신기한지
계속 올려다보기에 찰칵!

1997년(만 4살 전)

고난의 IMF 시작

어린이집에서 산타와 & 작년에 만난 KFC 산타에게 많이 자랐다며 까치발을 들고 악수 & 카드가 예쁘다며 만지작 & 대형 트리를

뛰어서 돌기에 찰칵! & 자선냄비에 대해서 설명을 하자

나도 돈을 넣겠다며

1998년(만 5살 전)

IMF 실직으로 쓸쓸하게 맞이한 크리스마스

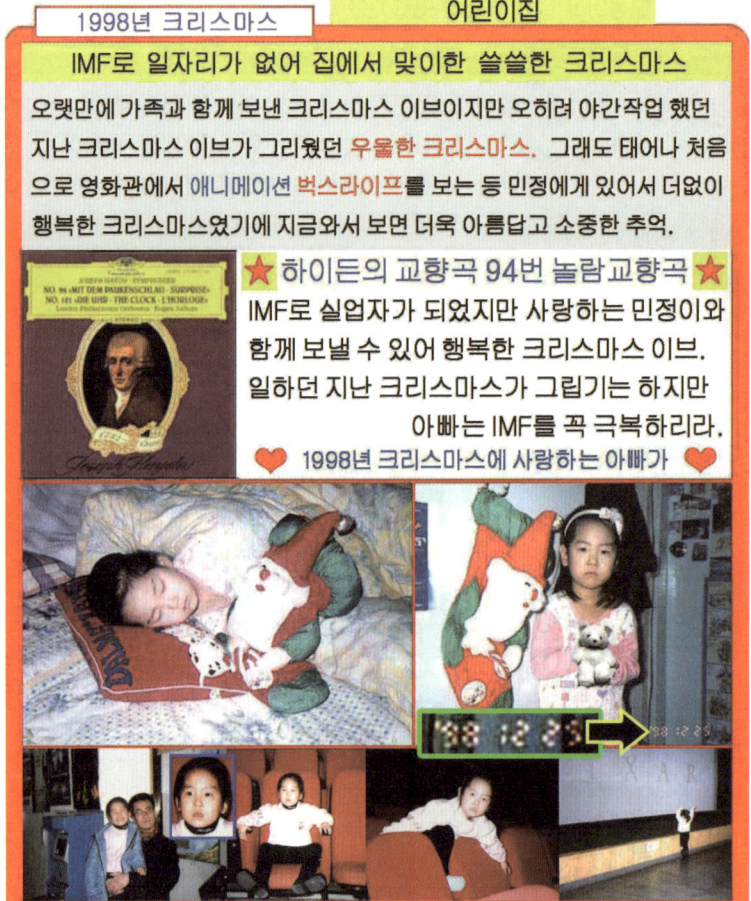

자고 일어나니 산타 양말에 흰 곰인형이 & 태어나

처음으로 보는 영화로 스크린에 광고가 나오자

넋을 잃고 바라보네요 & 좌석을 오고 가며 넘나들 정도로

신기한 영화관 & 영화가 끝나 엔딩 크레딧이 나오자

앞으로 나가 뒤에서 비취는 영사기 빛으로 그림자 놀이

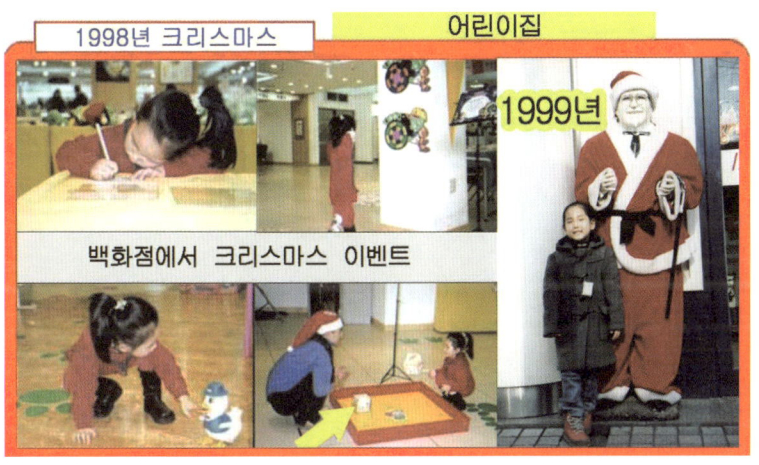

실업자가 되었지만 민정이랑 백화점에서 신나는

<둘리와 친구들> 공연도 보고 이벤트에도 참여하여

더욱 신났던 크리스마스. 응모권에 자기가 직접 이름을 쓰겠다며

펜을 잡고 쓰네요 & 주사위(노란 화살표)를 던져

선물까지 받은 즐거운 크리스마스 & 1999년 크리스마스 이브에

찍은 사진으로 이제는 키가 부쩍 자란 딸

이상으로 소개한 네 가지 자녀 사랑은 지금으로부터 25여 년 전, 스마트폰이 없던 시절의 자녀 사랑이다. 그리고 내 중심적인 자녀 사랑에 불과하다. 그럼에도 독특한 아이디어의 자녀 사랑이라고 소개한 이유는 시대는 변해도 자녀 사랑은 변함없이 영원하기 때문이다. 그러니 좋다고 생각된다면 각자의 아이디어를 더하여 더 큰 사랑과 추억을 남겨주었으면 좋겠다.

제7장

공감할 수도 있는
이야기

01
배우자의 인격은 물론 인상까지 아름답게 만드는 방법

사랑하는 아내가 건강검진을 받고자 아파트를 나섰다. 나는 아내가 힘들어할 것 같아 따라가 주었다. 검사를 받는 동안 초조하게 기다렸다. 모든 검사를 마친 뒤 돌아가고자 엘리베이터를 기다렸다. 마침 우리와 비슷한 나이의 부부가 다가왔다.

남편이 화가 난 표정을 지으며 격앙된 목소리로 말했다. 말이 채 끝나기도 전에 아내가 짜증스럽게 대답했다. 남편은 지지 않으려는 듯 더 큰 목소리로 말했다. 서로가 반말로 화를 내듯 대화하는 모습이 마치 부부 싸움처럼 보였다. 그런데 무슨 심각한 이야기도 아닌 그냥 진료에 대한 이야기였다. 그럼에도 서로가 인상을 쓰며 언성을 높이니 영락없이 싸우는 모습이었다.

사실 부부 사이에 오고 가는 반말은 그렇게까지 거북한 모습은 아니다. 세상의 모든 남편이 아내에게 존댓말을 쓰지 않을 뿐더러 아내 또한 그렇기 때문이다. 다만 그들의 대화가 심하다 보니 듣는 내가 거북했던 모양이다.

싸우듯 반말로 일관하는 그들의 대화를 들으며 이런 생각이 들었다. 남 앞에서도 저런데 집에서는 어떨까? 분명 더하면 더했지 절대로 덜하지는 않을 거다. 그런 생각이 들어서인지 부부의 인상이 험악하게 보였다. 만약 서로의 인격을 존중하듯 이야기했다면 부부의 인상이 그렇게까지 보이지는 않았다. 새삼 아름다운 대화는 남편은 아내를, 아내는 남편의 인상까지 좋게 만들어 준다는 것을 알았다. 그리고 싸우듯 반말하는 모습은 인격적으로도 낮게 보였다.

나는 사랑하는 아내에게 최대한 존댓말을 쓰고자 노력한다. 사위 앞에서도 존댓말을 쓴다. 내가 존댓말을 쓰는 이유는 아내를 사랑하지만 인격적으로 더욱 존중하기 때문이다. 그리고 그 마음 영원히 변치 않겠다는 나 자신과의 약속이기도 하다. 이제는 습관이 되다 보니 나도 모르게 존댓말이 나온다. 당연히 아내도 나에게 존댓말을 쓴다. 그렇다고 우리 부부가 100% 그렇다는 것은 아니다. 그냥 편하게 존댓말도 하고, 반말도 하는데 80~90%는 존댓말로 대화한다.

아내의 얼굴을 보면 착하다는 생각에 내 마음까지 착해짐을 느낀다. 그런데 아내의 착하고 행복한 모습은 어느 정도는 남편의 책임이라 생각한다. 만약 윽박지르며 싸우듯 살아왔다면 아내의 인상이 지금처럼 착하고 선한 모습은 아닐 성싶다. 물론 아내 인상에 대해서는 당연히 아내 자신의 책임이지만 그래도 남편의 영향 또한 절대로 무시할 수 없다. 그렇듯 남편의 인상도 어느 정도는 아내가 만들어 주는 것 아닐까?

만약 싸우듯 반말하던 남편이 존댓말을 쓰는 남편이라면 내 눈에 비친 남편은 물론 아내 또한 인격적으로 아름답게 보였다. 그래서 부부간의 존댓말은 나 자신은 물론 배우자의 인격까지 높여주는 방법이기도 하다. 부부가 아무리 명품 옷을 입고, 최고급 자가용을 타고 다닐지라도 대화가 반말투성이라면 얼마나 볼품없는 모습일까? 그렇다고 쇼윈도 부부처럼 가식적으로 행동하자는 것은 아니다.

나는 남편들이 아내에게 함부로 반말을 하지 않았으면 좋겠다. 그런데 아내가 먼저 반말을 한다고요? 그래도 같이 반말을 하기보다는 존댓말을 할 수 있도록 이끌어 주었으면 좋겠다. 배우자의 말 한마디가 아내는 물론 남편의 인상과 인격까지 변하게 해주니깐.

이제 갓 결혼한 부부 또는 젊은 부부의 경우에는 존댓말 쓰기가 오히려 어색할 수 있다. 그럴 경우 굳이 존댓말이 아니어도 상관없다. 반말을 하더라도 어떤 말투로 대화를 하느냐에 따라 존댓말처럼 아름답게 보일 수 있으니깐. 대신 변함없이 인격적으로 존중하며 아름다운 모습으로 살아갔으면 좋겠는데 그러면서 서서히 존댓말 사용하기를 권한다.

존댓말을 쓰고 싶어도 하루아침에 갑자기 사용하기 어색하다면 문자를 보낼 때 존댓말을 섞어 보내길 권한다. 전화로 이야기할 때도 반말 대신 존댓말을 조금씩 사용해 보자. 배우자의 모습이 보이지 않아 어색한 기분이 훨씬 덜하다. 그러면서 익숙하지 않았던 존댓말이 어느 순간 자연스럽게 나오게 된다.

문자를 보낼 때는 이왕이면 나처럼 사랑의 하트와 입맞춤을 뜻하는 빨간 입술 이모콘티를 같이 보내는 것도 좋은 방법이다.

그리고 '응, 그래, 알았어, 맞아'와 같이 Yes를 뜻하는 대답일 때는 한글로 대답하기보다는 다음 화살표처럼 사랑을 뜻하는 하트 또는 입술 등의 이모콘티로 대신하면 좋다.

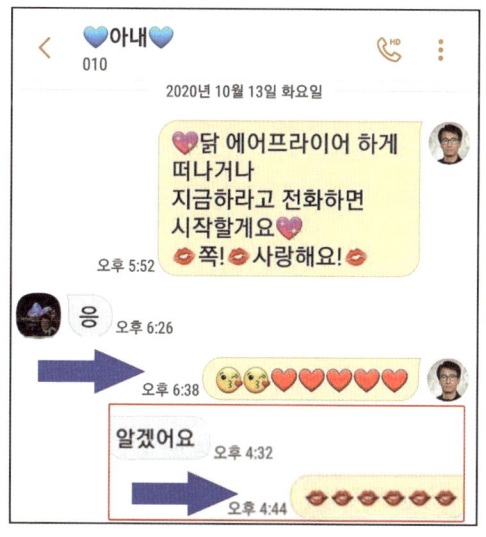

그런데 이 정도는 병적이라고 해도 변명할 수 없을 정도로 무척 심한 편이다. 그래서 아내에게 사랑의 스토커라며 웃는데 실은 집착할 정도로 심각한 편은 아니다. 그냥 애교이자 장난으로 이렇게 이모콘티 없이 보내기도 한다.

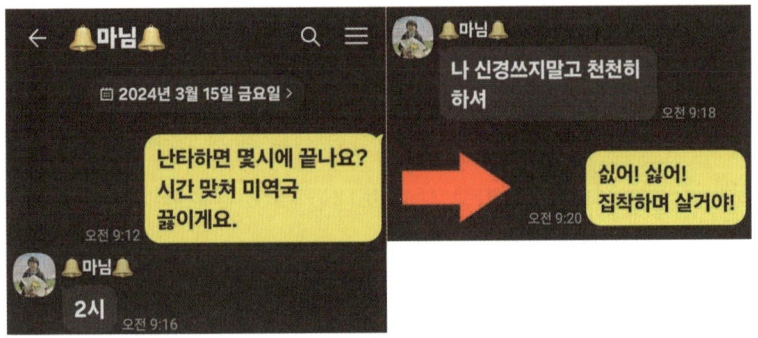

　마트처럼 밖에서 아내와 통화를 할 때면 어느 순간 주위 사람들의 시선을 느끼게 된다. 특히 여자 분들과 거의 항상 눈이 마주친다. 그 이유에 대해서는 그분들 입장이 아니라 정확히 알 수는 없다. 다만 짐작하건대 아내에게 존댓말을 쓰기 때문이다. 그것도 하인이 주인을 대하듯 아주 공손한 말투가 무척이나 신기한 모양이다. 아니면 이상하게 보였던지. 아무튼 아내와의 통화 모습은 내가 생각해도 부부간에 흔하게 볼 수 있는 모습은 아니다. 남들이 배우자와 통화하는 모습을 보면 나와 같은 모습은 거의 본 적이 없다. 만약 그들 눈에 내가 신기했다면 그만큼 존댓말을 사용하지 않는 부부가 많다는 의미로 생각할 수 있다.

　병원에서 접수를 하려는데 아내로부터 전화가 왔다. 통화가 끝나자 접수를 받는 직원이 아내 분께 존댓말을 쓴다며 자상하다는 말과 함께 미소를 지었다. 병원이란 곳이 특성상 아픈 사람만 상대하다 보니 더욱 인상적으로 보였던 모양이다. 이런 모습이 일상에서 흔히 볼 수 있는 평범한 부부의 모습이었으면 좋겠다.

02

착한 배우자인지
미리 확인하는 방법

착한 아내의 얼굴을 보면 기분이 좋다. 때문에 나도 아내 따라 착하게 살고자 노력한다. 그래서 우리는 착한 사람끼리 잘 만난 천생연분이다. 그런데 부부라는 것이 그렇잖아요. 살아보지 않고 미래의 남편과 아내가 착한지 어떻게 알 수 있나요? 만약 미리 알 수만 있다면 결혼 후 갑자기 돌변하는 배우자도 없고, 당연히 이혼율도 떨어지는 등 정말로 좋을 텐데 말이다.

속담에 열 길 물속은 알아도 한 길 사람 속은 모른다고 했다. 그러니 배우자 될 사람의 속을 어떻게 알 수 있을까? 하지만 100% 정확한 것은 아니지만 어느 정도 알 수 있는 방법이 있다. 그래서 이번에는 착한 남편과 착한 아내를 만날 수 있는 방법에 대해 적어보고자 한다.

가장 중요한 한 가지만 꼽으라면 남을 배려할 수 있는 마음의 여유다. 남에게 불친절하거나 양보할 수 있는 마음이 인색하다면 나

에게 아무리 친절하고 다정다감하더라도 분명 변할 수 있는 사람이다. 내가 이런 말을 하는 이유는 아내와 나는 매우 친절한 편에 속한다. 종종 아내는 나에게 너무 착해서 탈이라고 하는데 아내의 착한 마음과 행동을 보면서 더욱 착하게 살고자 노력한다.

남에게 선한 행동을 할 때면 이런 생각을 하게 된다. 남에게도 이런데 사랑하는 가족에게는 더 착하고 잘해야 되지 않을까? 만약 밖에서 남에게 잘하고 집에 돌아와서는 상반된 행동을 한다면 분명 잘못된 사람이다. 남에게 잘하면 당연히 가족에게는 더더더 잘해야 한다.

사회생활을 하면서 언제나 그럴 수는 없겠지만 가급적 공중도덕을 잘 지키는 사람이 결혼 후에도 믿을 수 있는 착한 남편이자 아내다. 그러니깐 기초질서를 잘 지키는 사람이 결혼 후에도 자상한 배우자다. 그러기 위해서는 살아가는 동안에 약간의 손해는 어느 정도 감수해야 한다.

결혼 전에 착하고 공중도덕을 잘 지키는 사람이 결혼 후에 실망을 주는 배우자로 변했다면 언제든지 착한 배우자로 돌아올 수 있는 사람이다. 그 이유는 심성이 착하기 때문이다. 심성이 착한 사람은 한순간에 나쁜 사람이 되더라도 언제든지 착한 사람으로 돌아올 수 있다. 그런데 실상은 말처럼 쉽지가 않다.

배우자가 착한 마음으로 돌아올 수 있게 하기 위해서는 무엇보다 본인부터 착해야 한다. 착한 사람만이 정확한 눈으로 착한 사람을 볼 수 있다. 혹시 자신이 착하다는 착각에 빠져 배우자도 착하다는 착각에 빠지지 않았으면 좋겠다.

　사회의 최소 단위는 가정이라고 한다. 각 가정이 행복하면 사랑이 넘치는 밝고 명랑한 사회가 된다. 그것은 행복한 나라가 되는 방법이기도 하다. SNS에 올려진 부부에 대한 글을 보면 실망스런 배우자에 대한 글을 어렵지 않게 볼 수 있다. 결혼하기 전에는 안 그랬는데 완전히 딴사람이 되었다는 그런 불평들.

　그런 글을 볼 때면 이런 생각을 하게 된다. 물론 글을 남기신 분들이 모두 그렇다는 것은 아니지만 본인은 공중도덕을 잘 지키는 사람일까? 분명 이것이 기준의 척도가 아니라는 것도 잘 알고 있다. 하지만 공중도덕을 잘 지키는 사람이라면 연애 시절에 배우자 될 사람이 어기는 기초질서에 대해서 어렵지 않게 발견할 수 있다. 그런데 본인도 안 지키다 보니 대수롭지 않게 생각했거나 상대방의 잘못된 행동을 발견하지 못한 것은 아닐까? 한 번쯤 그때로 돌아가 곰곰이 생각해 보았으면 한다. 그렇다고 제 생각이 100% 맞는 말은 아니다. 다만 미래의 배우자를 보다 정확하게 볼 수 있는 도덕적 안목이 넓은 시야를 가졌으면 한다.

　사랑하는 아내가 연애 시절에 예의범절을 지키지 않고 자기 혼자만 알거나 공중도덕 등 기초질서를 무시했다면 절대로 결혼하지 않았다. 우리는 공중도덕도 최대한 지키고자 노력하기에 서로가 믿음으로 신뢰하며 부족한 부분을 채워가며 살아가고 있다. 그리고 아내에게 실망을 주었어도 금세 나 자신을 반성하며 잘못을 고치고자 많은 노력을 한다. 그러니깐 아내로부터 따끔한 충고와 함께 반성도 많이 하는 남편이다.

아직 결혼을 하지 않은 분들의 경우 눈에 콩깍지 낀 것도 좋지만 배우자 될 분이 기초질서를 잘 지키는지 유심히 보았으면 좋겠다. 그리고 공중도덕을 잘 지키는 사람이 되도록 이끌어 주었으면 한다. 이는 결혼한 부부들의 경우에도 해당된다.

음식물 쓰레기를 버리고자 그곳으로 향했다. 한 남자가 마치 보라는 듯이 가득 담은 검은 비닐을 통 속에 던지고 갔다. 너무나 당당한 모습에 이런 생각을 하게 되었다. 분명 저 남자의 아내는 우리 남편은 음식물 쓰레기도 잘 갖다 버리는 착한 남편이라며 고맙게 생각할지 모른다. 그렇듯 집에서는 아내가 뿌듯하게 생각하는 착한 남편이 정작 밖에서는 아내 생각과 다르게 행동할 수 있다. 반대로 남편이 생각하는 아내도 얼마든지 그럴 수 있다. 만약 본인도 남편처럼 그런 식으로 버린다면 결혼 후 변하여 실망을 주는 남편에 대하여 무조건 남편 탓만 할 수 없다. 끼리끼리 만나는 것이 부부이기도 하니깐.

03
보다 아름다운 시선으로
세상을 바라볼 수 있는 방법

남과 비교할 때 나에게는 불리한 조건이 많다. 그중에서도 가장 불리한 조건은 육체적 질병이다. 고등학생 때 최초로 진단이 나온 녹내장과 죽을 만큼의 지독한 두통이 가장 불리한 조건에 해당한다. 공부가 너무 하고 싶었던 나는 자칫 실명된다는 두 눈보다도 두통 때문에 책을 덮어야 했다. 만약 두통이 없었다면 실명이 되어도 공부를 했다.

대학생 때 책을 보는데 눈물이 나왔다. 책이 보고 싶은데 그럴 수가 없어 그런 자신이 마냥 서글펐다. 아무도 모르게 흘린 눈물을 친구가 알아채고 말았다. 친구는 무슨 일이냐며 걱정스럽게 물었다.

"공부가 하고 싶은데 도저히 책을 볼 수가 없어."

친구는 안쓰러운 듯 참담한 표정을 지었다. 그 와중에도 책을 보고 있는 내 모습이 안타까웠던 모양이다. 친구는 말을 아낀 채 위로해 주었다. 오히려 아무런 도움을 주지 못하여 미안하다고 했다.

폭력이 난무한 중대생활에서 벗어나 신병교육대에 파견을 나갔을 때다. 여기서는 7~8명이 생활하기에 군기가 없을 정도로 화기애애한 분위기다. 그래도 처음에는 고참들 눈을 피해 영어책을 봤지만 시간이 지나면서 차츰차츰 덜 의식하였다. 군대생활이 풀린 것보다 마음껏 영어책을 볼 수 있어 그것이 더 행복한 군 생활이었다.

쌀쌀한 어느 가을, 동기 한 명이 시너가 들어 있는 깡통에 불을 붙였다. 그때 다른 동기가 축구공을 차듯 깡통을 찼다. 불붙은 시너가 지나가는 나의 왼쪽 머리 위로 날아와 떨어졌다. 순간 "악!" 하는 비명과 함께 동기가 달려와 잠바로 나의 얼굴을 감싼 모양이다. 치료를 받은 후 거울을 보았다. 마징가 제트에서 나오는 아수라 백작처럼 좌우가 완전히 다른 얼굴을 하고 있었다.

왼쪽 얼굴이 불에 지진 생고기처럼 흉측했다. 괴물로 변한 얼굴을 보는 순간 나도 모르게 웃어버렸다. 그 모습을 본 왕고참이 어이없다는 표정을 지으며 화내듯 말했다. 너란 놈은 도대체 이해가 되지 않는다고, 이 상황에서 어떻게 웃음이 나오냐며 답답하다는 표정으로 흘겨보았다. 거울에 비친 얼굴을 보는 순간 두통 없이 마음껏 책만 볼 수 있다면 평생 이런 얼굴로 살아도 좋다며 웃었던 것이다.

친구에게 이런 말을 한 적이 있다.

"내일 지구가 멸망해도 나는 사과나무를 심는 대신 책을 볼 거야. 공부할 때가 이 세상에서 제일 즐겁고 행복해."

두통 없이 마음껏 책만 볼 수 있다면 팔다리가 짤려도 좋다고 했다. 친구는 무슨 끔찍한 소리를 하냐며 안타까워했다. 정말이지 마음껏 책만 볼 수 있다면 그런 것은 문제가 되지 않았다. 그러니 얼굴의 화상은 별 것도 아니다.

솔직히 두통 때문에 밑 빠진 독에 물 붓기식의 공부였다. 단지 공부가 제일 재미난 취미이기에 고통을 감수하며 즐긴 것에 불과하다. 그런 자신에 대해 이런 생각을 하게 되었다. 세상에는 나와 같이 두 눈 때문이 아니더라도 건강 때문에 어쩔 수 없이 책을 덮어야 하는 사람이 있을 거라 생각했다. 그들은 얼마나 답답한 마음으로 살아갈까?

그들이 가엾다는 생각이 들었다. 만약 그들이 나의 몸으로 마음껏 책을 볼 수 있다면 기꺼이 바치겠다는 생각을 했다. 이런 마음은 장기기증에 관심을 갖게 되어 1996년 사랑의 장기기증 운동본부에 장기를 기증했다. 지금은 많은 사람들이 사후에 장기를 기증하고자 장기기증을 하지만 당시는 거부감을 느낄 만큼 그렇게까지 인식이 좋지 않았다.

장기를 기증하자 세상을 바라보는 눈이 달라지고 있음을 느꼈다. 세상을 보다 아름다운 시선으로 볼 수 있도록 만들었다. 무엇보다 내 몸이 내 것이 아닌 만큼, 나 자신을 더 아끼고 사랑하게 되었다. 이전에는 결코 느낄 수 없었던 감정이었다. 특히 정신과 육체가 건강하고 깨끗해야 보다 좋은 장기를 기증할 수 있다는 생각에 더욱 즐겁고 긍정적인 생각을 갖고자 노력했다. 실제로 아내에게 짜증을 내거나 화를 내도 전에 비해 빨리 반성하는 등 달라진 자신을 느낄 수 있었다.

장기를 기증한다면서 옹졸하고 치졸하게 산다면 얼마나 큰 모순일까? 만약 그런 생각을 가진 채 세상 사람을 미워하고 시기한다면 그것은 자신을 속이는 위선이라 생각했다. 그럴 경우, 기증한 것을 당장 취소하리라는 마음을 가지고 있다. 장기기증은 그렇게 나의 시선이 정화되는 것을 경험할 수 있어서 더욱 의미가 있었다.

장기기증은 일반 사람에 대한 시선까지 달라지게 만들었다. 그러니 가족에 대한 마음은 어떠했을까? 이전에도 사랑했지만 장기를 기증하기로 약속한 후로는 더욱 사랑하게 되었다. 이처럼 장기기증은 나 자신은 물론 가족과 이웃까지 더욱 사랑하고 소중케 하는 마음을 갖게 해주었다.

혹시 목표를 위해 독한 마음으로 도전해야 할 때, 가족에게 후회할 짓을 반복하여 저지를 때, 또는 자꾸만 마음이 흔들리거나 나쁜 유혹에 빠지려 할 때, 마음과 달리 습관적인 나쁜 행동으로 자책하며 괴로워할 때 술, 도박, 유흥 등에 빠지기보다는 장기기증을 권해

본다. 물론 이런 생각으로 기증한다는 것이 문제가 될 수도 있지만 자신은 물론 가족과 이웃을 더욱 사랑하고, 새로운 인생에 도전하는 마음까지 생길 수 있다.

간혹 TV나 신문 등에서 본인 또는 사랑하는 가족에게 줄 장기를 애타게 찾는 사람을 보곤 한다. 너무나 안타까운 모습이다. 반면 이런 생각도 해볼 수 있다. 당사자는 건강했을 때 장기를 기증했을까? 나와 가족이 남의 장기가 절실하듯 남도 나의 장기가 필요함을 알았으면 좋겠다.

2012년에는 불치병에 관한 연구를 위해서 시신을 기증하였다. 기증한 이유는 오랜 세월 동안 잠을 짧게 자며 불치병이라는 녹내장이 치료되었기 때문이다. 장기기증과 시신기증은 동시에 할 수 없다고 하여 장기기증은 취소한 상태다. 하지만 요즘은 시신기증보다 장기기증에 더 관심이 간다. 녹내장이 치료되었다는 것을 의사들이 믿지 못하는데 자칫 논란에 빠지고 싶지 않다. 그리고 시신을 기증하면 연구 목적이 아닌 시신을 기증하는 분들과 동일하게 해부학 실습용으로 사용되는 모양이다. 이것은 나에게 무슨 특혜를 달라는 것이 아니라 정말이지 연구할 가치가 있다고 생각한다. 하지만 나의 생각일 뿐 현실적으로 불가능한 모양이다.

장기기증, 내가 죽으면 당장이라도 다른 사람의 생명을 구할 수 있으니 얼마나 뿌듯한 결정인가? 아무튼 둘 중 하나는 꼭 기증하기에 생의 마지막을 가장 가치 있게 마무리할 수 있도록 나 자신은 물론 가족을 더욱 사랑하며 살아갈 것이다.

장기와 시신을 기증하기 위해서는 무엇보다 가족의 동의가 절대적으로 필요하다. 그렇지 않고서는 사후에 본인의 의지와 달리 기증을 못할 수도 있다. 장기와 시신을 기증한다고 했을 때 아내는 자기는 그러고도 남을 사람이라며 흔쾌히 동의해 주었다. 지금 생각해 보아도 너무나 고마운 아내다.

사랑하는 딸 또한 오랫동안 아픔에 대한 고통 때문인지 이미 장기를 기증한 상태다. 그렇기에 그날이 왔을 때 아빠가 원하는 대로 따라주리라 믿는다. 그래서 아내와 딸을 더욱 존중하며 사랑할 수밖에 없다.

한편 나에게 있어 장기기증과 시신기증은 후회 없는 인생, 의미 있고 보람된 인생을 살기 위한 나 자신과의 약속이기도 하다. 어차피 한 번 살다가는 인생, 더 멋지고 후회 없이 살아야 하지 않겠는가? 나는 기증을 통해 나의 다짐을 더욱 공고히 하고 있다. 남은 인생은 정말이지 후회 없는 시간으로 가득 채울 수 있도록 더욱 노력하며 사랑하면서 살아갈 것이다. 마지막으로 나의 이야기가 기증을 망설이는 분들에게 도움이 되었으면 좋겠다. 지금은 혹시 모를 경우를 대비하여 사전연명의료의향서도 등록한 상태다.

04

세상에서 가장 큰 행운을 잡은 나

　상견례를 무사히 마칠 수 있었던 것은 일용직 생활을 의미 있게 보낸 때문만은 아니다. 그것보다 더 결정적인 이유가 있었다. 행복한 가정에서 자란 딸이기에 사랑이 넘친다며 예쁘게 봐주셨다. 만약 일용직 생활을 잘 보냈어도 다투는 소리가 끊이지 않는 가정이라면 어느 누가 좋아할까? 일용직 생활을 의미 있게 보낸 것도 대단하지만 사랑이 넘치는 행복한 가정이 더 강하게 어필한 셈이다.

　기분 좋게 상견례를 마치고 장모님께 감사하다는 전화를 드렸다. 순간 눈물이 왈칵 쏟아졌다. 장모님의 사랑이 없었다면 내 능력으로는 불가능한 상견례임을 잘 알고 있었다. 아내도 나의 마음을 아는지 눈물을 흘렸다. 그리고 처제의 남편인 동서를 만나 고맙다고 했다. 동서 덕분에 우리 가정이 행복할 수 있었다며 나라면 절대로 절대로 상종하지 않았다고 했다. 만약 그리되었을 경우 분명 딸 결혼식에도 문제가 야기되었다.

세상의 모든 아내가 공통적으로 행복할 수 있는 방법은 무엇일까? 첫 번째는 남편으로부터 받는 무한한 사랑이라 생각한다. 아무리 부유해도 남편으로부터 무시를 당하거나 허구한 날 다투며 남남처럼 지낸다면 행복한 아내라 할 수 없다. 그 외에도 건강과 함께 자아실현 그리고 자녀의 성공 등 여러 가지가 있다. 특히 남편이 부모님은 물론 형제자매에게도 잘하여 사이가 좋다면 아내 입장에서 더욱 행복할 수밖에 없다.

아내의 형제자매는 모두 안산에 산다. 처제는 장모님을 모시는 처남과 같은 아파트에 살고 있다. 우리와는 자가용으로 10여 분 거리다. 지금은 우리도 옆에서 살고자 부동산중개소에 아파트를 내놓은 상태다. 우리는 다 함께 모여 전원주택에서 사는 꿈을 꾸기도 한다.

아내의 형제자매는 사이가 너무 좋다 보니 매일 전화를 하거나 카톡을 하며 하루가 멀다시피 만난다. 코로나 시기에는 어쩔 수 없었지만 매년 여름에는 온 가족이 함께 시원한 계곡을 찾아 강원도로 물놀이를 떠났다. 코로나가 종식되어서는 베트남을 다녀왔다. 자주 모여 외식도 한다. 처남은 조카들의 생일까지 챙겨줄 정도로 다정한 외삼촌이며, 처남의 아내는 장모님과도 사이가 좋다.

딸의 결혼을 앞둔 어느 날, 장모님께 갔다. 냉장고 문에 며느리가 A4용지에 적은 메모가 붙어 있었다. 내용은 '어머님 저 때문에 많이 힘드시죠? 죄송합니다. 어머님 많이 싸랑해요♥♥♥ - 며느리'

이다.

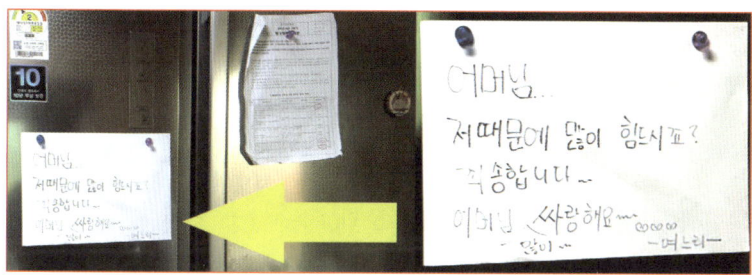

　A4용지를 보는 순간, 알고는 있지만 고부간이 어떤지 다시금 확인할 수 있었다. 만약 사이가 좋지 않았다면 짧은 글에 불과하지만 사랑이 듬뿍 담긴 글을 쓸 수 없다. 더욱이 저런 글이 냉장고에 붙어 있으면 못된(?) 두 시누이가 보게 될 텐데 얼마나 행복하면 그럴 수 있을까? 짧은 글이지만 여러 생각에 빠지게 했다. 무엇보다 사랑하는 딸도 결혼하면 시어머니와 다정한 며느리가 되었으면 좋겠다.

　세상에서 가장 행복한 사람을 뽑으라면 단연코 우리 장모님이다. 결혼한 자녀들의 우애는 남들이 부러워할 정도이니 그보다 더한 행복이 어디 있을까? 두 사위는 장모님 대신 그냥 어머니라고 부를 정도로 어머니 같은 존재다. 장모님 또한 사위가 아닌 아들처럼 대한다.
　어느 정도냐면 남들이 보면 예의 없다고 할 수 있겠지만 우리는 장모님이 계셔도 거실 소파 또는 바닥에 누워 TV를 보거나 낮잠을 자기도 한다. 장모님을 의식하지 않는데 장모님 또한 예의만 차리기보다는 스스럼없이 행동하는 사위를 더 좋아하신다. 조카들과는 같은 또래가 되어 재미있게 놀아주는 고모부이자 이모부다.

모두 모여 즐거운 시간을 가질 때면 이렇게 행복한 집안이 또 있을까? 할 정도로 너무너무 행복하다. 사진은 동서가 처남의 두 자녀와 공기놀이하는 것으로 조카들과 친구처럼 지낸다. 빨간색 화살표는 공깃돌이다.

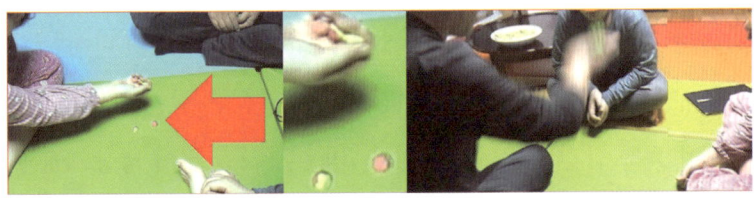

첫 번째 손주이자 조카인 딸은 가장 많은 사랑을 받으며 자랐다. 딸이 결혼할 때는 민정이는 내가 키웠다고 했을 정도로 동서로부터 엄청난 사랑을 받았다. 나 역시 처제의 자녀에게 많은 사랑을 주고 있다지만 처제와 동서로부터 받은 딸의 사랑과 비교하면 아무것도 아니다. 그래서 결혼을 했음에도 세상에 그런 이모와 이모부가 어디 있냐며 평생 그 은혜 잊지 말라고 한다. 물론 외할머니와 외삼촌 그리고 외숙모로부터도 말로 표현할 수 없을 정도로 많은 사랑을 받았다.

우리는 장모님을 모시고 자주 외식을 한다. 거의 모든 비용은 동서와 처남이 계산한다. 처남이 학생일 때는 학원 원장이었던 동서가 계산했다. 나는 직업적으로, 금전적으로 여유가 없던 탓에 매번 얻어먹기만 했다. 그럼에도 양심이 없다거나 혹은 뻔뻔하다며 눈치를 준 적이 없다. 오히려 같이 가자며 챙겨줄 정도로 고마운 동서다. 그렇다고 그런 이유로 동서가 고맙다는 것은 아니다.

동서는 내가 건강이 좋지 않음을 어느 정도 알고 있다. 그러다 보니 돈에 관심이 없다는 것과 모든 관리는 아내가 하고 있다는 것도 잘 안다. 매번 돈을 내는 동서가 미안하여 아내가 계산을 하려고 하면 이미 계산하곤 했다. 동서는 나와는 다르게 장모님께 돈봉투도 잘 드릴 뿐 아니라 조카들에게도 용돈을 주는 등 씀씀이가 좋다.

이런 이야기는 TV 드라마에서 종종 나오는 이야기이기도 하다. 하지만 나와는 정반대로 전개된다. 드라마에서는 잘하는 아랫동서가 겉으로는 큰동서를 위하는 척 행동하지만 속으로는 무시하거나 업신여긴다. 의도적으로 기를 꺾고자 일부로 잘하는 척 행동하여 곤란하게 만드는 경우도 있다. 또는 그런 마음 없이 순수하게 행하여도 큰동서가 열등감에 빠져 잔뜩 화가 난 상태다. 결국 사이좋은 자매까지도 금이 가고야 만다. 마지막은 해피엔딩으로 끝날지라도 거의 모두가 그런 이야기로 전개된다. 그러니깐 나와 같은 이야기는 많아도 나처럼 진심으로 대우를 받는 경우는 거의 본 적이 없다.

동서는 나의 마음까지 편하게 해줄 뿐 아니라 금전적으로 장모님과 조카들에게 못하는 부분까지 대신 베풀기에 오히려 기분이 좋다. 동서의 행동은 하나하나 마음에 쏙 들게 한다.

IMF로 잠시 일용직 생활을 못하던 적이 있었다. 구인광고가 있는 교차로와 벼룩신문을 보면 일용직 일자리가 거의 없다시피 했다. 어쩔 수 없이 정식직원이라도 하고자 이력서를 가지고 회사에 도착하면 1명 뽑는데 100명, 200명이 면접을 기다렸다. 그러니 취직도 거의 불가능한 상태다.
　영화에 대한 지식이 풍부한 나를 위하여 학원을 하는 동서가 가까운 곳에 좋은 비디오 가게가 나왔다며 잔금까지 치렀다. 그래서 얼떨결에 비디오 가게 주인이 되고 말았다.

　덕분에 일용직 일자리가 없을 때는 비디오 가게에 있을 수 있었다. 그럼에도 성격이 좋지 않았던 탓에 항상 동서의 마음을 불편하게 만들었다. 그러나 동서는 언제나 웃는 얼굴로 형님이라며 따랐다. 만약 내가 동서라면 그럴 수 있을까? 그렇게 동서 덕분에 IMF를 극복하는 데에도 큰 힘이 되었다.
　나는 저축과 적금 그리고 융자는 물론 주식 등 금융, 부동산처럼 재테크 따위에도 관심이 없는 사람이다. 그 이유는 무관심해서가 아니라 조금만 복잡하면 이해가 되지 않는다. 그러다 보니 대출은 물론 통장을 만들고자 은행을 방문할 때도 아내가 항상 따라갈 수밖에 없다.

나 혼자서 직원과 대화를 하다 보면 도통 무슨 말인지 몰라 어쩔 수 없이 형식적인 대답만 하게 된다. 때문에 그런 일들은 아내가 대신 처리한다. 사랑하는 아내와 딸 말대로 잡다한 지식은 많은데 정작 실생활에 필요한 지식은 거의 백지 수준이다.

한 예로 최초의 운전면허인 원동기 면허 필기시험 공부를 하기 전까지 도로에 써져 있는 주정차 금지란 용어가 술주정한 차로 알았다. 그러니깐 음주를 한 운전사는 여기에 주차하면 안 되는 거로 생각하였다. 어쩜 아무리 그 정도일까? 라며 거짓말로 생각할 수도 있으나 사실은 그 이상으로 무지하다. 그래서 동서가 맏사위 역할을 하기도 한다. 동서의 행동은 하나에서 열까지 고마움을 느낀다.

딸과 동서의 첫째 조카가 초등학교에 다니기 전이다. 돈을 주려고 하면 아빠가 이모부가 돈이 어디 있냐며 서로의 얼굴을 보며 웃었다. 믿기 힘들겠지만 나는 딸에게조차 단 한 번도 돈을 준 적이 없다. 조카가 초등학생이 되어서는 이다음에 돈 많이 벌어서 이모부 용돈도 주고, 맛있는 것도 많이 사주겠다더니 성인이 되어서 아내 편으로 빵, 케이크 등 맛난 것들을 사서 보낸다.

이처럼 금전적으로 매우 인색했지만 아직까지도 사랑받고 있는 아빠이자 이모부다. 내가 금전적으로 무관심한 이유는 구두쇠라서가 아니라 돈과 상관없이 편한 마음으로 살기 때문이다. 아내가 용돈을 주면 그것도 가지고 있기 귀찮아 집 안 아무 곳에 놓기 일쑤다. 그러다 보니 어느 날 생각지도 않은 돈이 발견되어 공돈이 생겼다며 자랑한다. 지금도 어디엔가는 기억하지 못하는 돈이 있다. 급하게 현금이 필요할 때 여기저기 뒤져보면 비상금처럼 지폐가 나온다.

나는 내 명의로 된 신용카드조차 없다. 대신 아내의 신용카드를 종종 빌려 사용한다. 신용카드가 없는 이유는 심각한 건망증 때문에 자주 잃어버려 분실신고를 해야만 했다. 그런데 집에서 찾는 경우도 있어 아내가 직접 카드사에 전화를 걸어 다시 사용할 수 있도록 만든다. 내 신용카드라면 내가 직접 전화를 걸어야 하는 등 여러 절차가 있어 피곤하다. 두통의 후유증은 전화기에서 들려오는 자동응답도 종종 따라 할 수 없을 정도로 이해를 못한다.

반면 아내 카드는 무조건 아내에게 알리면 되기에 아주 편하다. 하지만 신용카드가 없는 이유가 꼭 그런 편리함 때문만은 아니다. 금전적으로 관심이 없을 정도로 욕심이 없기에 내 삶은 돈이 없다고 하여 불편하거나 불행하지 않다. 그 이유가 건강과 함께 순탄치 못한 인생 때문이지만 마음 놓고 기댈 수 있는 현명한 아내가 있기에 가능함을 잘 안다.

아내가 남들 앞에서는 조심하라며 주의를 주는 것이 있다. 밖에서는 절대로 돈에 관심 없다는 말을 하지 말라고 한다. 그럴 경우 이상한 사람으로 취급받는다고 한다. 아무튼 그런 나를 이해하는 동서 덕분에 미안한 마음을 갖지 않아도 되니 얼마나 좋은가? 이건 짠돌이처럼 행동하는 뻔뻔함과는 확연한 차이가 있다.

우리가 맞벌이인 탓에 동서는 조카인 딸을 데리러 종종 어린이집에 갔다. 그러면 아내가 퇴근길에 학원에 들러 데리고 왔다. 동서의 고마움은 동서가 결혼하기 전부터 시작되었다. 근처에 살고 있던 예비 동서는 딸아이를 무척이나 예뻐해 주었다.

내가 운전을 못하는 바람에 아내가 운전면허를 취득하기 전까지 우린 자가용이 없었다. 그런데 늦은 밤 또는 새벽에 딸아이가 아파 응급실에 가는 경우가 있었다. 택시 잡기가 힘든 때면 동서가 자가용을 몰고 왔다.

사진은 처제 결혼식으로 이모와 이모부 옆에서 떨어지지 않는 바람에 딸로 알았던 하객도 있었다고 한다. 결혼 후에는 어린이집에서 온 딸을 처제가 오랫동안 돌봐주었기에 이모부로부터도 더 많은 사랑을 받을 수 있었다.

왼쪽 사진은 아내가 운전을 배우는 학원에서 찍었다. 면허증을 딴 후, 아침에 잠에서 깬 딸에게 엄마가 자가용을 샀다고 하자 정말이냐며 밖으로 나갔다. 빨강색이 예쁘다며 직접 차 키를 돌려 문을 열고 운전석에 앉았다. 그러니깐 이전까지는 동서로부터 자가용 도움을 많이 받았다.

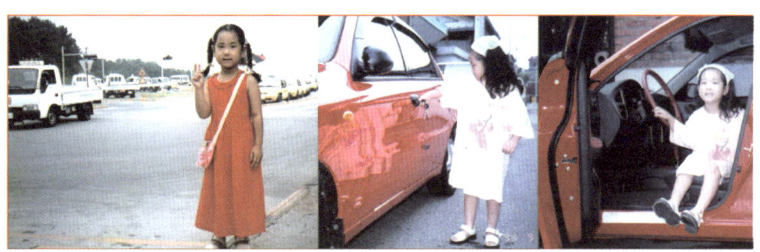

　맞벌이 처남 내외가 초등학교 학부모 모임에 참석할 수 없게 되자 대학생인 처제의 아들이 대신 간 적이 있다. 선생님이 조카에게 아빠가 젊다고 하니 사촌오빠라고 대답했다고 한다. 그 이야기를 듣는데 배꼽이 빠질 뻔했다. 다음은 앞치마를 입은 처남의 네 번째인 막내로 딸이 찍어준 사진이다. 병설유치원에서 엄마와 요리 만들기 수업에 딸이 참석하여 같이 만들었다고 한다. 이때는 엄마가 너무 젊은 탓에 조카에게 엄마냐고 물어보았다고 한다.

이런 일들은 형제자매 혹은 사촌 간에 화목하지 않으면 보기 힘든 일로 우리에게는 아주 평범한 일상에 불과하다. 그런데 분위기를 깰 것 같은 사람이 있었다. 다름 아닌 나다. 깐깐하고 괴팍스럽다 보니 분위기 깬 적도 많다. 그 이유가 굳이 두통과 트라우마 때문이라고 변명하지 않더라도 애당초 성격적으로 문제가 많은 것만은 확실하다. 그럼에도 동서는 언제나 형님이라며 깍듯이 대우해 주었고 따랐다.

만약 동서가 나처럼 화를 내거나 불편한 기색을 보였다면 상견례 후 말했듯이 그 순간 나와는 완전히 끝이다. 그리고 내가 동서라면 애당초 상종할 수 없는 인간이다. 그럴 경우 장모님께서 지금처럼 행복할 수 있을까? 자식들이 결혼하여 서로 얼굴을 붉히고 사는데 어찌 행복하겠는가? 그렇기에 이제 와서 돌이켜 보면 언제나 너그럽게 대해 준 동서가 진심으로 고맙고 감사하다. 많은 결함을 가지고 있음에도 항상 형님으로 대우한 동서 덕분에 행복한 가정이 될 수 있었고, 딸의 결혼식도 무사히 치를 수 있었다.

이는 처남 입장에서도 동일하다. 나 자신이 생각해 보아도 무능하고 한심한 매형이다. 공교롭게 처남은 고등학교 후배다. 그럼에도 우리와 가깝게 지내는 처남의 친한 친구들조차 후배라며 내색한 적이 없을 정도로 문제가 많은 선배이자 매형이다.

지금도 동서와 처남과는 형제 이상으로 돈독하다. 그 이유는 윗사람인 내가 잘해서가 아니라 부족함이 많음에도 너그럽게 이해하며 나에게 잘하기 때문이다. 나는 동서를 동서라고 부르지 않는다. 그냥 편하게 조카 이름을 붙여 ○○아빠다. 처남을 부를 때도 ○○

아빠다. 그리고 내가 유독 동서에게 고마워하는 이유는 장모님과 처제, 처남은 아내와 같은 핏줄이기에 나의 잘못을 너그럽게 이해하고 용서할 수 있다. 그러나 동서는 솔직히 하나 건너다. 얼마든지 남으로 생각할 수 있고, 실제로 그렇게 사는 사람들도 많지 않던가? 그래서 더욱더 고마움을 느끼게 한다.

나의 사위는 처남의 아내(외숙모)와 얼마나 사이가 좋은지 옆에서 보면 엄마와 아들 또는 친구처럼 다정하다. 이런 관계 또한 쉽지 않은 일로 사위까지 사랑을 받으니 너무너무 고맙고 감사하고 행복하다. 물론 나도 조카들이 결혼하면 그렇게 좋아하고 사랑하여 지금의 행복이 변하지 않도록 더 많이 노력할 것이다.

얼마 전에 아내에게 말했다. 장모님은 물론 우리에게도 예의 바른 처남의 자녀인 조카들을 보면 대견하다고 했다. 처남이 자녀들에게도 다정다감하고 장모님과 누나들에게도 잘하다 보니 애들이 엄마, 아빠를 보고 자라 요즘 애들 같지 않다며 칭찬했다.

자칫 나 하나로 인하여 그런 것까지 모두 틀어질 수 있는 상황임에도 장모님과 동서와 처남 내외로부터 극진한 대우를 받고 있다. 처제 또한 형부라는 소리가 미안할 정도로 너무너무 잘하고 있다. 앞에서 이야기한 것처럼 언니 대신 집안일을 많이 하는 형부가 조금이라도 편했으면 하여 빨래 건조기를 사주는 처제가 과연 몇이나 될까? 그리고 툭하면 형부 주라며 먹을 것을 왜 그리 자주 보내주는지? 무심한 형부이지만 그렇게 대우를 받는 형부도 없을 거다.

가족을 이끌어 가는 것조차도 버겁고 무기력할 정도로 무능한 가장임에도 처가로부터 분에 넘치는 사랑을 받고 있는 나야말로 세상에서 가장 큰 행운을 잡은 남편임이 확실하다. 덕분에 이렇게 건강도 찾았으니 말이다. 마지막으로 이 글을 통하여 장모님과 처제와 동서, 처남 내외 그리고 조카들에게 진심으로 감사와 고마움을 전한다.

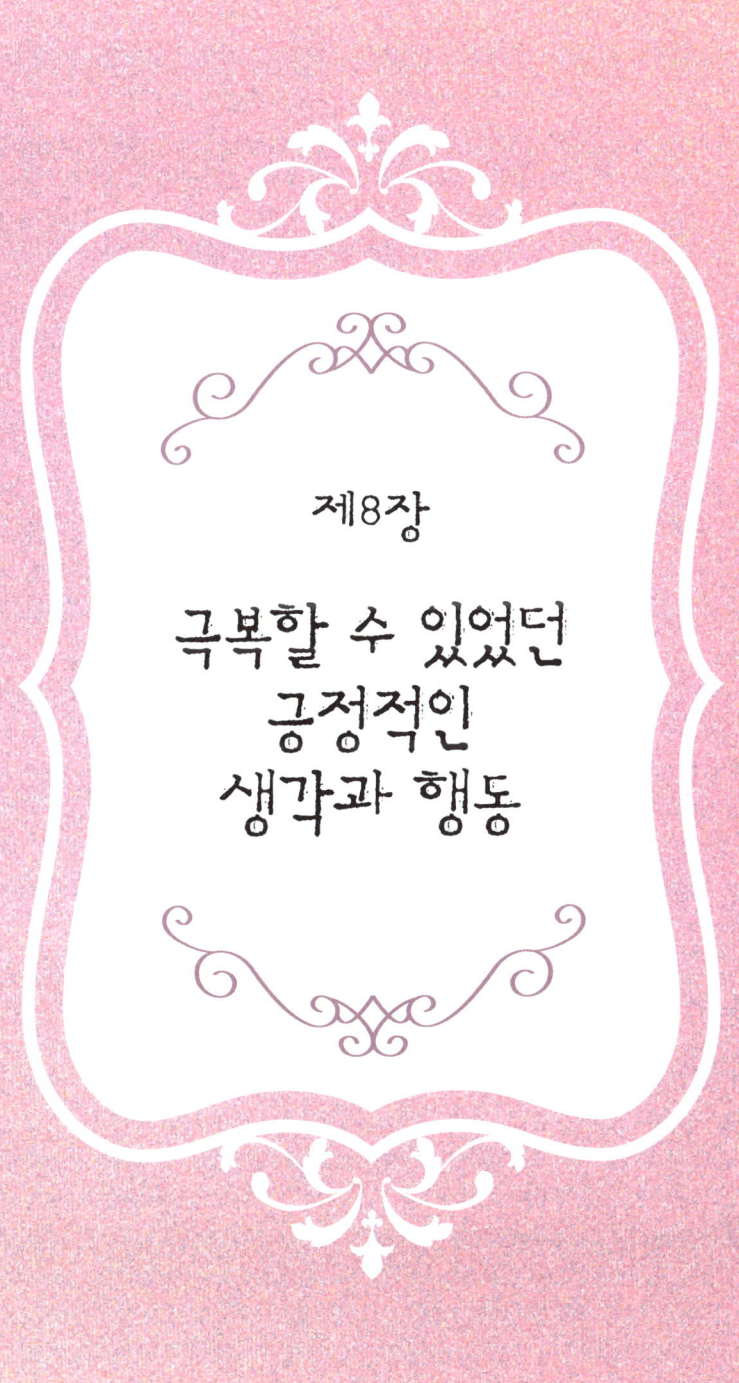

제8장

극복할 수 있었던 긍정적인 생각과 행동

    녹내장과 두통 그리고 트라우마를 극복할 수 있었던 것은 단순히 뭐 하나 때문이라고 말하기 어렵다. 이번에는 죽고 싶을 정도로 아팠을 때 가지고 살아온 생활 수칙들로 이런 긍정적인 생각과 행동 덕분에 치료되었다고 확신한다.

    사랑하는 아내는 나에게 이해가 되지 않는 것들이 있다. 그중에서 두 가지만 이야기하자면 첫 번째, 그렇게 아팠으면서도 전혀 아픈 사람 같지도 않았고, 그런 모습조차 찾아볼 수 없었다고 한다. 그래서 연애 시절 전혀 눈치를 채지 못했다고 한다. 그렇다고 일부로 속이고자 밝고 명랑하게 행동한 것은 아니다. 그런 몸으로 군대까지 가서 영어에 빠지고, 글씨까지 변했듯이 긍정적인 생각으로 극복하고자 노력했다. 그러니깐 굳이 아프다며 내색할 필요가 없었다. 이제는 무릎과 발목 수술까지 받아 육체적으로 더 많은 제약을 받지만 오히려 더 행복한 인생이다.

    두 번째, 잠을 그렇게 짧게 자며 힘든 일용직 생활을 할 때도 스트레스받지 않는 모습이 너무나 신기했다고 한다. 생산직, 그것도 일용직 생활은 단 한 번도 생각한 적이 없는 인생이다. 그러나 내 능력 이상으로 최선을 다한 인생이기에 미련이나 아쉬움이 없을 정도로 만족스런 인생이다. 그러니 즐거우면 즐거웠지 스트레스받을 이유가 없었다. 무엇보다 일용직 생활이 아무리 힘들고 어렵더라도 내겐 극복할 수 있는 꿈과 희망이 넘쳤다.

만약 지금 하고 있는 이 말이 자신을 속이거나 남에게 잘 보이기 위한 위선이라면 지금 이 순간 지독한 두통으로 또다시 지난날의 나로 돌아가 있을 것이 뻔하다. 두통의 경우 꾀병처럼 신경성으로 오는 경우도 허다하다. 그러니 위선적인 행동이라면 마음까지 그리 행복한 척 행동할 수는 없다.

이번에는 정신적, 육체적으로 힘든 생활임에도 이를 극복할 수 있었던 긍정적인 생각과 행동에 대한 이야기다. 앞에 소개한 이야기 중에 요점만 정리한 것도 있는데 나와 같은 고통을 당하는 분들에게 도움이 되었으면 좋겠다.

1) 자꾸만 아프다고 생각하면 더 아픈 법으로 더 큰 꿈과 희망을 가지고 다가올 미래를 위해 열심히 준비하자.

꿈이 크면 실망도 크다고 한다. 그래서 애초부터 꿈은 크게 가지면 안 된다는 말까지 한다. 한마디로 분수껏 꿈꾸며 살라는 말이다. 그러나 능력으로 볼 때 절대 불가능하고, 실현성 없는 허황된 꿈이라도 더 큰 꿈을 가지고 살았으면 좋겠다. 비록 그 꿈을 이루지 못하더라도 열심히 노력한 인생이라면 애당초 불가능하다며 시도조차 하지 않는 것보다는 분명 더 나은 인생임이 분명하다. 그러니 꿈은 최대한 크게 꾸며 사는 것도 나쁘지 않다. 다만 감나무 밑에서 감 떨어지기를 바라며 입 벌리고 누워 있는 어리석은 행동은 하지 않았으면 좋겠다. 꿈이 크면 실망도 크다는 말은 바로 그런 사람에게나 해당하는 말이다.

힘들고 어려워도 목표가 있는 인생은 종종 아프다는 사실도 잊게 만든다. 그러니 더 이상 아프다는 생각에 빠지지 말고 보다 나은 미래를 위해 더욱 현명한 생각으로 한 걸음 한 걸음 준비해 나가자. 나의 경우에는 어차피 건강한 사람보다 더딘 인생이니 굳이 욕심낼 것도 없고, 서두를 것도 없는 오직 나 자신과의 싸움이다.

2) 아무리 어려운 위기 순간에도 나 자신을 잃지 않기 위해 많은 생각을 하고 나 자신에게 질문하자.

지금도 나는 하루에도 수십 번 나 자신에게 질문한다. 지금 내가 하고 있는 생각과 행동이 과연 올바르고 현명한가? 반평생 넘게 병마와 투쟁하며 살아온 탓에 나만의 정신세계인 자기 착각에 빠져 만족하며 살 수 있는 사람이다. 실제로 후회할 짓도 많이 하며 살아온 인생이다.

독선과 아집이 아닌 보다 현명한 진리를 얻고자 나 자신에게 질문하고 되물었다. 그렇게 나와의 대화를 통하여 얻은 생각들을 메모하며 보다 현명함을 얻고자 노력하였다. 그렇기에 고등학교 재수와 군 입대는 좌절이 아닌 내 인생에서 가장 현명한 선택으로 만들 수 있었다.

신혼 첫날밤부터 20년 동안 쓰기 시작한 일기는 그릇된 성격을 반성케 하는 등 결혼과 함께 새로운 인격을 형성하는 데 아주 큰 역할을 하였다. 사실 나는 고마운 아내에게 짜증도 잘 내고, 화도 잘 내는 남편이었다. 변명 같지만 외상 후 스트레스 장애인 트라우마와도 무관하지 않다. 그렇다고 모든 것이 트라우마 때문이라고 말하고 싶지 않다.

다행히 지금은 더 이상 걱정하지 않는다는 아내. 내가 이렇게 변할 수 있었던 것은 자기반성과 더불어 마음이 넓은 아내의 이해심 또한 절대로 빼놓을 수 없다.

3) 비참한 인생일지라도 누군가는 나를 부러워하는 사람이 있다.

잘 된 남과 비교하며 신세타령하거나 부러워하지 말자. SNS로 인하여 타인의 사생활까지 알 수 있는 요즘, 가장 불행한 이유 중의 하나가 남과 비교되는 상대적 박탈감이리 생각한다. 가장 대표적인 불행으로 물질적 비교가 아닐까? 나 역시 그런 것과 비교되는 내 처지가 처량하게 보이기도 하나 마음껏 책을 볼 수 있는 건강한 두 눈이 한없이 부러운 사람이다. 만약 나와 같은 고통을 경험한 사람이라면 그런 나의 마음을 충분히 공감하리라 믿는다.

녹내장과 두통 그리고 트라우마로 인하여 순탄하지 않은 인생을 살았다. 건강 때문에 많은 어려움도 겪었다. 좋아하는 것과 할 수 있는 것도 포기해야 하는 인생을 살아야만 했다. 그래도 누군가는 나의 건강을 부러워하는 사람이 있을 거라 생각했다. 여전히 책을 보는 데 많은 제약이 따르고, 무릎 수술은 마음껏 뛰어다닐 수 없게 만들었으나 나를 부러워하는 사람들과 비교하면 얼마나 축복받은 인생인가? 무조건 잘 된 남과 비교하며 상대적 박탈감에 빠지기보다는 나보다 못한 분들을 생각하며 감사한 마음으로 사는 것도 좋은 방법이다. 그렇다고 그런 분들을 비하하거나 업신여기며 깔보자는 것은 아니다.

4) 몸이 아프더라도 마음만은 유머와 재미가 넘치는 즐거운 인생을 살자.

제대할 때 거의 폐인이 되다시피 했다. 건강 때문에 복학하지 않고 평생 혼자 사는 데 필요한 기술을 배우고자 주방으로 들어갔다. 건강 때문인지 성격적으로 예민하고 깐깐했지만 즐겁고 명랑한 생활을 하였다. 덕분에 아내를 소개받아 결혼까지 할 수 있었다.

데이트할 때 항상 웃게 만들었던 탓에 그렇게 아픈 사람인지 몰랐다는 아내. 어느덧 결혼한 지 30년이 넘었건만 아직도 남편의 우스꽝스런 말과 행동에 개그맨이 되었어야 했다며 재미있어 하는 아내. 나는 아내가 행복하다면 나의 인생이 가벼워 보여도 만족스러운 남편이다. 오히려 고마운 아내가 더욱 웃을 수 있도록 즐거움을 선사하는 남편으로 살고 싶다. 아내의 밝은 미소와 웃음소리는 나를 더욱 건강하고 행복하게 만든다.

초등학교 졸업식 때 선생님을 뵙고 온 외삼촌이 이다음에 코미디언 된다며 웃었다. 하지만 건강은 성격까지 완전히 변하게 만들었다. 그러나 사랑하는 아내 앞에서는 여전히 개그맨이자 코미디

언이 되고 싶은 남편이다. 사실 몸이 아픈데 마음까지 짜증 나게 아프다면 그 인생 또한 얼마나 피곤하고 힘들까?

5) 금전적으로 무능하다고 하여 마음까지 무능할 수는 없다.

금전적으로 완전 꽝이라 할 정도로 아주 무능한 탓에 그런 쪽으로는 아내를 행복하게 해줄 자신도, 능력도 없는 남편이다. 대신 거의 모든 집안일을 하기에 아내는 그것만으로도 고마워한다. 내가 그러는 이유는 무능한 자신이 미안하거나 고마워서만은 아니다. 그것보다는 진심으로 아내를 사랑하고, 인격적으로 존중하기 때문이다. 만약 내가 직업적으로 무능하지 않은 남편이라면 시간상 그렇게까지 할 수 없지만 변함없이 집안일을 도와주는 자상한 남편이자 좋은 아빠가 되었다.

직업적으로 금전적으로 무능한 남편이어도 아내를 기쁘게 해줄 수 있는 방법은 많다. 그리고 돈이 많거나 아주 많이 벌어다 주는 능력 있는 남편이라고 하여 세상 모든 아내가 행복해지는 않다. 무능하거나 유능하거나 남편이라면 아내가 행복할 수 있도록 가정의 행복을 위해 최선을 다했으면 좋겠다.

6) 남을 시기하고, 미워하고, 원망할 시간에 실력을 키우자.

흔히 직업에는 귀천이 없다고 한다. 하지만 그 말은 듣기 좋은 소리에 불과하다는 것을 어렵지 않게 경험할 수 있는 세상이다. 20년 넘게 일용직 생활을 했다. 솔직히 일용직이란 직업은 무시당하기 쉬운 직업으로 실제로 무시당한 적도 많았다. 그러나 그러면 그럴수록 그들을 미워하며 원망하기보다는 나 자신을 위해 더욱 노력하는 사람이 되고자 힘썼다. 만약 원망이나 하며 일용직 생활을 헛되이 보냈다면 오늘의 나는 결코 존재할 수 없다. 남을 미워할 시간이 있다면 그 시간에 자신을 위해 더욱 노력하는 사람이 되었으면 좋겠다. 장담하건대 1년 후, 10년 후에는 지금의 나보다 훨씬 성장한 자신을 만날 수 있다.

7) 하찮은 일이라도 지금 하고 있는 일에 정성을 들여 최선을 다하자.

주방생활과 짜장면 배달을 할 때는 물론 일용직 생활을 하면서도 성실하다는 소리를 아주 많이 들었다. 관리자로부터 정식직원보다 낫다는 소리도 들었다. 사장님으로부터 직접 정식직원 권유도 받았다. 나의 꿈은 세상에서 가장 좋은 아빠와 좋은 남편이 되는 것이다. 그런데 집에서와 달리 밖에서는 대충대충 어영부영한 사람이라면 위선이 아닐까? 사랑하는 가족을 위해 열심히 노력하는 것만큼 일터에서도 최선을 다하는 사람이 진짜 좋은 아빠이자 좋은 남편이다. 그러니 남들이 볼 때 보잘것없고 하찮은 일이라도 내 일처럼 최선을 다해야 한다.

반대로 일터에서 성실하고 능력 있는 사람이라면 집에서는 사랑하는 가족에게 더욱 가정적인 가장이 되어야 한다. 만약 회사에서 성실한 것과 달리 집에서는 그렇지 않다면 아무리 성공을 했어도 잘못된 인생임이 분명하다.

8) 반전의 묘미? 아무리 힘들어도 긍정적인 생각과 행동으로 어려움을 극복하자.

영화와 드라마가 재미난 이유가 바로 반전의 묘미이듯 인생에도 그런 반전이 있다면 얼마나 드라마틱할까? 그러니 지금의 불리한 조건과 상황이 멋지게 바뀔 내일을 상상하며 인생에 있어 가장 멋진 반전의 묘미를 경험했으면 좋겠다.

불행한 생각은 자신을 더욱 불행하게 만든다. 그렇기에 보다 긍정적인 생각과 행동으로 어려움을 극복해야 한다. 오늘 하루가 아무리 벅차고 힘에 부칠지라도 이 순간을 보다 의미 있게 보내야 한다. 그렇게 맞이한 내일은 오늘보다 더 나은 미래다. 비록 그 하루가 너무 미미하여 오늘과 똑같은 날로 보일지라도 1년 후, 10년 후에는 확연히 변한 모습이다.

불리한 조건과 상황일수록 반전의 묘미는 순탄한 삶보다 열배, 백배, 천배로 더욱더 감동적으로 다가오게 된다. 지금 당장이 힘들고 어려운 현실일지라도 좌절하거나 포기하지 말고 끊임없이 노력하여 열배, 백배, 천배의 감동을 만끽할 수 있는 인생이 되기를 소망한다.

9) 물질적으로 어려움을 당해도 문화생활로 마음은 부유하게 살자.

기적 같은 건강을 찾을 수 있었던 것은 25년 동안 들었던 클래식과 사랑하는 딸과 함께 200번 넘게 본 연극을 빼놓을 수가 없다. IMF 때 잠시 실업자이기도 했던 나는 돈 한 푼이 아쉬웠지만 문화비 지출만은 결코 줄이지 않았다. IMF가 남 탓이 아닌 문화적 빈곤 탓이라 생각하여 절대로 아끼지 않았다. 문화와 예술이 발달하지 않으면 IMF에서 벗어나도 일시적인 현상이라 여기며 사랑하는 딸과 연극도 보고, 클래식 연주회도 가는 등 마음만은 부유하게 살았다.

문화생활은 정신적으로 큰 위안을 주었다. 클래식은 피폐해진 마음을 치료해 주었고, 딸과 함께 본 아동극은 순수한 동심의 세계로 이끌어 아픈 마음을 정화시켜 주었다. 그러니 나와 같은 분들이라면 문화생활을 통하여 나아지는 경험을 느껴보았으면 좋겠다.

두통의 경우 강도의 차이는 있어도 누구나 한 번쯤 경험했거나 가지고 있을 정도로 아주 흔한 병에 속한다. 그래서 가정의 상비약인 두통약을 손쉽게 복용하기도 한다. 하지만 나는 그보다 더 심했음에도 두통약을 복용한 적이 단 한 번도 없다. 아무리 두통이 심해도 약에 의존하기보다는 문화생활로 점차 치료되는 효과를 경험할 수 있었다. 그렇다고 나와 같은 방법을 무조건 따라 하라는 것은 아니다. 아프면 먼저 병원에서 정확한 진료와 치료를 받아야 한다. 그러면서 문화생활을 즐긴다면 분명 나보다 더 좋은 효과를 경험하게 될 것이다. 특히 나처럼 정신적으로 고통을 당하는 분들에게 강력 추천한다.

10) 남이 나를 인정하지 않더라도 나는 나 자신을 인정하고 아주 많이 사랑하자.

남이 나를 인정하지 않고 하찮은 존재로 여겨도 나는 나 자신을 인정해야 한다. 나 자신을 사랑하고 존중할 수 있는 자존감이 절대적으로 필요하다. 그리고 현실이 비참하더라도 내가 가지고 있는 능력과 가능성에 대해서 더욱더 인정하며 사랑해야 한다. 그래야만 더한 자신감을 가지고 희망찬 내일을 맞이할 수 있다. 내가 나를 인정하지 못하고, 사랑하지 않고, 존중하지 않는데 어떻게 이 어려움을 극복할 수 있겠는가?

나의 인생도 그러했듯이 살다 보면 언제나 옳은 생각과 행동으로 올바른 길만을 향해 달려갈 수는 없다. 그럴 경우 잘못을 계속해서 되풀이하기보다는 조금이라도 빨리 올바른 길로 찾아가야 한다. 실수와 시행착오를 두려워하지 말자. 실수와 시행착오는 누구나 다 하는 법이다. 오히려 그보다 더 중요한 것은 그럴 때 그런 자신을 변명하며 회피하기보다는 최대한 빨리 인정하여 올바른 길을 향해 나아가야 한다.

자신을 사랑하면 불가능한 일도 가능해진다. 고등학교 재수, 빨간 도장이 찍힌 훈련소와 530GP 사건 그리고 힘든 주빙과 일용직 생활 등을 하며 좌절하지 않고 부단히 노력할 수 있었던 것은 그 어떤 환경과 어려움에서도 나를 사랑하고 인정했기에 가능했다. 나를 사랑하고 믿을 수 있다면 불가능한 것도 가능케 한다.

11) 아무리 가족을 사랑해도 가족보다 더 소중한 것은 나의 인생이다.

지금까지 보여준 아내 사랑만으로도 자상한 남편이라 자부한다. 사랑하는 딸에게는 자상한 남편 이상으로 더 좋은 아빠가 되고자 노력하였다. 그런 모습은 자칫 나의 인생이 없는 듯한 모습으로 비춰지기 쉽다. 그런데 사랑하는 가족도 중요하지만 어찌 내 인생보다 중요할까?

나는 가족 사랑에 못지않게 나 자신을 위해 더욱 열심히 노력하는 인생으로 살아왔으며, 앞으로도 그렇게 살아갈 것이다. 그것은 이기적인 생각이 아니다. 내 인생에 대한 노력은 결국 가족 사랑으로 이어진다. 비록 그 결과가 똑같은 가족 사랑이라도 어디에 초점을 두고 사느냐에 따라 삶의 의미가 달라질 수 있다. 내 인생은 그 누구도 대신할 수 없기 때문이다.

나는 사랑하는 가족의 행복을 위해 모든 정성을 들여 올인하고 있지만 나 자신을 위해서는 더욱더 열심히 노력하는 인생이다. 내 인생이 없는 가족 사랑은 한마디로 달콤한 팥소 없는 찐빵에 불과한 인생이다.

12) 그래도 이 세상에서 가장 소중한 최고의 선은 가족 사랑이다.

힘든 일용직 생활임에도 후회 없을 정도로 열심히 노력한 인생이다. 하지만 내 꿈과는 완전히 다른 실패한 인생이 되고 말았다. 그러나 가족을 사랑하는 마음과 행복한 가정이 있기에 인생은 실패를 했을지언정 결코 실패했거나 불행한 인생이 아니다.

돈이 아무리 많고 성공을 했어도 가정이 행복하지 않으면 무의미한 행복에 불과한 불행이다. 돈이 많던 적던 간에 이 세상에서 가장 소중한 최고의 선은 가족 사랑이다. 사회의 최소 단위인 각 가정이 행복하다면 이웃을 배려하는 마음 또한 더욱 커져 더욱더 안전하고 행복한 사회가 된다. 국가가 더욱 발전하고 잘살기를 바란다면 나 자신과 더불어 가정에서부터 행복해야 한다.

13) 그 어떤 것도 인생을 변명할 수 없다.

내 인생은 변명하기 너무 좋다. 녹내장과 더불어 군대에서 생긴 트라우마 또한 변명하기 너무나 좋은 인생이다. 하지만 지금의 내 처지를 변명하지 않는다. 오히려 견디기 힘든 상황임에도 신병 때부터 숨어서 영어책을 보고, 펜글씨 연습한 것을 군인이 된 것보다 더 자랑스럽게 여긴다. 비록 아내의 마음을 종종 아프게 하는 못된 남편이지만 내 인생에 대한 노력과 함께 좋은 아빠, 좋은 남편이 되고자 노력한 것을 그나마 다행으로 생각한다. 나 같은 인생은 그런 것을 핑계 삼아 술, 도박, 유흥 그리고 국가적 재난이라 할 수 있는 마약 등에 빠져 무능함을 변명하기에 너무나 좋기 때문이다.

인생을 살다 보면 위기와 좌절에 빠져 낙심할 수도 있으며, 돈을 최고의 목표로 삼을 수도 있다. 물론 물질적인 삶을 추구하는 것에 대해 무조건 나쁘다고 생각하지 않는다. 다만 돈의 노예가 되어 인생까지 삭막하게 살지 않았으면 좋겠다.

나의 인생은 변명하기 너무나 좋지만 가정의 행복을 최고의 목표로 삼고 나 자신을 위하여 후회가 없을 정도로 열심히 노력한 것을 아주 현명한 생각이자 행동이라 확신한다.

14) 장기기증과 시신기증은 나의 마음을 더욱 넓게 만들었다.

　장기와 시신 기증은 일종의 영웅심 또는 허세도 아니다. 그냥 너무 아픈 인생이기에 나와 같은 분들에게 조금이라도 도움을 주고 싶었다. 특히 건강 때문에 어쩔 수 없이 책을 덮어야 하는 분들에게 더 큰 도움이 되고 싶다.

　장기와 시신을 기증하는 또 다른 이유는 어차피 한 번 살다 가는 인생인 만큼 더욱 가치 있고, 의미 있게 살겠다는 자신과의 약속이다. 그리고 장기와 시신 기증은 가족이 아닌 이웃도 사랑할 수 있다는 넓은 마음을 갖게 하였다. 사실 나는 생각처럼 마음이 넓은 사람이 아니다. 그러나 기증을 통하여 이전보다 훨씬 넓은 마음을 갖게 되었음을 느낄 수 있었다. 반면 남을 위하며 기증하기로 약속한 내가 가족에게 눈물을 흘리게 한다면 지금 당장 기증한 것을 취소하리라는 마음을 항상 가지고 있다. 지금은 시신기증 때문에 장기기증은 취소한 상태다.

15) 과거가 아닌 미래를 위해 오늘 일에 최선을 다하자.

　어제만 생각하는 사람은 매우 어리석은 사람인 반면 내일만 생각하는 사람은 몽상가처럼 허황된 사람이다. 그러나 세상에서 가장 현명한 사람은 어제를 경험 삼아 보다 나은 내일을 위해 이 순간 최선을 다하는 사람이다. 과거가 아무리 좋고 행복했어도 그 행복이 미래까지 영원히 지속되리라는 보장은 없다. 그러니 과거를 경험 삼아 먼 미래까지 행복할 수 있도록 오늘 하루가 어렵고 힘들지라도 꿈과 희망을 가지고 최선을 다해 노력하는 것이 무엇보다 중요하다. 병마와의 싸움이 시작된 고등학교 재수 시절, 간으로 입원한 지 반세기가 되어가건만 지금도 그 생각에는 변함없다.

16) 지금 와서 보니 가장 중요했던 것으로 이에 대해서는 다음 장인 제9장 '또 다른 530GP 사건'에 나온다.

제9장

또 다른
530GP 사건

　제1장과 연결된 이야기로 육체적 건강만큼이나 중요한 것이 마음의 건강이다. 아니, 어쩌면 마음의 건강이 더 중요할지도 모른다. 마음이 건강하지 않으면 몸에 병이 생기는 경우가 허다하다. 특히나 요즘은 마음의 병을 앓고 있는 사람이 갈수록 많아지고 있다. 그래서 우울증, 신경증, 공황장애가 감기만큼이나 흔한 증상으로 여겨질 정도다. 그런데 더욱 안타까운 것은 이런 마음의 문제가 삶의 의지마저도 꺾는다는 사실이다. 그 증거로 2003년부터 거의 20년간 OECD 국가 중 자살률 1위라는 오명을 갖고 있다.

　실제로 정신적인 문제로 힘들어하다가 자살을 택한 유명인들에 대한 이야기가 종종 뉴스에 보도되곤 한다. 이전까지는 이런 사례가 많지 않았는데 2000년 이후 급격히 늘어났다. 그런데 어디 유명인사만의 문제일까? 유명인사가 아닌 사람들 중에도 스스로 삶을 포기한 사람들이 적지 않다. 다만 보도가 안 되었을 뿐이다. 그런데 이런 현상은 남 이야기가 아니다. 나 역시 한때는 정신적인 문제로 삶을 포기하고 싶었으니깐.

2013년 5월 29일, 국방부 홈페이지에 민원번호 1AA-1305-13274의 글이 등록되었다. 내용은 1985년 6월 13일, 비무장지대 530GP에서 일어난 사건에 관한 이야기다. 얼마 후, 28사단 중령으로부터 전화가 왔다. 그런 하극상이 일어나 정신적으로 고통을 준 것에 대해 사과했다. 나는 내 행동에 대해서 결코 후회하지 않으며, 만약 그들에게 아부나 하며 비굴하게 행동했다면 그것이 오히려 지금의 삶을 비참하게 만들었다고 했다.

노란 병적기록카드에 찍힌 빨간 도장 '신경증'은 무언가 숨기고 싶은 마음과 아픔을 품은 채 훈련소 생활이 시작되었다. 비록 첫 단추부터 잘못 채워진 군대이지만 아무리 힘들어도 가족을 생각하여 절대로 좌절하지 않기로 단단히 마음먹었다. 명목상으로는 국가에 충성하고자 군대를 왔다지만 나는 사회의 최소 단위인 가정, 바로 사랑하는 가족을 위해 군대에 왔다. 그렇기에 가족에게 누가 되지 않도록 군 생활을 극복하리라 다짐했다. 이 시간에도 힘든 훈련 등으로 군 생활이 어려운 군인이 있다면 나 하나가 아닌, 사랑하는 부모 형제를 생각했으면 좋겠다. 분명 가족에 대한 사랑은 군 생활을 하는 데 큰 도움이 된다.

나이에 비해 앳돼 보이고, 키가 165cm이니 겉보기에 나약하게 보이는 체격이다. 하지만 초등학생 때부터 철봉과 평행봉에서 놀다시피 운동을 한 덕분에 다부진 체격이다. 어깨가 강하고 뼈대 또한 통뼈라 할 정도로 강하여 군 생활을 버티는 데 아주 큰 도움이 되었다. 실제로 나의 장단지를 본 고참들이 무슨 운동을 했냐며 놀라워했다. 아무튼 그렇게 아픈 몸으로 군대를 갔더라도 체력이 따르지 못했다면 마음만으로는 감당하기 힘들다. 훗날 잠을 그리 자며 육체적으로 힘든 일용직 생활을 오랫동안 할 수 있었던 것도 체력이 좋은 탓이라 생각한다. 오히려 훈련소 생활보다 더 힘들게 한 것은 빨간 도장으로 인한 좌절감이다. 간혹 꿈이라며 허벅지를 힘껏 꼬집어 보았다.

1984년 1~2월, 10여 명이 논산훈련소에게 전방에 있는 28사단 81연대로 왔다. 연대 행정반에서 노란 병적기록카드를 보고 있는 병장의 모습이 보였다. 순간 얼굴이 확 달아올랐다. 빨간 도장이 찍힌 병적기록카드는 남에게 절대 보이고 싶지 않은 마음의 상처이자 자존심이다.

나를 포함하여 두 명이 의무병 보직을 받았다. 소총수가 된 동기들이 군 생활이 풀렸다며 부러워했다. 의무병은 가장 편하다는 보직 중의 하나다. 나 역시 마음속으로는 꽤나 기뻤지만 빨간 도장이 없는 그들이 부러웠다. 그래도 좋은 것은 좋은 것으로 의무병이 된 것은 정말이지 행운이다. 소총수가 된 동기들이 각자의 부대로 떠나고 의무병 두 명만 남았다. 그런데 병장이 걱정스러운 듯 말했다.

81연대 의무중대가 28사단에서 세 손가락에 끼는 군기라고 한다. 병장 눈에는 키가 작고 왜소하게 보이는 우리가 불쌍하게 보였던 모양이다. 동기는 나보다 작았다. 의무중대가 부대 안에 있음에도 행정본부 내무반에서 며칠 동안 재워주었다. 다른 병사들이 침상이 좁으니 빨리 보내라는 불평을 했으나 우리를 가엾게 본 마음씨 좋은 병장 덕분에 최대한 머무를 수 있었다.

며칠 뒤 일병 계급을 달은 병사가 우리를 데리러 왔다. 그에게 건네준 것은 병적기록카드였다. 목이 탈 정도로 바짝 긴장이 되고 식은땀이 났다. 영원히 숨기고 싶은 나만의 비밀을 자대 고참이 알게 되었다.

긴장과 불안한 감정을 안은 채 초조한 마음으로 의무중대 내무반으로 들어갔다. 추운 겨울날, 따스한 내무반 온기 덕분인지 행정병이 말한 것처럼 살벌한 분위기는 아니었다. 다행이란 생각에 안도의 한숨이 나왔다. 어쩌면 우리를 겁주기 위해서 허무맹랑한 말을 했는지도 모른다.

한 병장이 침상으로 올라오라며 반갑게 맞이하였다. 양반자세로 바짝 군기가 든 우리에게 편하게 앉으라며 두 다리를 강압적으로 뻗게 하였다. 마치 친근한 형처럼 대해 주었다. 군 생활을 이런 사람하고 같이 하면 좋겠다는 생각이 들었다. 제대를 바로 눈앞에 둔 병장으로 곧 사회인이 된다는 것이 마냥 부럽고 아쉬웠다. 사실 그 병장은 군기가 무척 센 사람이었다. 제대를 앞둔 탓에 맹수의 날카로운 이빨과 발톱을 숨긴 채 순한 양처럼 행동했음을 후에 알게 되었다.

막 자대로 온 신병인 탓에 모두가 편하게 대해 주었지만 마음까지 편할 수는 없었다. 오히려 불편할 정도로 아무것도 시키지 않았다. 심지어 밥이 가득 담긴 식판까지 갖다주었다. 의무병은 응급 대기인 탓인지 사병식당이 아닌 내무반에서 모여 식사를 했다. 고참들이 움직이기 전에 먼저 고참에게 줄 식판을 잡으려 하니 그냥 앉아 있으라며 다정하게 웃는 고참도 있었다. 하지만 그의 눈은 먹잇감을 노리는 맹수처럼 빛나고 있었다. 그런 때문에 웃는 모습이 오히려 더 불안하게 만들었다. 마치 가시방석과 같았다. 나중에 알았는데 신병이 오면 한동안 아무것도 시키지 않았다. 그러나 매일 밤 잠자리에 들기 전, 점호 시간이 되면 계급이 낮은 졸병들은 고참들로부터 갖은 폭행과 얼차례를 당했다. 물론 신병인 우리는 열외가 되어 차렷자세로 앞만 쳐다보았다. 보는 것만으로 맞은 것 이상으로 공포를 느꼈다. 연대 행정병의 말이 하나둘씩 증명되고 있었다.

어느덧 신병이 10여 명으로 늘어났다. 모두가 나와 같은 동기로 군 생활을 적응하기 위한 2주간의 자대교육이 시작되었다. 교육을 가르친 것은 이른바 공포의 3인방이다. 그중 한 명은 식판을 잡으려 했을 때 웃어 보이며 먹잇감인 양 노려봤던 운전병이다. 그런데 말만 교육일 뿐 교육을 빙자한 폭행이었다. 행정반에 두 줄로 세워 놓고 3인방으로부터 철저하게 인권이 유린당했다. 입에 담기도 어려운 온갖 쌍욕은 물론 주먹과 함께 군홧발로 내리찍었다.

두 손바닥으로 기관총을 쏘듯 양쪽 볼을 쉴 새 없이 따귀를 갈겼다. 정신을 차릴 틈도 없다 보니 따귀 맞는 두 손바닥에 얼굴을 지탱해야만 했다. 만약 그렇지 않았다면 순간적으로 정신을 잃고 나자빠졌을 거다. 감긴 두 눈에서 번쩍번쩍 불똥이 튀었다. 마치 회전하는 숫돌에 칼을 갈 때 생기는 불똥처럼 보였다. 오히려 번쩍이는 스파크 현상이 맞으면서도 신기하다는 생각이 들었다.

그런 현상은 만화 속에서나 존재하는 코믹한 표현으로만 알았다. 만화에서는 주먹 또는 몽둥이로 머리에 큰 충격을 받았을 때 머리 위에서 참새가 빙글빙글 날아서 돌거나 별이 반짝이는 모습으로 표현하기도 한다. 그런데 만화가 아닌 현실에서도 느낄 수 있으니 얼마나 신기한 일인가?

알루미늄 야구방망이로 홈런을 치듯 엉덩이를 맞았다. 족히 10대는 맞았다. 교육을 끝낸 후 폭력을 휘두른 한 고참이 해맑게 웃으며 팬티를 내리라고 했다. 앞에 서 있는 동기의 엉덩이가 초콜릿 색깔보다도 더 진했다. 고참은 언제 그랬냐는 듯이 선심을 쓰듯 물파스를 발라주며 말했다. 뼈가 부러져도 우리가 붙여주니깐 너희는 아무런 걱정하지 말라며 허연 이빨을 드러낸 채 다정하게 웃었다.

한 동기가 꿈속에서도 교육을 받았는지 까무라치듯 비명을 지르는 바람에 모두가 잠에서 깨고 말았다. 그날은 겁에 질린 비명 덕분인지 폭행 없이 편하게 교육을 받았다. 우리는 교육을 마친 뒤, 미친 척 또 한 번 비명을 지르라며 낄낄거렸다.

2주간의 교육이 끝난 뒤 3명만 의무중대에 남겨놓고 나머지 동기들은 연대 밑에 있는 대대로 파견을 나갔다. 파견만이 힘든 의무중대에서 벗어날 수 있는 유일한 방법이다. 대대로 파견을 나가면 의무중대와 달리 적은 인원이 생활하여 가족적인 분위기라고 한다. 그래서 폭력을 빙자한 2주간의 교육을 거기에 희망을 두고 버텼다. 그런데 유일한 희망인 파견 대상에서 빠지고 말았다. 후에 이런 생각을 하게 되었는데 혹시 빨간 도장이 찍혀 중대에서 관리가 필요한 때문은 아니었을까? 자살하려던 고참이 있었기에 더욱더 그런 생각을 할 수밖에 없었다.

매일 밤, 점호를 받으며 처참하게 폭행을 당했다. 하루라도 그런 폭행이 없으면 다음날이 더 두려울 정도다. 차라리 맞아야 편한 마음으로 잠을 청할 수 있었다. 가슴 높이 관물대에 양쪽 발을 올려놓고 침상 바닥에 두 손을 깍지를 낀 채 얼차례를 받았다. 그러면 제풀에 분을 이기지 못한 듯 악마 같은 고참들의 군홧발이 인정사정없이 날아왔다. 얼굴에 맺힌 땀방울이 똑똑똑 떨어져 침상에 고였다. 그래도 그런 자세로 가장 늦게까지 버티는 사람은 언제나 나였다. 얼차례를 받는 고참들은 익숙한 탓에 요령을 피우는지 여기저기서 픽픽 쓰러졌다.

내 관물대 왼쪽 바로 옆에는 강원도가 고향인 마음씩 착한 고참(김IS)의 자리다. 유독 인성이 좋은 6개월 빠른 고참이다. 얼차례를 받을 때면 헌규는 잘한다며 속삭였다. 그는 중대생활에 익숙지 못한 나에게 언제나 편한 마음을 갖도록 다정하게 대해 주었다. 갑작스럽게 비상이 걸려 신속히 완전군장을 쌀 때도 살짝 도와주는 등 아직 여유 있으니 당황하지 말고 천천히 하라며 속삭여 주었다. 만약 그가 옆에 없었다면 더 어렵고 힘든 신병생활을 보냈음이 틀림없다.

오기 때문인지, 체력이 강해서인지 아니면 요령이 없어서인지 얼차례 하나만은 똑소리 나게 잘 받았다. 마치 타고난 듯 보였다. 내가 그럴 수 있었던 것은 체력이 강인한 탓도 있지만 그건 나 자신과의 처절한 싸움이었다. 만약 버티지 못하면 어쩔 수 없이 의병제대를 해야만 한다. 그런데 이 정도는 군기가 약한 것이라고 한다. 같이 폭행을 당하는 마음씨 좋은 6개월 빠른 고참들 말에 의하면 내가 논산훈련소에서 자대에 오기 전에 동기 한 명이 자살을 시도했다고 한다. 다행히 목숨은 구했지만 정신질환으로 제대를 하는 바람에 그나마 약해진 것이라고 하였다.

어느 정도의 군기였는지 상상이 되지 않았다. 실제로 얼마 전까지만 해도 전역병이 제대를 하고자 의무중대를 떠나는 순간까지도 한바탕 난리를 쳤다고 한다. 그럴 수 있었던 이유는 얼차례를 주는 고참들이 전역병을 무시할 경우 그것을 보고 있는 졸병들이 자기들에게 똑같이 행동할 수 있기에 난리를 쳐도 모두 받아주었다고 한다. 만약 지옥이 존재한다면 28사단 81연대 의무중대가 바로 지옥 불구덩이보다 더 무시무시한 지옥임이 틀림없다.

논산훈련소에서 함께 연대에 온 동기, 소총수 한 명이 의무중대로 전출을 왔다. 나를 보는 순간 반갑다는 눈치를 보냈다. 하지만 끔찍한 점호를 한 번 받고 다음날 소총수가 더 편하다며 원래 부대로 도망치듯 달아나 버렸다. 그는 부대에서 적응을 못하는 바람에 상담을 통하여 운 좋게 의무병이 될 수 있었다. 그에게 가고 싶은 곳으로 마음대로 가라는 혜택을 주었다고 한다. 그래서 편한 보직인 의무병이 되고자 의무중대로 왔다고 했다.

실제로 아파서 입실한 소총수 병사들 말에 의하면 힘들다는 소총수도 이런 군기는 아니라고 한다. 당시 생각나는 입실환자 중에는 허리디스크가 심한 소총수 일병이 있었다. 얼마 후 상병 계급장을 달았음에도 군인에게 느낄 수 없는 상냥한 말투와 매우 포근한 인상이었다. 그는 오랫동안 장기 입실한 병사로 사회에서 허리디스크가 심했다고 했다. 그런데 입대할 때 공교롭게 허리에 이상이 없어 군인이 될 수 있었다고 한다. 그러나 자대에 와서 허리디스크가 재발하는 바람에 군 생활 내내 거의 모든 시간을 입실환자로 보내게 되었다. 곧 의병제대할 것 같다고 했는데 신병인 내가 불쌍하게 보였는지 소총수 생활에 대한 여러 이야기를 해주었다. 그 정도로 소총수가 보아도 군기가 센 부대임이 틀림없었다.

그렇다고 모든 고참이 폭악스럽고 군기가 센 고참은 아니었다. 공포의 3인방을 비롯하여 몇 명만 그랬을 뿐이다. 아무리 군기가 센 부대라 하여도 함께 있으면 마음이 편한 고참도 있었다. 한국외국어대학교를 다녔다는 귀공자처럼 훤하게 생긴 병장은 항상 미소 띤 얼굴로 밝게 말하였다. 특히 동생처럼 생각했는지 귀여워하며 흉측한 동물 이름을 별명으로 붙어준 부산 사나이 최JH 병장도 생각난다. 중대원을 향하여 무서운 듯 인상을 쓰며 말할 때도 있지만 그 속은 아주 선한 마음씨를 가진 멋진 분이었다. 꼭 한 번 만나고 싶을 정도로 생각나는 고참들이다. 6개월 고참들의 경우에는 같이 얼차례를 받는 고참이지만 너무 고생을 많이 한 탓에 자기들은 졸병이 와도 절대로 폭력을 휘두르지 않기로 약속했다고 한다. 참! 별명이 동물 이름이 된 사연에 대해서는 마침 쓰고자 하는 사연이기도 하여 다음 책에 쓰기로 한다.

졸병은 마음대로 내무반 침상에 앉을 수 없다. 군대 신문은 물론 책꽂이에 있는 책도 만질 수 없다. 의무병은 소총수와 달리 야외에서 훈련이 거의 없다. 그러다 보니 나 같은 신병은 24시간을 의무중대 안에서 생활해야만 했다. 그만큼 고참들 눈치와 폭행을 당하며 극심한 긴장 속에서 하루하루를 보냈다. 그러나 모두가 잠든 내무반에서 불침번을 설 때면 몰래 영어책을 봤다. 책꽂이에 있는 영어책을 꺼내 붉은 취침등 아래서 숨죽이며 보았다.

불침번은 중대원이 다 함께 잠자는 내무반에서 총을 들고 보초를 서는 것으로 한 시간씩 교대로 섰다. 보통 일주일에 6번 정도 섰는데 평일에는 10시부터 다음날 6시, 공휴일은 7시까지 불침번을 섰다. 9시에 시작한 점호가 10시에 끝나면 보통 12시까지는 고참들이 TV를 보기에 책을 볼 수가 없다. 반면 자정이 지나서는 모두가 깊은 단잠에 빠져 쥐 죽은 듯 고요하다. 책 보기에 더없이 좋은 시간이다. 그러니 10시에서 자정까지는 절대로 하고 싶지 않은 불침번 시간이다. 그나마 다행인 것은 돌아가면서 시간별로 불침번을 서기에 언제 그 시간에 서는지 미리 알 수가 있었다.

자정이 넘어야만 책을 볼 수 있었던 나는 한 가지 묘책을 생각해

냈다. 회식을 하는 날에는 술을 마시고 더 취한 척 행동하였다. 고등학교 재수 시절부터 간이 좋지 않았고, 녹내장으로 인한 안압 때문에 술과는 멀리한 생활을 하였다. 무엇보다 술 체질이 아니어서 소주 한 잔만 마셔도 한 병을 마신 것처럼 얼굴이 빨개져 친구들 사이에서도 너 혼자 다 마셨냐는 말을 들었다. 지금은 주량이 소주 2~3잔으로 아예 마시지 않는 편이다.

회식은 전역자가 생기거나 특별한 날에 하였다. 그래도 보직이 좋다는 의무병인 때문인지 종종 회식을 하였다. 넉살 좋게 고참이 따라주는 술을 벌꺽벌꺽 마신 나는 금세 얼굴이 시뻘겋게 달아올랐다. 그리고 일부로 취한 척 행동하였다. 회식이 끝난 후에는 아무도 모르게 입에 손을 넣고 토하는 바람에 나의 상태를 고참들이 알 수 있도록 하였다. 때문에 고참이라고 하여 강압적으로 술을 마시게 하지는 않았다.

회식을 할 때면 소주 한두 잔에도 잔뜩 취한 것처럼 행동했기에 불침번이 앞 시간일 경우 2~3시 이후에 설 수 있도록 조정되었다. 결국 내 계획대로 영어책 볼 수 있는 시간이 더 많아졌다. 특히 회식 후에는 중대원 모두가 녹초가 되어 잤기에 더 편한 마음으로 책을 볼 수 있었다.

당시 불침번을 작성하던 고참, 연대 행정반으로 우리를 데리러 온 박 일병이 겉으로는 엄한 척 인상을 쓰며 군기를 잡아도 단 한 번도 얼차례를 주거나 폭력을 행한 적이 없는 마음씨 좋은 고참이기에 회식이 있는 날이면 알아서 옮겨주었다.

아무리 군기가 세도 너무나 공부가 하고 싶었던 나는 그렇게라도 책을 봐야만 했다. 그런데 지금 와서 생각해 보니 운이 참 좋았다. 만약 잠에서 깬 포악스런 고참들에게 걸렸다면 어찌 되었을까? 당시는 그런 것까지는 생각을 못했을 정도로 공부하고 싶은 마음이 앞섰다.

내가 그렇게까지 책 보는 것을 포기하지 않은 이유는 단순히 지식을 얻기 위해서만은 아니다. 그 어떠한 상황에서도 결코 책을 놓지 않겠다는 일종의 오기였다. 후에 첫 휴가를 나가 제일 먼저 영어책을 산 것도 바로 그런 이유에서다. 책은 휴가 복귀를 하자마자 재빨리 책꽂이에 넣었다. 그리고 남들이 절대 눈치를 채지 못하도록 그런 방법으로 보았다. 군기가 아무리 세도 책 보는 것을 결코 막을 수 없다며, 그런 자신을 스스로 자유인이라며 위안하였.

겉으로는 군기가 바짝 들었지만 마음만은 책을 보는 자신에게 웃을 수 있는 여유를 갖고자 노력하였다. 그런 때문인지 제대 후 오랜 세월이 흘러 고참들을 만났을 때 첫 마디가 항상 웃는 얼굴이 좋았다는 등 나에 대한 기억은 밝고 명랑하게 웃는 모습이었다. 졸병 때 고참들로부터 이빨 보이지 말라는 경고를 수없이 받았는데 이는 웃지 말라는 뜻이다. 군 생활이 아무리 힘들어도 거울에 비친 얼굴은 언제나 밝은 미소로 가득했다. 그리고 그런 자신이 한없이 좋아 보였고 사랑스러웠다.

졸병은 아무리 배불리 먹어도 돌아서는 순간 배가 꺼질 정도로 늘 배가 고프다. 그러다 보니 특별한 경우를 제하고 졸병이라면 누구나 춥고 배고픈 시절을 보내게 된다. 이는 졸병, 특히 신병의 서러움이기도 하다. 그리고 한 가지 더 있다면 아플 때라 생각한다. 아파도 아프다고 내색할 수 없는 것이 신병의 신세다.

몸살이 나는 바람에 열이 나고, 얼굴이 불그스레 변했다. 옆으로 지나가던 공포의 3인방 중의 한 명, 물파스를 발라주던 고참이 어디 아프냐고 물었다. 군기가 바짝 들은 모습으로 아니라고 대답했다. 하지만 얼굴을 보면 알 수 있기에 당연히 약을 줄 거라 기대했다. 고참은 얼굴을 쑥 쳐다보고선 아무런 말도 않고 그대로 지나갔다. 아파도 약을 구할 수 없는 의무병이었다.

잠시 후, 약제병인 6개월 고참(현DC)이 오라고 하더니 이마에 손바닥을 댔다. 그는 따라오라며 약제실로 들어갔다. 서너 번 복용할 약을 조제하여 건네준 뒤 아프면 더 달라고 말하라며 미소를 지었다.

군 생활이 처음이라는 새로운 중대장님이 오셨다. 고려대학교 의대 출신이란 말에 함께 입대한 막내외삼촌의 친구임을 직감했다. 첫인상이 매우 선하여 외삼촌을 보는 것처럼 기뻤다. 마치 구세주를 만난 기분이었다. 그러나 빨간 도장이 찍힌 나로서는 절대로 내색할 수 없었다. 만약 외삼촌의 조카라는 것을 알면 외삼촌 체면에 손상이 갈 수 있다. 후에 휴가를 가니 어머니께서 막내외삼촌 선배가 그쪽으로 갔다고 하였다. 그때서야 선배임을 알았다. 하지만 우리 중대장은 다른 학교 출신이라고 했다.

새로 오신 김태연 중대장님은 이전의 중대장과는 확연히 달랐다. 중대 분위기를 파악한 뒤 졸병들을 보호하고자 선임들의 폭력을 일체 금지시켰다. 파견을 나간 의무병을 포함하여 모든 의무병이 소설책을 읽은 후 돌아가며 독후감 발표를 하도록 했다.

내가 가장 감명 깊게 읽은 소설은 가장 높이 나는 새가 가장 멀리 본다고 했던 리처드 버크의 「갈매기의 꿈」이다. 고등학생 때 영화관에서 상영했기에 소설을 읽지 않았어도 잘 알고 있는 내용이다. 먹고 사는 것을 위해 날아다니는 갈매기와 달리 주인공 조나단은 자아실현을 위해 더 높이 날아갔다. 나도 더 높이, 더 멀리 날아가는 갈매기 '조나단 리빙스턴'이 되기로 다짐했다.

집중력이 떨어지는 탓에 어릴 때부터 동화책 보는 것조차 싫었다. 군대에 오기 전까지 읽은 소설이 거짓말 조금 보태서 열 손가락에 꼽을 정도다. 고등학생이 되어서는 서서히 느끼기 시작한 시력장애로 인하여 더더욱 볼 수가 없었다. 어쩜 실명될 수 있는 한정된 시간 안에서 그런 책 볼 시간이 있다면 차라리 그 시간에 공부하는 것이 더 낫다고 생각했다. 나에겐 소설책 볼 시간은 사치에 불과하다. 그래서 이 세상에서 제일 부러운 사람 중의 하나가 소설책을 가까이하는 사람이기도 하다. 책을 마음껏 읽을 수 있는 그런 건강한 두 눈이 부러웠다고나 할까? 그런 내가 군대에서 소설책을 읽을 수 있어 다행이었다.

중대장님께서는 사회에 나가서도 유용하게 사용할 수 있는 의무에 대한 상식과 지식도 교육시켰다. 매달 시험을 보아 우수한 병사에게는 포상휴가를 보내주었다. 중대 분위기가 한순간에 공부하는 분위기로 바뀌어 버렸다. 이제는 마음껏 침상에 앉아 소설책을 보거나 시험을 대비한 공부를 하였다. 마음씨 좋은 6개월 빠른 고참 중의 한 명이 사회에서도 하지 않던 공부를 군대에서 한다고 하여 크게 웃었던 적도 있다. 그 정도로 분위기가 몰라보게 변하였다. 일요일에는 종교활동까지 할 수 있게 되었다. 얼차례를 주는 등 폭력을 휘둘렸던 고참들의 반발이 있었지만 중대장님의 의지를 꺾을 수는 없었다.

빨간 도장이 찍힌 후 도장을 찍은 군의관은 물론 신병에게 관심조차 주지 않았던 중대장을 보며 세상의 모든 의사가 양의 탈을 쓴 위선자로 단정 지었다. 때문에 존경하던 가까운 의사들마저도 이 중성에 역겨움을 가지게 되었다. 그런데 중대장님으로 인하여 그런 마음이 되돌아올 수 있었다. 빨간 도장까지 찍힌 내가 중대장님의 선한 인품을 경험하지 못했다면 지금도 색안경을 낀 채 모든 의사들을 그리 취급했을지도 모른다.

중대장님 인품에 대한 한 예로 1985년 2월, 12대 국회의원 선거가 있던 날이다. 우리 의무중대는 비밀투표를 했다. 천으로 가려진 책상에서 아무도 모르게 투표를 하였다. 지금은 어떤 방식으로 투표를 하는지 모르겠지만 당시는 결코 쉽지 않은 정의롭고 양심적인 행동이었다. 눈으로 직접 본 적이 없어 뭐라 말할 수 없지만 군인들 사이에서는 자기 의사와 상관 없이 투표를 한다는 말이 떠돌았다.

중대장님이 부임하신 뒤, 개혁이라고 할 정도로 중대 분위기가 확 바뀌었으나 그것만으로는 한계가 있었다. 오후 6시, 중대장님이 퇴근한 후에는 오히려 전보다 더한 폭력이 난무하는 지옥으로 변했다. 폭력과 얼차례를 당하는 졸병들은 중대장님이 항상 부대에 있기만을 바랬다. 간혹 외삼촌의 이름을 대며 진실을 말하고 싶었다. 하지만 조카라는 사실이 누가 되기에 어떠한 일이 있어도 그럴 수는 없었다. 만약 그런 마음을 조금이라도 갖고 있었다면 그전에 의병제대를 했을지도 모른다. 중대장님의 개혁에도 불구하고 보이지 않는 곳에서의 고참들의 폭력은 날로 심해져 두통이 더욱 강하게 왔다. 결국 군 생활을 할 수 없을 지경까지 오고 말았다.

졸병들이 앉아 있는 침상 쪽에는 전화기가 놓여 있었다. 벨소리가 울리면 옆에 있는 졸병이 자동적으로 수화기를 들었다. 그런데 내가 전화를 받으면 상대방의 목소리가 제대로 들리지 않았다. 눈앞이 깜깜해지고 식은땀이 날 정도로 횡설수설하였다. 그 모습을 본 고참이 네 졸병도 전화를 잘 받는데 아직도 받지 못하냐며 한심하듯 말했다. 결국 너는 절대로 전화를 받지 말라며 열외를 시켜주었다.

신병 때, 첫 면회를 오신 어머니께서 의병제대를 권했다. 하지만 의무병은 아주 편하니 걱정하지 말라며 안심을 시켜드렸다. 일부러 여유를 부리고자 차려온 고기반찬도 조금밖에 먹지 않았다. 의무병은 다른 병사와 달리 매일 고기를 먹는다며 배부른 척 행동하였다. 긴장이 풀려 피곤하고 졸렸지만 낮잠도 자지 않았다. 의무병은 일반 군인과 달리 훈련이 없어 낮잠을 잘 정도로 아주 편하다고 했다. 의무병은 편하다는 말을 외삼촌들께 들었을 어머니께서는 곧이 믿는 모양이다. 그래도 힘들면 언제라도 이야기하라며 걱정스런 표정을 지었다.

결국 인사계님께 아무도 모르게 말씀드렸다. 사회에서 너무 아팠던 탓에 군 생활이 너무 힘드니 편한 대대로 파견을 보내달라고 했다. 우락부락 생겨 무섭게 보이는 인사계님이 자상한 아버지가 아들에게 대하는 것처럼 다정하게 말했다.
"중대생활 잘했는데 어디로 보내줄까?"
"학교 선배가 있는 신병교육대로 보내주셨으면 합니다."
"알았어, 곧 보내줄게. 그동안 수고 많이 했어."
마치 나의 인생을 모두 알고 있다는 듯 아무것도 묻지 않고 흔쾌히 허락하였다. 사실 그것은 무척이나 위험하고 도발적인 행동이다. 자칫 군기가 빠진 것으로 생각할 수 있기 때문이다. 그럴 경우 지금까지 보낸 것과는 비교도 되지 않을 정도로 혹독한 군 생활을 보낼 수도 있다. 더욱이 빨간 도장이 찍힌 관심병사이니 당연히 중대에서 계속 관찰해야 할 병사가 아니던가?

그날 밤, 내 인생에 있어 가장 포근하고 행복한 잠을 청할 수 있었다. 웬만하면 중대장님께 말씀드렸을 텐데 어떠한 일이 있어도 그럴 수는 없었다.

며칠 뒤, 선배가 있는 28사단 신병교육대 의무대로 파견을 나갔다. 낯선 곳이지만 바로 그 환경에 적응한 나는 무엇보다 책 볼 수 있는 시간이 많아졌다. 훈련병이 훈련을 하는 낮 시간에는 심심할 정도로 따분한 생활이었다. 나는 고참들 눈치를 보며 숨어서 영어책을 보았으나 의무중대처럼 긴장하지는 않았다. 그래서 고참도 공부를 한다는 것을 알고는 있었다. 영어책은 책꽂이에 숨겼던 책이다.

여기는 중대와 달리 지상낙원 파라다이스였다. 대신 의무중대에 복귀하면 잠시 군기가 들은 것처럼 행동하였다. 제주도가 고향인 왕고참(박GH)은 마음이 너무 좋아 졸병들을 동생처럼 대해 주었다. 그는 고참으로서 할 수 있는 강압적인 언행조차 하지 않았다.

어느 정도냐면 1984년 12월 31일 밤에 있던 일이다. 왕고참이 한 해를 보내며 소감 한마디씩을 하라고 했다. 그때 나는 내 말 한마디에도 죽는 시늉을 하는 훈련병들을 보면 사회에 나가서도 그들 앞에서 그럴 수 있는지 의문이라며 마음이 착잡하다고 했다. 화기애애한 분위기가 한순간에 냉랭해졌다. 심각한 표정을 지은 왕고참은 여기는 사회가 아니고 군대이기에 그렇다며 애써 웃어 보였다. 그런 말을 한 졸병의 용기보다 그런 졸병을 너그럽게 용서하며 관용을 베푼 고참이 대단하게 느껴졌다. 그만큼 그는 내가 닮고 싶을 정도로 멋진 사나이였다. 신병교육대로 파견 오자마자 숨어서 공부하는 나에게 대학교수 같다고 했던 왕고참. 그것은 마음껏 책을 봐도 된다는 허락으로 여겨 책 보기가 한층 수월해졌다.

약제 업무를 담당하는 선배(김HW)가 15일 동안 정기휴가를 가게 되었다. 선배가 없는 동안 가장 가깝고 믿을 수 있는 후배인 내가 선배의 일을 대신하였다. 업무는 간단하고 쉬웠다. 가지고 있는 약과 장부에 기재된 약이 같으면 된다. 그러니깐 그날 사용한 약을 재고에서 계속 제하기만 하면 되는 아주 단순한 업무다. 하지만 두통 때문에 간단한 계산도 못했던 나는 혹시 잘못될까봐 몇 번씩 계산기로 확인하고 확인했다.

분명 선배가 오면 잘했다는 칭찬을 받을 거라 자신했다. 그런데 계산이 하나도 맞지 않다며 화가 난 선배가 오히려 다정한 목소리로 말했다. 우리는 남은 군 생활을 서로 의지하며 보내야 하고, 제대 후에도 계속 만나는 사이니 정신 똑바로 차리자며 환하게 웃었다.

팔이 안으로 굽는다고 선배 입장에서는 나와 나의 동기들 중에서 후배가 제일 똑똑했으면 하는 마음을 잘 안다. 순간 뜨거운 눈물이 흘러나왔다. 녹내장으로 인한 두통은 계산기로도 더하기, 빼기조차 제대로 할 수 없을 만큼 나 자신을 한심한 인간으로 만들어 버렸다.

중대에서 신병교육대로 파견 나갈 수 있었던 것은 오로지 인사계님의 배려다. 물론 중대장님의 승인이 필요했겠지만 어디로 가고 싶냐고 물었을 때 주저 없이 선배가 있는 신병교육대로 보내달라고 했다. 지금은 친구와 같이 입대를 하는 등 그 정도는 별것 아닐 수 있으나 당시로써는 결코 상식적이지 못하다. 후배가 선배 앞에서 군기 빠진 행동을 하여 자칫 사고가 일어날 수도 있다. 더욱이 나는 관심병사가 아니던가?

선배는 나 때문에 종종 재미난 일을 겪었다. 아니 내 입장에서 재미날 뿐 선배 입장에서는 곤욕스런 일이다.

"헌규야! 네가 먼저 군대에 와서 고참이 되었다면 어땠을까?"

왕고참 말에 기다렸다는 듯이 잔뜩 인상을 쓴 채 선배 앞으로 다가가 섰다.

"김○○! 어? 빠져서 대답을 안 해? 깍지를 낀다, 실시! 앞으로 취침! 뒤로 취침! 좌로 굴러! 우로 굴러! 빠져서 안 하네? 머리 박아!"

아파서 입실한 훈련병까지 의무대가 떠나도록 웃게 만들었다. 그 정도로 신병교육대의 생활은 가족적인 분위기로 마음씨 좋고 똑똑한 선배가 있어 언제나 의지가 되었다. 신병교육대가 아무리 편하다고 해도 선배가 없었다면 나에게는 결코 쉽지 않은 군 생활임이 분명했다. 그는 나의 미흡한 부분을 감싸주는 등 언제나 방패막이 되어준 고마운 선배였다.

항상 졸병 같던 내가 어느새 상병이 되었다. 부대가 곧 최전방으로 이동하게 된다. 그런데 최전방으로 이동할 때, 부적격자들은 위험성을 가지고 있기에 제외된다고 한다. 부적격자만 따로 모아 부대를 만든다는 소리를 들었다. 그럴 경우 여러 부대의 전방 부적격자들이 섞여 모인 탓에 무척 험난한 군 생활을 하게 된다고 한다.

병적기록카드에 빨간 도장이 찍힌 나는 당연히 부적격자다. 만약 그렇게 된다면 아무리 군 생활을 15개월 한 상병이지만, 나의 건강 상태로는 남은 군 생활을 장담할 수 없다. 이번에도 인사계님께 같이 갈 수 있게 해달라고 말씀드렸다. 인사계님은 아무런 걱정 하지 말라며 안심시켜 주었다.

의무중대에서 신병교육대로 파견을 갈 수 있었던 것은 힘든 중대생활을 잘 적응했기 때문이라고 생각한다. 그리고 전방 부적격자임에도 최전방 530GP로 파견을 갈 수 있었던 것 또한 신병교육대에서 생활을 잘했기 때문이다. 만약 군 생활 내내 관심병사 취급을 받을 정도로 행동했다면 신병교육대로 파견을 갈 수 없었을 뿐더러 최전방 GP는 더더욱 갈 수가 없다. 그 이유는 적어도 자살하려다 의병제대한 경험이 있는 부대가 아니던가? 그러니 위험요소가 있는 병사를 굳이 데리고 갈 필요가 있을까?

곧 부대가 최전방으로 이동하고자 선발대로 각 GP로 파견 나갈 의무병 10여 명이 선발되었다. 다행히 나도 포함되었다. 이제는 부적격자 걱정을 하지 않아도 된다. 훈련소에서 찍힌 빨간 도장은 군 생활 내내 근심거리가 되었는데 이제야 무거운 짐을 내려놓을 수 있게 되었다. 앞으로 1년간 GP에 있다가 나오면 동기들과 왕고참이 되어 제대하면 된다.

GP에 파견 나갈 의무병들이 중대장님과 작별 인사를 하였다. 중대장님은 얼마 후 다른 부대로 전출을 가기에 아쉬운 작별을 고해야만 했다. 중대장님께서는 우리와 일일이 악수를 하며 손수 사인한 책을 한 권씩 건네주었다. 마지막 순간까지 큰 감동을 주었다. 중대장님과 악수를 하며 마음에선 감사의 눈물이 흘러내렸다. 끝내 조카라는 사실을 숨겼지만 중대장님이 계셨기에 여기까지 올 수 있었다.

마치 시골에 온 것 같은 비무장지대 DMZ 530GP. 서로를 향한 남북한 확성기 소리에 귀가 따가울 정도로 시끄러웠지만 이내 잠잠했다. 귀를 기울이기 전에는 확성기 소리가 전혀 들리지 않을 정도로 무감각해졌다. 그만큼 시끄러웠지만 한편으로는 적막감을 느낄 수 있는 곳이다. 530GP로 파견을 간 나는 제대가 얼마 남지 않은 군견병과 이층 나무침대가 있는 벙커에서 같이 생활하였다. 심신이 지치고 정신적으로 피곤했던 탓에 이층 침대 위에서 억지로 잠을 자거나 영어책을 보았다.

사실 530GP에 파견 오기까지 신병교육대에서도 위기의 순간이 많았다. 폭력이 난무하는 의무중대에서 신병교육대로 파견을 간 날이었다. 의무대에 도착하니 왕고참과 친한 신병교육대 소속 말년 상병이 와 있었다. 그는 나를 보자마자 '말갈리 일병'이 아니냐며 군기를 잡았다. 작대기 하나인 이등병이 파견을 나가면 제법 군 생활을 한 것처럼 작대기 두 개인 일병 계급을 미리 달아주었다. 이등병일 경우 그곳 병사들에게 군기가 잡힐 수 있다는 우려 때문이다. 그렇게 미리 달은 일병을 '말갈리 일병'이라고 불렀다. 말갈이 일병인지, 진짜 일병인지는 명찰에 적힌 군번을 보면 알 수 있다.

그는 위협적으로 인상을 쓰며 이등병이 아니냐며 다그쳤다. 계속해서 일병이라는 대답에 느닷없이 따귀를 갈겼다. 순간 주먹으로 상병의 턱을 가격했다. 졸지에 주먹을 맞은 상병은 어이없다는 듯 말없이 노려보며 나갔다. 당시는 군 생활이 30개월로 말년 상병은 지금의 병장보다도 군 생활을 더한 상태다. 그는 턱이 붓는 바람에 한동안 식사를 못했다고 한다.

갑작스럽게 벌어진 일에 모두가 충격을 받은 듯 어안이 벙벙한 모습이었다. 왕고참의 얼굴에도 놀란 기색이 역력했다. 하지만 잘못이 없기에 아무런 말도 할 수가 없었다. 제일 편하다는 곳으로 파견 온 첫날부터 신병교육대 병사들로부터 공격의 대상이 되고 말았다. 그들은 의무대에 아주 건방진 놈이 왔다며 단단히 별렀다.

선배가 나를 포함한 의무병과 환자인 훈련병들을 인솔하여 식당으로 향했다. 멀리서 나를 본 병사들이 저 새끼 죽이라며 10여 명이 쏜살같이 달려왔다. 어떤 병사는 몽둥이를 들고 있었다. 한 병사가 벽돌로 나의 머리를 내려쳤다. 다행히 단단한 벽돌이 아니어서 그냥 허물어져 버렸다. 선배가 다급하게 외치며 그들을 막았다.

"헌규야! 빨리 의무대로 뛰어가!"

선배 덕분에 무사히 위기를 넘길 수 있었다. 숨 고를 틈도 없이 제일 편하다는 신병교육대가 또 다른 지옥이 되고 말았다. 그렇지만 영어책 보는 것을 멈출 수는 없었다.

훈련소 정문을 통과하여 의무대로 향하는데 UFC 격투기 선수처럼 덩치가 크고 당당한 병장이 내 앞을 가로막았다. 병장인 나에게 경례를 하라며 당장이라도 잡아먹을 기세로 눈을 부릅뜨며 노려보았다. 내 직속 고참도 아닌데 내가 왜 경례를 하냐고 했지만 그래도 해야 한다며 강요하였다. 그러면 휴가 나가서 나보다 계급이 높은 군인들에게 일일이 경례를 해야 하냐며 되물었다. 병장은 건방져 주의를 주겠다며 의무대를 향해 걸어가 군의관을 만났다. 군의관은 왜 경례를 하냐며 오히려 병장을 훈계했다.

다행히 왕고참의 중재로 문제가 해결되었다. 하지만 불붙은 신나가 머리로 날아와 얼굴에 화상이 나는 악재와 더불어 전방 부적격자라는 걱정 등으로 인하여 530GP에 들어왔을 때는 몸과 마음이 녹초가 된 상태였다.

완전히 폐쇄된 530GP에서 유일한 오락거리는 TV 시청이다. 탁구대가 있어 탁구를 치며 스트레스를 해소했으나 나는 시력장애와 두통 때문에 가까이할 수가 없었다. 대학생이 되면 한 번쯤 빠져본다는 당구도 친 적이 없다. 그냥 친구들과 어울리며 어쩔 수 없이 구경만 했을 정도다.

TV는 지친 마음을 위안해 주었다. 지금은 어떤지 모르겠으나 당시는 GP에서 TV를 시청할 수 없었다. 그럼에도 TV가 있는 이유는 정신교육용으로 비디오를 시청하기 위해서다. 하지만 530GP에서는 몰래 전파를 잡아 마음껏 TV를 보았다.

KBS 1TV에서 저녁 7시 뉴스가 시작하기 전으로 기억한다. 멋진 자연을 담은 영상과 함께 우리의 가곡을 하나씩 소개하였다. 비록 3~5분 남짓 짧은 영상이지만 나의 마음을 달래준 유일한 프로였다. 하지만 다른 병사들과 있을 때는 볼 수가 없다. 그들은 그런 것을 좋아하지 않았다. 오직 나 혼자 있을 때만 보고 들을 수 있는 아름다운 영상과 가곡이다.

가장 기억에 남는 가곡으로는 파도가 출렁이듯 바람에 물결치는 갈대와 함께 소프라노 양은희 교수가 부르는 '님이 오시는지'다. 군대에 오기 전까지 많은 가곡을 들었음에도 최전방인 비무장지대 GP에서 듣는 때문인지, 아니면 사랑하는 연인이 보고픈 때문인지 가사 하나 하나가 이슬처럼 마음을 적실 만큼 찡한 감동을 받았다. 그 후 양은희의 '님이 오시는지'는 내 평생 최고로 좋아하는 가곡이 되고 말았다.

지금도 안산천을 거닐 때면 안산천을 따라 무성히 자란 갈대가 바람에 흔들거리면 그때 본 갈대가 떠올라 나지막이 '물망초 꿈꾸는~ 강가를 돌아~ 달빛 먼 길~ 님이 오시는가~'라며 노래를 부른다. 아내는 남들에게 민폐라며 그만 부르라고 하지만 기어코 끝까지 부르며 그때의 감성적인 젊디젊은 자신으로 되돌아가는 추억에 빠지게 된다.

1985년 6월 13일 저녁, 국방부에 항의민원을 올렸던 문제의 사건이 터졌다. 대통령배 국제축구대회 한국의 경기가 있던 날이다. 경기가 시작되기 전부터 근무가 없는 소대원들이 TV가 있는 식당으로 모이기 시작했다. 소대원들보다 일찍 간 나는 의자에 앉을 수 있었다. 이때가 19개월 군 생활을 한 상병이었다.

일병인 소대원 한 명이 나를 밀치며 우리 고참 앉게 일어서라며 의자를 뺏으려 했다. 부탁도 아닌 강압적인 말투에 무슨 소리냐고 대답했다. 말이 채 끝나기가 무섭게 덩치 큰 여러 명이 떼거리로 몰려와 격렬한 싸움이 벌어졌다. 비록 그들보다 작고 혼자였지만 어느 소대원의 M16 소총을 잡고 몽둥이처럼 휘두르는 등 전혀 위축되지 않았다. 그들은 작고 약한 모습의 내가 그렇게 나오리라고는 전혀 예상하지 못했으리라. 어쩜 싸움이 일어나기 전에 아부하듯 꼬리를 내릴 거라 생각했는지도 모른다. 그들은 거세게 대항하는 나에게 쉽게 접근하지 못했다. 그러나 그들에게 밀려 뒷걸음을 치며 계속해서 총을 휘둘러야 했다. 결국 지상에서 지하벙커 구석으로 몰려 5~7명으로부터 일방적으로 집단폭행을 당할 위기에 처했다. 순간 그들을 제치고 소대장실로 달려갔다.

소대장 책상에는 항상 수류탄이 놓여 있었다. 원래는 안전한 곳에 보관해야 하는데 책상 위에 방치하였다. 수류탄을 잡고 안전핀을 뽑아 터뜨리려는 순간 쏜살같이 뒤따라 달려온 군건병(우SM)이 몸을 날려 수류탄 잡은 나의 손을 잡았다. 그리고 다급한 목소리로 수류탄 안전핀을 뽑았다고 외쳤다. 나를 폭행하려던 소대원들은 혼비백산 지상으로 달아났다. 만약 0.01초만 늦었다면 영화 속 장면이 펼쳐졌다.

단순히 겁을 주기 위한 행동이 아니었다. 이렇듯 수류탄 한 방으로 모든 상황이 종료되었다. 이때가 내 인생에 있어 가장 긴박한 순간이었다. 거울을 보니 입술이 터져 피가 나왔지만 아픔을 느끼지 못했다. 나의 행동은 GP를 완전히 발칵 뒤집어 놓았다. 그러나 아무 일도 없다는 듯 오히려 정적만 흘렀다. 영화에서 익히 보아왔던 장면처럼 전투를 앞두고 느끼는 긴장감처럼 고요 속의 적막이라고 할까? 언제 터질지 모르는 화약고처럼 일촉촉발의 상황이었다.

군대에서의 폭행은 그때나 지금이나 금지되어 있다. 특히 북한군과 바로 눈앞에 대치하고 있는 GP에서는 더욱더 생각할 수 없는 일이다. 그 이유를 굳이 설명하자면 언제든지 총을 쏠 수 있도록 총알이 장전된 상태다. 최악의 경우 사고를 친 뒤 북으로 넘어갈 수도 있다. 그래서 더욱더 폭행이 용인될 수 없는 곳이 바로 비무장지대 안에 있는 GP다. 더욱이 나는 그들보다 군 생활을 더한 상병임에도 그런 폭행을 저질렀다는 것은 결코 있을 수 없는 일이다.

제대를 앞둔 군견병이 이런 사태가 일어난 것에 대해 소대원들을 상대로 확인하였다. GP를 지키는 어느 소대원이 자기 졸병인 일병들에게 의무병인 나를 군기 잡으라고 하여 의도적으로 노린 폭행이었다. 그러니깐 일부로 시비를 건 뒤 기다렸다는 듯 떼거리로 몰려온 것이다. 그러니 이때가 아니더라도 언제라도 폭행이 벌어질 수 있는 GP에서의 생활이었다.

만약 완전 폐쇄된 비무장지대 GP에서 그들로부터 맞아 죽었다면 이런 진실이 제대로 밝혀질 수 있었을까? 빨간 도장이 찍힌 나는 애당초 GP에 들어올 수 없는 군인이다. GP에서 아무리 생활을 잘해도 결국 적응하지 못한 문제사병으로 둔갑됨은 불을 보듯 뻔하다. 그러니깐 잘하고 못하고를 떠나 모든 책임을 나에게 뒤집어 씌워도 문제될 것이 없다. 그것을 증명할 수 있는 것이 바로 빨간 도장이다. 그러니 수류탄이 터졌어도 모든 잘못은 내 탓이다.

오랫동안 GP에서 생활한 군견병은 이런 부대는 처음 봤다며 한 가지를 제안했다. 내가 동의하면 소대가 해체하도록 상부에 보고 하겠다며 의향을 물었다. 물론 나에게는 아무런 피해가 가지 않도록 하겠다고 했지만 그럴 수는 없었다. 만약 그런 과정에서 빨간 도장 찍힌 것이 밝혀지게 된다면 GP로 파견을 보낸 중대장님과 인사계님께 피해를 주게 된다. 그러니 선택의 여지 없이 없던 일처럼 무조건 덮어둘 수밖에 없었다. 그러나 용서를 비는 소대장에게는 부대에 보고하겠다며 강하게 행동하면서 너그러운 척 용서해 주었다.

소대원 중 제일 막내인 이등병이 발을 심하게 다쳐 GP에서 나와야 할 처지에 놓였다. 만약 그리되면 다른 소대에서 신병생활을 해야 하는 등 신병으로서 겪는 고생을 처음부터 다시 시작해야 한다. 이등병 입장에서는 그래도 적응한 소대원과 같이 있는 것이 더 좋다는 것을 알기에 하루에도 수차례 정성껏 치료해 주었다. 결국 그는 자기 뜻대로 남을 수 있게 되었다.

사실 그런 환자가 발생하면 의무대에 전화하여 GP 밖으로 이송하는 것이 가장 적절한 조치다. GP에서는 치료가 한정적이기에 오히려 악화될 수 있다. 무엇보다도 내 입장에서 신경 쓰지 않아도 되니 위험을 감수할 필요가 없다.

그 이등병이 지금도 그때를 생각한다면 의무병인 나에게 절을 할 만큼 고마워하리라 여겨진다. 그렇게 최선을 다해 치료를 하는 등, 특히 계급이 낮은 병사들에게 더욱 친절한 의무병이었다. 그런데 일병들로부터 아무런 이유 없이 집단으로 폭행당할 처지에 놓이고 말았다. 그래서 더욱 화가 나고, 참을 수 없는 배신감을 느꼈다. 어쩜 그들은 그런 친절까지도 아부로 생각했는지 모른다.

나는 자신에게는 독종이지만 성격적으로 매우 친절한 편에 속한다. 그것은 군인이 되어서도 변할 수 없었다. 아마도 천성인 모양이다. 더욱이 아픈 몸으로 군대에 왔기에 더욱 친절한 의무병이 되고 싶었다. 비록 빨간 도장이 찍히는 인생의 좌절을 맛보았지만 그것을 화풀이하고자 악하고 독한 마음으로 의무병 생활을 할 수는 없었다.

신병교육대에 파견을 나갔을 때는 훈련병들 사이에 소문이 났을 정도로 친절했다. 훈련을 마친 뒤, 치료를 받으러 의무대에 온 훈련병들이 나에게 치료를 받고자 달려와 줄을 선다는 말을 훈련병에게 직접 들었다.

치료를 핑계로 나의 마음을 괴롭히는 의무병이 있었다. 과산화수소가 묻은 솜이 상처에 닿아 따가워 움직이면 군기가 빠졌다며 군홧발로 걷어찼다. 또는 엄살을 부린다며 더 강한 소독약으로 상처 부위를 고문하듯 지졌다. 30cm 자를 세워서 날카로운 부위로 손등을 내려치기도 했다. 그런 짓을 멈추라고 하면 보란 듯이 더 가혹하게 행동하였다.

그는 나의 마음을 괴롭히기 위한 수단으로 훈련병들에게 그런 만행을 저질렀다. 때문에 관심이 없다는 듯 무심한 척 행동할 수밖에 없었다. 그 외에도 여러 치졸한 방법으로 나의 마음을 괴롭혔다. 하지만 화를 내거나 언짢은 내색조차 할 수 없었다. 오히려 그의 행동이 불쌍하게 보여 나의 충고로 마음의 상처를 주고 싶지 않아 꾹 참아야 했다.

훗날 반갑다며 집으로 전화가 왔다. 나에게 저지른 만행을 이야기하자 그제야 미안하다며 사과를 했다. 다시는 절대로 전화하지 말라며 수화기를 내려놓았다. 군기는 군대가 제대로 돌아가기 위해서는 어느 정도 필요하다고 생각한다. 하지만 그런 경우도 군기라 할 수 있을까?

만약 빨간 도장 찍힌 것을 분풀이하며 의무병 생활을 했다면 지금쯤 어떤 모습일까? 또는 530GP에서 벌어진 친절에 대한 배신감을 원망하며 악한 마음으로 남은 군 생활을 보냈을 경우에는? 어쩌면 제대 후 반사회적 인격장애로 살았을지도 모른다. 그래서 군대에서 영어 공부와 펜글씨를 연습한 것보다도 나름대로 선하게 보낸 것을 더 큰 다행이자 자랑으로 생각한다. 지금의 기적 같은 건강과 행복은 영어 공부와 변한 글씨 덕도 있으나 선한 마음에서 시작되었다고 믿는다. 그렇다고 나처럼 건강을 찾지 못한 분들의 마음에 문제가 있다는 것은 아니다. 그러니 오해하지 않았으면 좋겠다.

앞에 소개한 생활 수칙 중에서 마지막 16번째는 삶이 어렵고 힘들어도 착하게 살았으면 좋겠다. 수류탄 사건을 마무리 지은 군견병이 제대를 하고자 GP를 떠난 후에는 잠시 악하고 삐딱하게 행동한 적이 있었다. 선한 모습이 오히려 나약하게 보였음을 힐책하며 일부로 강하게 보이고자 그렇게 행동했으나 일시적인 행동에 불과했다.

선한 마음은 악한 마음과 달리 몸과 마음을 시원한 탄산수처럼 청량감 있는 인생으로 만든다. 그러니 악한 마음으로 어려운 현실을 극복하고자 기를 쓰는 것도 중요하지만, 선하고 아름다운 마음으로 노력하는 것이 확률적으로 극복할 가능성이 높다고 믿는다.

신병교육대에 있을 때 훈련병을 따라 사격장에 갔다. 이때도 영어책을 가지고 갔다. 신병교육대로 파견 온 뒤로는 조그만 틈만 생기면 영어 공부를 하고자 기를 썼다. 나 자신이 생각해 보아도 공부하기 위해 군대 온 것처럼 느껴졌다.

신병교육대의 의무병 생활은 훈련병들이 훈련을 하는 낮 시간은 심심할 정도로 한가하다. 무료함을 달래주는 일과 중의 하나가 군복 다림질이다. 세탁한 군복을 빳빳하게 줄을 세워 다림질을 하는데 손가락이 벨 것처럼 날카롭게 줄을 세웠다. 그러기 위해서는 한두 번의 다림질로는 어림없다.

선심 쓰듯 고참의 군복까지 다림질할 정도로 다림질은 무료한 시간을 보내는 데도 더없이 좋다. 하지만 나는 군복을 다리는 일을 거의 하지 않았다. 한 번 세탁을 하고 다림질을 하면 네다섯 번 손빨래를 해도 보기 흉하지 않을 정도로 계속 줄이 그어져 있었다.

그러니 손빨래를 했다고 하여 매번 다림질할 필요가 없다. 심지어 휴가를 갈 때도 대충 다림질할 정도로 그런 쪽으로는 아예 관심이 없었다. 왕고참으로부터 군복 좀 다려서 입으라는 소리까지 들었을 만큼 외적인 면에 시간을 보내고 싶지 않았다.

그러니 아내로부터 옷 좀 제대로 입고 다니라는 핀잔은 내 성격상 당연한 일인지도 모른다. 사진은 제대를 앞두고 찍은 사진으로 군복에 줄이 아예 없다시피 하다.

사격이 끝나기를 기다리는 동안 한쪽에서 영어책을 보았다. 조교가 배가 아프다는 훈련병을 데리고 왔다. 군기가 빠져 꾀병을 부리니 군기를 잡으라고 했다. 군대를 다녀온 사람이라면 알겠지만 팔다리가 부러지거나 체온이 올라가는 것처럼 바로 확인할 수 있는 것을 제하고는 일단 꾀병 취급을 당한다. 특히 속병인 몸 안의 장기는 겉으로 표시가 나지 않기에 더더욱 꾀병으로 생각한다. 훈련병도 꾀병 취급을 받고 있었다.

내가 보기에는 심상치 않아 급히 신병교육대 의무대로 보냈다. 후에 사격장에서 돌아오니 훈련병은 군 병원으로 긴급히 후송을 갔다고 한다. 조금만 늦었어도 큰일 날 뻔했다며 왕고참과 선배로부터 잘했다는 칭찬을 받았다. 중대장님께 배운 의무에 대한 교육이 큰 빛을 발휘한 셈이다.

얼마 뒤 훈련소에게 지급받은 보급품을 가지러 온 훈련병의 아버지가 나를 만나려 의무대로 왔다. 덕분에 아들이 무사히 수술을 받았다며 고마워했다. 완쾌되면 거기서 제대한다고 하였다. 솔직히 제대하는 훈련병이 부러웠지만 내가 의병제대하는 것처럼 기뻤다. 군인으로서 의무병으로 보람을 느꼈다.

당시 28사단 신병교육대에서 훈련을 받은 분들이라면 어쩌면 그런 친절한 의무병이 있었음을 기억하는 분도 있을 것이다. 내가 신병교육대에 있던 시기는 1984년 여름부터 1985년 2월까지다. 실제로 장기간 입실했던 대구에서 온 훈련병(이YS)을 제대 말년에 만나게 되었다. 부대에서 힘을 쓸 정도로 고참이 된 그는 혹시 졸병들로 인하여 어려움이 생기지 않도록 단단히 주의를 주며 보살피듯 챙겨주었다. 530GP 사건을 겪은 나로서는 한없이 고마웠다. 제대 후에는 대구에 놀러 오라고 하여 반갑게 만날 수 있었다. 그는 나와 나이가 같은 1963년생이다. 그래서 '최 병장님'이라는 호칭 대신 그냥 친구처럼 부르라고 했다.

530GP 사건은 군 생활뿐 아니라 살아온 내 인생 전반에 걸쳐 회의감에 빠지게 했다. 영어책은 계속 보았으나 그것만으로 제대할 날을 기다리기에는 너무나 무의미하고 아깝다는 생각이 들었다. 보다 의미 있는 무언가를 찾아야 했다. 문득 초등학교 2학년 같은 글씨가 생각났다. 글씨는 공부로 성공하고 싶었던 나에게 가장 큰 장애물이자 콤플렉스였다. 지금이야 컴퓨터를 이용하여 문서작성을 하지만 당시는 모든 것을 손으로 써야 했다. 다만 타자기로 글씨를 대신할 수는 있으나 컴퓨터처럼 대중화되지는 못하였다.

내가 글씨에 집착하는 데에는 사연이 있다. 거의 모든 것을 한문으로 쓸 정도로 글씨 잘 쓰는 아버지와 비교가 되는 일종의 부러움이다. 사진은 대학생 때 한국전이 발발하자 자원입대하신 아버지께서 사진에 남긴 글씨다.

흑백사진에 색을 입힌 사진으로
단기 4285년 11월 3일은 서기 1952년 11월 3일

아버지께서는 사진 찍는 것을 무척 좋아하셨다. 전쟁 중에도 사진기를 가지고 다녔다는데 그래서인지 전쟁 때 찍은 군인 사진이 많다. 그런 아버지 영향으로 어려서부터 사진기를 접할 수 있었고, 중학생 때는 흑백 필름을 직접 현상하고 인화까지 할 수 있었다. 고등학생이 되어서는 노출을 길게 하는 B셔터로 자동차 헤드라이트가 질주하는 밤의 정경을 담은 흑백사진 3장으로 학교 예술제에서 상을 받기도 했다. 친구들이 사진학과에 갈 것으로 생각할 만큼 사진기에 푹 빠져 있었다.

아버지께서는 영화 또한 무척 좋아하셔서 어려서부터 부모님을 따라 자주 영화관에 갈 수 있었다. TV에서 하는 영화도 마음껏 보도록 하였다. 아버지와 함께 영화를 볼 때는 영화배우에 대한 이야기도 들려주었다.

보통 서부 사나이 하면 존 웨인이 생각나겠지만 나는 아버지로부터 들은 게리 쿠퍼가 떠오른다. 〈하이눈〉에서 후에 모나코 왕비가 된 그레이스 켈리와 출연하였고, 〈누구를 위하여 종은 울리나〉에서는 잉그리드 버그만과 출연한 게리 쿠퍼가 영화배우 중에서 가장 빨리 권총을 빼서 쏜다는 말도 해주셨다.

초등학생 6학년으로 기억한다. 아버지와 함께 TV에서 오드리 헵번과 그레고리 펙이 주연한 〈로마의 휴일〉을 보게 되었다. 이때도 영화에 대한 설명을 들으며 볼 수 있었다. 먼 훗날 사랑하는 딸과 잠실역에 있는 트레비 분수에서 사진을 찍은 이유가 바로 아버지를 그리워하며 찍은 사진이다. 〈로마의 휴일〉에서 트레비 분수가 나올 때 돌아서서 동전을 던지면 로마에 다시 올 수 있다는 말씀을 하셨다.

  당시 책장에는 우리나라 최초의 세계 여행가인 김찬삼 교수의 커다랗고 두툼한 10권짜리 세계여행전집이 있었다. 책에는 많은 사진들이 담아져 있어 사진을 보는 것만으로도 현지에 있는 듯한 상상에 빠지게 했다. 당시는 지금처럼 해외여행이 자유롭지 않았던 탓에 외국에 대해 알 수 있는 정보가 거의 없다시피 했다. 영화 〈로마의 휴일〉을 보고 세계여행전집에서 이태리 편을 찾아본 기억이 난다. 그런 이유 때문인지 초등학교 6학년 시절의 꿈은 탐험가가 되기를 꿈꿨다.

  이처럼 사진과 영화는 아버지로부터 받은 사랑이다. 그러나 눈과 밀접한 관계가 있다 보니 일시적인 취미에 불과했다. 아니 그보다는 공부가 더 재미났기에 그 어떤 것도 나의 인생이 될 수 없었다. 다만 사랑하는 딸에게 많은 사진을 찍어주고, 영화 대신 연극을 볼 수 있었기에 그것으로 만족한다. 아무튼 이런 취미가 건강을 찾고 행복한 가정을 이루는 데 큰 도움이 된 것만은 사실이다.

  녹내장에 걸린 사람의 경우 일상생활 중에 조심할 것들이 있다. 그중 하나가 영화 관람이다. 어두운 곳에서 영화를 보면 눈 건강에 좋지 않다고 한다. 보더라도 심각한 영화보다는 마음을 즐겁게 하는 코믹한 영화를 보라고 한다. 그러다 보니 영화도 멀어질 수밖에 없었다.

  딸과 함께 많은 연극을 보게 된 이유가 바로 그런 연유에서다. 그렇지만 〈해리포터〉처럼 특별한 영화는 함께 영화관을 찾았다.

사진은 난생처음 보는 입체영화 〈스파이 키드 3D〉가 시작되기를 기다리는 동안 찍은 사진이다.

　소설책을 많이 읽은 사람보다도 더 부러운 사람이 있다면 글씨를 잘 쓰는 사람이다. 글씨를 못 쓰게 된 이유는 놀다시피 다닌 초등학교 생활과 무관하지 않다. 숙제조차 제대로 하지 않을 정도로 공부와는 완전히 담을 쌓는 생활을 하였다. 수업이 끝난 후 숙제를 하지 않은 친구들과 복도에 쭈그리고 앉아 숙제를 한 적이 많았다. 그러니 조금이라도 빨리 친구들과 놀고 싶었던 탓에 비행기가 날아가듯 갈겨서 썼다. 물론 집에서 숙제를 할 때도 그렇게 썼다. 결국 지렁이가 기어가는 글씨는 내 인생의 최대 콤플렉스가 되었고, 이곳 530GP에서 극복하기로 했다.
　얼마 뒤 정기휴가를 나가게 되어 펜글씨 교본, 펜촉, 펜대, 잉크 그리고 바둑판처럼 줄이 그어진 노트를 구입했다. 다시 530GP로 돌아온 나는 초점 잃는 눈동자와 두통을 감수하며 펜글씨 연습을 하였다. 수류탄 사건 덕분에 특별히 시비를 거는 사람이 없어 온 정신을 펜글씨에 집중할 수 있었다.

펜글씨 연습은 영어책 보는 것하고는 비교가 되지 않을 정도로 몇 배 더 어렵고 힘들었다. 글자 하나하나에 온 정신을 집중하며 정성껏 써야 하기에 두통의 강도부터 달랐다. 두 눈 또한 더 빨리 초점을 잃어 멍해진 상태다. 만약 그런 이유로 포기한다면 공부가 하고픈 나로서는 평생을 위축되며 살아야 할지도 모른다.

이를 악물고 또다시 나 자신과의 싸움이 시작되었다. 그러자 불가능할 것 같던 글씨가 서서히 변하기 시작했다. 만약 사회였다면 힘들었을 것 같은데 그나마 사회와 단절된 군대, 그것도 외딴섬처럼 자리 잡고 있는 GP였기에 가능했다고 믿는다. 그 정도로 글씨의 변화는 생각처럼 쉽지가 않았다. 어쩌면 시력장애와 두통 때문에 남들보다 몇 배 더 힘들었는지도 모른다.

지금은 펜글씨를 배웠던 그때와 비교하면 글씨를 거의 쓰지 않을 만큼 세상이 변했다. 어떤 날은 한 글자도 쓰지 않아도 될 정도로 모든 것을 컴퓨터가 대신하고 있다. 반면 도장만 찍어야 했던 은행 업무까지도 사인 또는 이름으로 대신하고 있다. 그러니 통장에 멋지게 써진 내 이름을 보는 것만으로도 뿌듯할 정도로 만족과 보람을 느낀다.

수류탄 사건은 GP를 지키는 상급부대까지 보고되었다고 한다. 친하게 지낸 소대원에 의하면 의무병을 절대로 건들지 말라는 명령이 내려왔다고 한다. 나 또한 이 사건이 더 이상 커지는 것을 원하지 않았기에 다행으로 생각한다. 당시는 전초부대라고 하여 GP

만 전담으로 지키는 부대가 따로 있었다. 만약 이 사건이 헌병대나 보안대에 알려질 경우 상상하기 어려운 일이 벌어지게 된다. 당사자인 나도 나이지만 GP를 지키는 소대 또한 엄청난 곤욕을 치르게 되며, 수류탄을 책상 위에 방치한 소대장은 말할 것도 없다.

군대에서 특별한 존재이셨던 중대장님을 하루도 잊은 적이 없다. 만약 우리나라에 중대장님과 같은 분이 더 계셨다면 군대에서 벌어지는 일련의 그런 사건들은 절대로 일어나지 않았다. 훗날 막내외삼촌(홍서유, 당시 을지병원 원장)께 선배 김태연이 어떤 분이냐고 여쭈어보았다. 네가 어떻게 그분을 아냐며 세상에서 그런 선인은 없다며 칭찬해 마지않으셨다. 만약 김태연 중대장님이 우리 부대에 오시지 않았다면 나의 군 생활이 어떻게 되었을까? 제대한 지 정확히 30년 후, 중대장님을 뵙게 되어 감사함을 전했다.

세월이 흘러도 인자하신 모습과 다정다감한 목소리와 말투는 변함이 없으시다. 중대장님에 대한 감사는 내 삶에 있어 절대로 잊을 수 없는 분이다. 그리고 소식을 알 수 없는 인사계님도 이 글을 통하여 꼭 뵙기를 원한다. 28사단 81연대 의무중대 인사계로 계급이 상사이셨던 김기S님.

지금은 시대가 변하여 군대에서도 자기 발전을 위한 시간이 있다는데 내가 복무할 당시는 상상조차 할 수 없는 일이다. 그럼에도 개인적으로 보람된 일을 성취할 수 있었던 것은 신병 때 어느 소총수 병장의 모습을 가슴에 새겨놓았기 때문이다.

제대가 얼마 남지 않은 병장이 갓 훈련소에서 온 나에게 제대하면 담배도 못 피우게 될 거라며 푸념하였다. 나는 말년병장이 부러운데 그는 오히려 신병인 나를 부러워함을 느꼈다. 순간, 준비되지 않은 제대는 군 생활보다 더 힘든 사회가 기다림을 알게 되었다. 병장의 근심 어린 얼굴을 보며 나는 절대로 그런 식으로 제대하지 않기로 다짐하고 다짐하였다.

1986년 5월 1일, 영원히 올 것 같지 않던 제대가 나에게도 왔다. 보통 제대를 하는 그 순간은 말로 표현할 수 없을 정도로 기쁘다. 하지만 나는 완전 폐인이 되어 사회에 발을 디뎠다. 그나마 변한 글씨와 영어 공부를 했다는 자부심이 큰 위안이 되었다.

시골에서 휴양을 할 때 제대한 대학 친구가 왔다. 막 제대한 친구 앞에서 글씨를 써 보이자 넋이 나간 표정으로 바라보았다. 너는 인간도 아니라며 어떻게 군대에서 글씨가 변할 수 있냐며 말을 잇지 못하였다. 글씨가 너무 아깝다며 복학을 권유했지만 거절했다. 너는 틀림없이 공부로 성공한다며 나보다 더 자신했던 친구였다. 내 인생에 있어 다시는 절대 책을 안 보겠다는 말에 친구는 안타까워하였다.

친구는 나에게 더없이 고마운 존재다. 내가 아파 힘들어할 때면 자기가 아픈 양 진심으로 걱정하며 위로와 희망을 주었던 친구다. 신병 시절, 극도의 긴장감으로 특히 정신적으로 힘들 때, 면회를 와 달라고 연락을 하면 언제라도 최대한 빨리 달려왔다. 특히, 갑작스럽게 군대에 갔을 때는 학교생활에 흥미를 잃을 정도로 실의에 빠졌다는 말을 친구들로부터 들었다. 마치 캠퍼스 커플처럼 항상 같이 다녔던 내가 보이지 않자 마누라 어디 갔냐고 했을 정도로 우린 단짝이었다. 나보다 키가 큰 친구는 남편, 나를 마누라로 장난스럽게 묘사하였다. 한편, 그런 친구가 걱정되어 나를 잊고 여러 친구를 사귀라고 했다. 그만큼 내게 있어서도 아주 소중한 친구다.

사실 이토록 진한 우정은 처음 만났을 때부터 시작된 것은 아니었다. 당시 내가 아픈 것 때문에 자신의 시간까지 손해를 보면서 진심으로 도와주는 친구가 너무나 싫었다. 나라면 절대로 그러지 않겠다며 그것은 너 자신을 속이는 위선이라고 했다. 나에게 멀어지게 하고자 일부로 심통을 부리거나 골탕 먹여 난처하게 만든 적이 한두 번이 아니다. 그러나 이심전심이라고, 내가 일부로 그랬다는 것을 잘 알고 있었다. 그 상황에서도 오히려 그것은 너의 진심이 아니라며 변함없이 위로해 주고 보살펴 주었다. 글씨를 못 쓰는 나를 위해 수강신청 카드 작성은 물론, 리포터도 대신 써주는 등 그나마 대학생활을 무리 없이 보낼 수 있었던 것은 친구가 옆에서 돌봐준 덕택이다.

집을 나와 안양에 있는 주방에 들어갔을 때도 종종 만나러 왔다. 나를 데리고 근처 형님 댁에 가서 같이 자는 등 많은 걱정을 해주었다. 졸업 후 공무원 시험을 준비하겠다며 함께 공부하자고 했다. 마음 같아서는 그리고 싶었지만 또다시 책 속에 빠질 나 자신을 감당할 수가 없었다. 바로 그런 이유로 복학할 수 없었는데 공무원 시험 역시 다를 것 없다. 마음껏 책을 볼 수 있는 친구가 부러웠지만 진심으로 합격하기를 바랬다.

제10장

내가 변할 수 있는 마지막 기회

 퇴근한 아내가 평소보다 더 밝은 목소리로 말했다. 직장 동료가 쇼핑센터에서 우리를 봤다고 한다. 그런데 아내를 대하는 남편의 행동이 너무 자상하여 차마 아는 척할 수 없었다며 행복한 얼굴로 웃었다. 순간 아내도 직원과 같을 거라는 생각에 미소로 대답하였다.

 동료가 보았다는 당시의 모습을 글로 표현하자면 어쩜 이 책에 적힌 아내 사랑과 거의 다르지 않을 거라 생각된다. 항상은 아니지만 가급적 존댓말을 사용하는 등 말 한마디에도 아내를 존중하고 배려하고자 최대한 노력하는 모습이 당시의 내 모습일 테니까. 그래서 쇼핑을 할 때도 내 입장에서는 굳이 필요 없을 법한 물건도 아내가 원하는 것이라면 아낌없이 산다. 물론 나는 현금을 가지고 다니지 않을뿐더러 내 이름으로 된 신용카드가 없기에 모든 계산은 아내의 몫이다. 아내는 우리 형편에 맞게 쇼핑하기에 홈쇼핑에서 물건을 살 때도 관여한 적이 없다.

내가 그럴 수 있었던 이유는 변변치 않은 벌이에도 알뜰하게 살림을 꾸려나가는 아내의 현명함을 알기 때문이다. 그래서 금전적으로 풍족하지는 않아도 걱정하거나 신경 쓰지 않는다. 만약 그런 믿음이 없다면 그런 쪽으로 자유로움을 만끽할 수 없다.

아무튼 나는 금전적으로 무능한 남편인 것만은 확실하나 더욱 좋은 아빠이자 좋은 남편이 되고자 노력하며 살고 있다. 하지만 언제나 그랬던 것은 아니다. 상견례 전까지만 해도 함께 쇼핑을 할 때면 아내의 불만이 컸다. 그런 것에 흥미를 느끼지 못하여 빨리 가자고 재촉하는 바람에 구경조차 할 수 없다며 볼멘소리로 말했다.

아내는 나와 쇼핑하는 것을 극히 꺼렸고, 나 또한 굳이 따라가지 않았다. 물론 결혼 초부터 아내가 사는 물건에 대해서는 뭐라고 한 적은 없다. 다만 쇼핑 따위로 시간을 소비하는 것은 내 인생에 있어 무의미한 행동에 불과하다. 나는 금전적인 사치보다 시간을 헛되이 보내는 것이 훨씬 더 아깝다고 생각하는 사람이다.

그것은 유별난 성격 때문만은 아니다. 녹내장과 두통 그리고 트라우마 등 병마와 투쟁하며 살아온 일종의 시간에 대한 가치관이라 할 수 있다. 자투리 시간도 긴요하게 사용하는 등 물질적인 만족보다는 정신적인 가치를 더 중요하게 살아온 인생이다. 그러니 쇼핑 따위로는 절대로 행복할 수 없는 인생임이 틀림없다.

그런 내가 상견례 후, 성격에 대해 많은 반성을 하게 되었다. 그것은 쇼핑을 할 때 아내의 기분을 맞춰주는 행동만을 말하는 것이 아니다. 그것은 극히 일부분에 불과할 정도로 여러 성격 중의 하나다. 보다 솔직히 말하자면 나 자신은 고쳤다고 자신했음에도 어느 순간 화를 내는 바람에 가족을 실망시키는 못된 성격이 더 큰 비중을 차지하고 있었다. 그러니깐 좋다가 한순간에 돌변하는 변덕스럽고 괴팍한 성격을 말한다.

보통 그런 경우는 군대에서 발생한 사고소식을 접할 때로 530GP에서의 사건이 되살아났다. 나름 극복하며 긍정적으로 산다지만 녹내장으로 인하여 뒤틀어진 인생이 암담하게 느껴질 때도 못된 아빠이자 남편으로 변했다. 결국 그러한 것들로 인해 가족에게 적지 않은 실망과 상처를 주었다. 그래서 아내와 살아오며 반복적으로 듣는 말이 있다. 열 번을 잘하다가도 한 번의 잘못으로 그동안 쌓은 신뢰가 완전히 무너진다는 말을 수없이 들어왔다.

비록 그것이 두통의 후유증과 트라우마로 인해 갑작스럽게 변하는 성격일지라도 가족 입장에서는 얼마나 큰 상처로 남아 있을까? 그럴 적마다 자신을 힐책하며 고치고자 노력했지만 결국 한순간에 또다시 무너져 버렸다. 가족 입장에서는 내가 아무리 잘해도 언제 깨질지 모르는 살얼음판에 서 있었다. 그러니 지금의 행복을 얻기까지 사랑하는 아내와 딸은 고통의 대가로 가슴앓이를 한 셈이다.

상견례를 마치고 기필코 못된 성격을 고치리라 다짐했다. 이번이 딸의 결혼을 앞두고 내가 변할 수 있는 마지막 기회로 생각했다. 결혼한 딸이 엄마, 아빠가 생각날 때 그리움보다 아빠의 못된 성격으로 인하여 어쩜 눈물 흘릴 엄마의 모습이 떠오를 수 있다는 일종의 노파심이 생겼다.

걱정과 우려가 아닌 다정한 모습의 엄마, 아빠가 생각날 수 있도록 더 좋은 모습만 보여주기로 했다. 쉽사리 변하지 않던 성격이 급격히 변함을 느낄 때 아내의 직장 동료로부터 자상하다는 소리까지 들었으니 내 마음이 얼마나 기쁘고 흐뭇했을까?

지금 이 순간 결혼한 딸이 아빠를 생각한다면 분명 동료 직원과 같은 마음이라 생각된다. 그런 때문인지 언제나 밝은 딸의 모습에서 행복을 느낀다. 만약 아빠의 못된 모습을 간직한 채 결혼했다면 그 모습은 딸의 뇌리 속에 각인된 영원한 아빠의 모습임이 틀림없다.

결혼한 자녀의 행복은 당사자인 부부가 알콩달콩 재미있게 사는 것도 중요하지만 엄마, 아빠의 다정한 모습을 기억하며 사는 것도 행복의 조건이라 생각한다. 그래서 어쩜 불가능하리라 믿었던 아빠의 변한 모습을 보고 결혼한 것을 천만다행이라 여긴다. 그래야만 엄마, 아빠 걱정이 아닌 자신만의 행복을 위해 더욱 즐겁게 살아갈 수 있지 않을까?

지금은 아내의 옷이나 신발을 사러 갈 때도 항상 같이 갈 정도로 변했다. 이제는 남편을 데리고 다녀도 편한 모양이다. 같은 옷가게를 여러 번 방문하다 보니 여주인으로부터 항상 남편과 같이 온다는 말도 들었다.

매장에서 아내가 입어본 옷을 사진으로 찍어 딸에게 어떤가 카톡을 보내기도 한다. 거리의 포장마차에서 순대와 떡볶이 먹는 모습도 찍어 보냈다. 찹쌀호떡을 먹으며 거리를 걷는 사진도 보냈다. 딸의 답장은 한마디로 경이로움이라고 할까? 결혼 전에는 결코 볼 수 없었던 아빠의 그런 모습이 신기하면서도 놀라운 모양이다.

지금은 결혼한 딸이 엄마, 아빠 걱정하지 않도록 건강하고 행복한 모습을 많이 보여주고자 노력하고 있다. 아니 딸의 행복을 위해서라도 사랑하는 아내에게 더한 정성으로 더욱 아끼고 존중하며 살아가고 있다.

아내와 함께 군 생활에 대한 드라마를 보게 되었다. 처음부터 본 것이 아니라 정확한 줄거리는 알 수 없다. 다만 폭력과 학대가 나를 충분히 분노하게 만드는 드라마였다. 내가 젊었을 때는 상상조차 할 수 없는 내용의 드라마다.

그동안 세상이 많이 변했다는 것을 증명이라도 하듯 최근 들어 군대와 관련된 드라마가 계속해서 나오고 있다. 폭력 또한 실제인 양 가감 없이 보여준다. 하긴 그러니깐 내가 겪어야 했던 530GP 사건도 이렇게 책으로 쓸 수 있는 것 아닐까? 조용히 있다가 오랜 시간이 지나 당당하다는 듯 떳떳하게 공개했으니 말이다. 마치 기회를 엿본 기회주의자처럼 말이다. 이에 대한 이야기는 다음 책에서 자세히 언급하기로 한다. 가족에게 충격은 물론 정신적으로 고통을 줄 수 있기에 죽는 날까지 가슴에 묻어두기로 한 사건을 이렇게 공개할 수밖에 없는 이유에 대한 변명일 수도 있다.

배우 천호진이 출연한 〈GP506〉은 가장 보고 싶은 영화다. 하지만 530GP가 연상되어 볼 수가 없었다. 어떤 내용인지 줄거리조차 모를 정도로 제목에 GP가 들어갔다는 이유만으로 관심조차 가질 수 없었다. 그렇듯 영화나 드라마에서 나오는 군대 이야기는 매우 민감하게 반응한다. 거리에서 보게 되는 군인들조차 나의 군 생활이 떠올라 간혹 머리카락을 쭈뼛 서게 한다. 특히 내가 복무한 28사단 마크를 단 군인을 보면 반가움보다는 지난날의 아픔까지 되살아난다. 심지어 국가대표 축구 경기를 볼 때도 간혹 떠오르게 되는 530GP 사건. 뉴스를 통하여 군대에서 벌어진 사건소식을 접할 때는 고통과 괴로움이 더하다.

　나는 남들에게 군대 이야기를 하지 않는다. 지금은 내가 군 생활을 할 때보다 군대를 가는 여자 분들이 많지만 사실 남자들 세계에서 결코 빼놓을 수 없는 이야기가 군대 아닌가? 적어도 함께 술을 마실 때 군대 이야기는 그 어떤 안주보다도 독특하고 특별한 안줏거리임이 틀림없다. 그러나 나에게는 안주로 쓸 수 없을 정도로 상처로 얼룩져 있었다. 반면 별미 안주가 된 그들의 군 생활은 마치 지구를 구한 슈퍼맨처럼 영웅 이야기다.

　아내와 군인들의 폭행 장면을 보며 감정이 표출하지는 않았지만 나의 군 생활이 영화 장면처럼 스쳐 지나갔다. 하지만 가슴이 답답하지는 않았다. 전 같으면 슬그머니 자리를 피하거나 이런 드라마를 보냐며 화를 냈건만 그동안의 노력 덕분인지 이제는 군대 이야기가 나와도 마음이 동요되지 않음을 이 책을 쓰면서도 느낄 수 있었다. 어쩌면 돌아오는 6월에는 영화 〈GP506〉을 볼 수 있을 것 같다.

지독한 두통과 트라우마 등으로 인한 여러 후유증에서 기억력의 경우, 일용직 근로자였을 때는 직원이나 관리자가 어제 또는 몇 시간 전에 작업한 제품을 물을 경우 깜빡 기억이 나지 않는다는 듯 행동하면 나의 상태를 눈치챌 수 없다. 더욱이 성실하고 책임감 강한 일용직이기에 그런 것은 아무런 문제가 되지 않았다. 그리고 집에서 가장 답답하게 하는 것은 금세 가지고 있던 물건을 어디에 놓았는지 생각이 나지 않을 때다. 또는 내 딴에는 잘 두고자 기억하며 둔 장소를 기억을 못할 때도 많다. 이런 일은 거의 매일 반복적으로 일어나기에 이제는 내 생활의 일부가 되어버렸다. 그러다 보니 이제는 그러던 말던 신경조차 쓰지 않는다. 오랜 경험 탓인지 씩씩거리며 난리를 치듯 찾아봐야 아무런 도움이 되지 않음을 잘 안다. 전과 달리 마음 편한 남편의 모습이 아내 눈에는 그저 신기한 모양이다.

또 다른 후유증으로는 책을 쓰면서 경험하고 있는 부정확한 한글 발음과 철자까지 까먹은 단어와 문장이다. 이 또한 인터넷에서 검색하여 찾아 쓰거나 딸과 아내에게 물으면 되기에 크게 문제 될 것이 없다. 다만 인터넷에서 확인할 경우에는 다소 시간이 걸린다는 불편함이 있다. 정확히 모르다 보니 비슷한 발음과 비슷한 철자로 계속 검색해야만 한다. 그렇게 어렵게 찾은 검색어를 후에 또 찾아야 할 정도로 거의 기억을 못하고 있다. 그나마 운이 좋으면 잘못 쓴 검색어를 컴퓨터가 알아서 올바른 검색어로 찾아준다.

말하기는 나의 생각을 다른 사람에게 전달하는 것으로 생각을 말로 표현하기가 너무나 어렵다. 막상 말을 하려면 내가 생각한 것과 전혀 다른 말이 튀어나오곤 했다. 내가 한 말도 기억을 못하다 보니 횡설수설하였다. 내가 말하는 소리조차 거북할 정도로 거칠고 어눌하게 들렸다. 결국 남들 앞에서는 말하는 것조차 극도로 꺼리게 되었다.

가족과의 대화에 있어서도 그런 답답함으로 인하여 순간적으로 화를 낸 적이 적지 않았다. 그러니 타인과의 대화에서는 그 정도가 더 심각할 수밖에 없다. 그런 이유로 아무리 일을 잘해도 남이 쉽게 접근할 수 없는 사람이기도 하다. 더욱이 언제부터인가 남과 대화를 할 때면 나의 의지와 상관없이 방어자세를 취하는 등 배타적인 성격으로 변했다. 이는 오랫동안 아파온 탓으로 정신적 결함일 수도 있는데 530GP 사건이 결정적인 원인이라 생각된다. 친절에 대한 배신감은 경계심까지 생겨 배타적인 성격으로 변하고 말았다. 급기야 선과 악을 구별케 하는 극단적인 성격으로 변했다. 그런 이유로 일용직 근로자 생활을 하며 더욱더 나의 권리를 찾았는지도 모른다. 그것이 좋다면 좋은 성격일 수 있으나 사소한 일에도 참지 못하는 성격으로 비춰지기도 했다. 아무튼 깐깐한 성격인 것만은 부정하지 않는다.

홈페이지 '좋은아빠'를 검색하여 들어온 TV 방송국으로부터 출연 제의가 왔을 때다. 생활을 확인하기 전에는 도저히 믿을 수 없어 마지막 방송임에도 특별히 선정되었다고 한다. 그런데 촬영 중에 생각지도 못한 문제가 발생하였다. 몇 번의 인터뷰가 나오는데 말을 제대로 못하는 바람에 자꾸만 촬영이 중단되었다.

어느 정도냐면 지금도 그때를 생각하면 창피하고 민망할 정도다. 방송국에서 기념으로 보내준 비디오테이프를 처음부터 끝까지 본 적이 한 번도 없다. 오히려 출연한 것을 후회할 정도로 내 인생에 있어 영원히 지우고 싶은 악몽이 되고 말았다. 그 뒤 여러 방송국에서 출연 제의가 왔지만 얼떨결에 한 번 더 출연하고 모두 거절하였다. 그것은 TV 카메라 앞에만 서면 생긴다는 울렁증과는 차원이 다르다.

처남의 결혼식에서 있던 일이다. 폐백에 앞서 양가의 가족을 소개하는 시간을 가졌다. 신랑 측은 맏사위인 내가 하게 되었다. 그런데 역시나 횡설수설하고 말았다. 쥐구멍이 있다면 당장이라도 숨고 싶었다. 그 창피함이란 당해 보지 않은 사람도 상상하는 것만으로도 짐작할 수 있는 상황이다.

사랑하는 딸이 결혼을 할 때다. 지금은 우리 때와 달리 주례조차 생략할 정도로 형식과 틀에서 완전히 벗어난 자유분방한 이벤트로 변했다. 주례는 신랑의 아버지께서 하기로 했다. 딸과 사위가 한 말씀 하라고 권유했지만 단연코 거절했다. 자칫하면 결혼식을 망칠 수 있다는 우려가 앞섰다. 처남이 결혼한 지 20년이 더 지났음에도 여전히 남들 앞에서 말한다는 것은 식은땀이 날 정도로 어렵고 버거운 일이다. 그것은 말주변이 없기보다는 발음까지 까먹은 기억력의 문제다.

그런 내가 여러 사람 앞에서 말할 기회가 생겼다. 걱정과 달리 거침없이 말하는 모습에 아내가 깜짝 놀란 모양이다. 너무너무 잘

했다며 칭찬해 주었다. 이제는 오히려 말을 줄이라고 할 정도다. 아직도 돌아서면 기억을 못하고, 이해력도 떨어지는 등 발음까지 애매모호하여 많은 어려움이 있기에 이것 하나로 그동안 겪어야 했던 고통과 어려움에서 완전히 벗어났다고 말할 수는 없다. 그러나 이것만으로도 더 이상 위축되지 않을 정도로 든든한 자신감이 생겼다. 이에 대해서는 다음 책에서 자세히 이야기하기로 한다.

근처 시립도서관에서 안산 시민을 대상으로 한 글쓰기 강좌를 받은 적이 있다. 6개월 과정으로 일주일에 한 번 두 시간씩 교육을 받았다. 넉 달 정도 다녔을 때 오피스텔 건설현장에 일용직 잡부로 출근하는 바람에 어쩔 수 없이 그만 다녀야 했다.

힘든 생산직 생활을 하며 남이 쉽게 접근하지 못할 정도로 깐깐했던 성격이 건설현장에서는 찾아볼 수 없었다. 오히려 텃세라 하여 어느 일용직 잡부로부터 무시를 당할 때도 일체 내색을 하지 않는 등 무리 없이 지냈다. 아무리 능숙하게 일을 할 수 있어도 상습적으로 농땡이를 부리는 사람은 반장에게 말하여 다시는 나올 수 없게 만들었다. 하지만 나는 일이 서툴렀음에도 그런 구설수에는 오르지 않았다. 그 이유는 맡은 일에 대해서는 꼼꼼하게 하는 등 최선을 다했기 때문이다. 실제로 안전팀과 관리사무실에 지원을 나가면 계속 오라고 했을 정도로 성실하다는 칭찬을 받았다. 그러나 여전히 말귀를 못 알아듣거나 기억을 못하여 반장의 작업 지시를 듣는 순간 바로 까먹는 답답한 일용직 잡부였다.

여덟 달 정도 일하고 그만 다녀야 했을 때 환하게 웃으시며 언제라도 다시 와서 일하라던 반장님 말씀에서 어쩌면 내 인생에 있어 마지막이 될 일용직 생활을 아름답게 마무리한 것 같아 너무나 뿌듯하다. 답답하고 부족했음에도 항상 좋게 봐주신 반장님께도 진심으로 감사를 드린다. 이번 건설현장은 530GP 사건으로 본능적으로 돌변하던 성격이 완전히 변했음을 느끼게 해준 일용직 잡부 생활이기에 더욱더 잊을 수 없는 일용직 생활이었다.

지금까지 살아온 인생을 한마디로 표현하자면 결코 평범하지 않은 인생이다. 그러나 내가 당하고 있는 고통이 아무리 극심해도 극복할 수 있다는 확신을 가지고 열심히 노력한 인생이라 자부한다. 이는 성공 여부와 관계 없이 최선을 다한 인생임을 독자도 공감하리라 여겨진다.

만약 나의 미래가 비관적으로 보였다면 그렇게까지 노력하지 않았을지도 모른다. 왠지 모를 확신이라고 할까? 현실이 아무리 고통스러워도 반드시 극복하리라 자신했다. 그러나 성공만을 위하여 나의 모든 인생을 거기에 매달린 채 살아오지는 않았다. 다만 어차피 극복해야 할 인생이라면 성공이란 목표를 설정하고 노력한다면 더 좋지 않을까? 그럴 경우 내가 원하는 만큼 이루지 못해도 밑져야 본전이다. 아니 본전보다는 훨씬 나은 인생임이 분명하다.

때문에 실패한 인생이어도 비참하거나 슬프지 않다. 오히려 나에게는 사랑하는 가족이 있지 않은가? 이제 내 인생의 마지막 소원은 변덕스럽고 까칠한 나와 살아준 아내가 더욱 건강하고 행복하다면 더 이상 바랄 것이 없다. 남은 인생은 더욱 좋은 모습과 아름다운 추억을 간직할 수 있도록 지금처럼 사랑하며, 존중하며 살아갔으면 한다. 정말이지 다시는 짜증 내는 모습을 보여주지 않았으면 좋겠다. 그러기 위해 사랑하는 아내가 좋아하는 일이라면 나도 좋아할 수 있도록 노력하는 중이다. 한마디로 나를 이끌어 준 아내가 좋아하고 행복할 수 있도록 아부하듯 사는 것도 나에게는 아주 현명한 행동이라 여겨진다.

그런 의미에서 딸의 결혼을 앞두고 변하기 시작한 자신이 매우 늦어 어리석은 것 같지만 이제라도 가족으로부터 진심으로 신뢰받을 수 있으니 얼마나 다행인가? 이는 책을 쓰며 은연중에 괴롭혔던 트라우마 또한 더 이상 걱정하거나 두려워하지 않아도 될 정도로 극복했음을 느낄 수 있었다. 좋은 아빠, 좋은 남편임을 자처하는 내면에 숨겨진 가식적인 자신으로부터 완전히 벗어났음은 물론 앞으로는 더욱 진솔한 아빠와 남편으로 더욱더 행복하게 살아갈 자신이 있다.

그리고 내 인생에 대한 노력으로 일용직 잡부생활을 하며 이 책을 쓰기 시작한 것에 커다란 자부심을 갖게 한다. IMF 때 일자리를 구할 수 없었던 나는 서울 가양동에 있는 마곡벽산아파트에서 일주일 정도 일한 적이 있다. 지친 몸으로 집에 오면 부은 손가락으로 키보드를 두들기는 등 오기로 내일의 나를 준비하였다. 비록 짧은 기간이지만 만약 그때 그 일을 하지 않았다면 일용직 잡부생활을 하며 책을 쓴다는 것은 결코 쉬운 일이 아니다. 그리고 군대를 갔어도 의병제대를 했다면 주방생활, 짜장면 배달, 일용직 생활 또한 감당하기 힘든 일이다. 비록 남들이 볼 때 편하다는 의무병이지만 힘든 군 생활을 끝까지 버텼기에 내 인생에 있어 단 한 번도 생각하지 않은 길들을 거뜬히 걸어갈 수 있을 뿐더러 사랑하는 딸과 아내 그리고 나 자신을 위해 최선을 다할 수 있었다. 그런 의미에서 군대 간 것을 천만다행으로 생각한다. 물론 군대를 갈 수 있었던 것은 스스로 선택한 고등학교 재수 덕분이었다. 재수를 하지 않았다면 군대 갈 엄두도 내지 못했을 거라 생각한다.

내 인생에 있어 어쩜 마지막으로 오피스텔 공사현장에서 일하게 된 것을 무척 기쁘게 생각한다. 비록 전문적인 기술이 아닌 허드렛일을 하는 일용직 잡부에 불과했지만 완공된 오피스텔을 바라보는 나 자신이 너무나 대견스럽다. 마치 일용직으로 다녔던 회사의 출퇴근 버스와 마트에서 보는 내가 만들었던 제품들이 여전히 반가운 것처럼 안산 중심가에 우뚝 솟은 오피스텔을 보며 두고두고 감격할 것이 분명하다. 그런 감회는 가족을 더욱 사랑하고, 나 자신을 위해 더욱더 노력하는 사람으로 만든다. 그것이 바로 진짜로 더 좋은 아빠, 더 좋은 남편이 되는 최선의 방법이기도 하다.

에필로그

　책을 쓰면서 지금까지 느낀 것과 달리 또 다른 시각에서 인생을 돌이켜 볼 수 있는 계기가 되었다. 그리고 글쓰기를 마침에 글쓰기 전과 비교할 때 생각과 더불어 행동에 있어서도 많은 변화가 있음을 알았다. 무엇보다도 좋은 아빠 좋은 남편이라 자처하는 나 자신에 대해 많은 반성을 하게 되었다. 사랑하는 딸과 아내에게 잘한 것도 많지만 미안한 짓도 너무너무 많이 한 아빠이자 남편임을 느끼도록 해준 것이다. 그것에 대한 변명은 그 어떤 것으로도 나 자신을 합리화시킬 수 없다. 비록 녹내장과 지독한 두통 그리고 530GP 사건의 트라우마일지라도 결코 변명이 될 수 없음을 확실히 알게 되었다. 그리고 책을 쓰면서 느끼기 시작한 미안함과 괴로움도 서서히 벗어날 수 있어 심적으로 안정을 주는 등 많이 치유되었음을 느끼게 해주었다. 이런 것들은 책을 출판함에 있어 무척 다행스럽게 생각하는데 그런 때문인지 전과 비교하면 잠도 편하게 많이 잘 정도로 확실히 변한 모습이다.

이 책을 읽은 독자께서도 꼭 이 책 때문이 아니더라도 살아온 인생과 함께 사랑하는 가족에 대한 사랑을 다시금 되돌아보는 계기가 되었으면 좋겠다.

이제 내 인생의 남은 과제는 어떤 마음과 행동으로 남은 인생을 맞이하며 살아갈 것인가와 더불어 딸과 아내에게 어떠한 아빠, 어떠한 남편으로 남게 될 것인가에 대한 결심과 각오다. 그리고 그것에 대한 대답은 말이 아니라 묵묵히 행동으로 보여주고자 한다.

원래 마지막 10장은 다른 이야기였다. 그리고 그 10장이 이 책을 출판하는 이유와 목적이기도 하다. 그런데 10장에 대한 이야기가 너무 많은 탓에 어쩔 수 없이 한 권의 책으로 쓰기로 했다. 결국 10장은 다른 이야기로 급히 대처하게 되었다. 그렇다고 이런 이야기를 하는 이유가 이 책을 읽으신 독자에게 궁금증을 유발시켜 다음 책을 출판했을 때 한 권이라도 더 팔기 위해 머리를 쓰려는 것은 아니다. 요즘 세상에 그런다고 하여 책이 더 팔릴 것도 아닐 뿐더러 오히려 욕먹는 짓이 아니겠는가?

이 책에 대한 속편이 아닌 본편에 해당하는 다음 책을 가능한 빠른 시일에 출판할 수 있도록 하겠다. 다만 아직 시작한 것이 아니기에 언제 출판되리라 장담할 수 없다. 특히 나에게는 두 눈이 금세 피로하고 집중력이 떨어지는 등 시력적인 부분이 책을 쓰는 데 아주 큰 변수로 작용하기에 더더욱 그렇다. 다만 그 시기를 내년 가을로 생각하고 있는데 가급적 빠른 시일에 출판이 되도록 하겠다.

이제 마지막인 에필로그를 마침에 이 책을 읽어주신 독자께 감사하며 죄송하게 생각한다. 그 이유는 무례하게 반말로 썼기 때문이다. 원래는 경어, 존댓말로 쓰기 시작했는데 쓰는 분량이 늘어나면서 존댓말로 써야 한다는 중압감이 오히려 글을 쓰는 데 많은 제약을 주고 말았다. 철자는 물론 똑같은 문장을 다시 사용하는지 여러 가지를 신경을 쓰며 글을 쓰는 가운데 예의에 어긋나지 않아야 한다는 생각이 마음까지 경직시키고 말았다. 결국 일기를 쓰듯 나 자신에게 말하듯 편한 마음으로 자유롭게 쓰고자 반말로 쓰게 되었다. 이 점에 대해서는 독자께 매우 죄송하게 생각하며 너그럽게 이해해 주시기를 바랍니다. 감사합니다.

더 좋은 아빠와 더 좋은 남편이 되고 싶은
최헌규 올림